NASCIDOS NA ESCRAVIDÃO

Depoimentos norte-americanos

copyright Hedra
edição brasileira© Hedra 2020
tradução© Francisco Araújo da Costa
organização© Paul D. Escott
organização da coleção© Tâmis Parron
prefácio© Paul D. Escott

primeira edição Primeira edição

edição Jorge Sallum
coedição Felipe Musetti
assistência editorial Luca Jinkings e Paulo H. Pompermaier
revisão técnica Tâmis Parron
iconografia Todas as imagens que constam no livro estão disponíveis no site da *Library of Congress*
capa Lucas Kröeff

ISBN 978-85-7715-619-1

Grafia atualizada segundo o Acordo Ortográfico da Língua Portuguesa de 1990, em vigor no Brasil desde 2009.

EDITORA HEDRA LTDA.
R. Fradique Coutinho, 1139 (subsolo)
05416-011 São Paulo SP Brasil
Telefone/Fax +55 11 3097 8304

editora@hedra.com.br
www.hedra.com.br

Foi feito o depósito legal.

entrevistas não refletiriam a natureza da escravidão sulista em geral, reduzindo o valor da coleção da FWP. Contudo, muitos escravizados abandonaram as suas fazendas quando conquistaram a liberdade e se mudaram para o Oeste nos anos subsequentes, estabelecendo-se em estados como o Texas ou o Arkansas. Quando examinamos onde os entrevistados haviam vivenciado a escravidão, esse problema praticamente desaparece. Os estados algodoeiros mais produtivos estão bem representados nas narrativas. Os estados pequenos e aqueles nos limites do Sul não dominam o conjunto.

Quando se analisa outros possíveis problemas, parecem surgir mais motivos para não descontar o valor destas fontes primárias. A análise quantitativa da coleção do FWP mostra que a condição econômica dos entrevistados em pouco impactava as suas opiniões. Ser dono de imóveis não afetava as atitudes expressas nas narrativas, e a maioria dos ex-escravizados era pobre. Os escravos domésticos e as crianças que tinham relativamente poucas obrigações estão super-representados nas entrevistas, mas elas também incluem um número considerável dos que trabalharam como lavradores. Além disso, a imagem da escravidão formada pelas narrativas geralmente é crítica, tenha o ex-escravizado trabalhado na lavoura ou em casa. Para essas e outras preocupações do tipo, a opinião de C. Vann Woodward, um dos mais respeitados historiadores americanos do Sul no século XX, é apropriada. "Deve ser evidente", Woodward escreveu, "que essas entrevistas com ex-escravos precisarão ser utilizadas com cautela e discernimento. (...) Contudo, as precauções necessárias não são mais complexas ou onerosas do que aquelas exigidas por muitos outros tipos de fonte [que o historiador] está acostumado a utilizar".[9]

AS NARRATIVAS DE ESCRAVOS E INTERPRETAÇÕES DA ESCRAVIDÃO

Assim, as atitudes dos historiadores em relação às Narrativas de Escravos do FWP mudaram junto com a sociedade americana, e também com as conquistas do Movimento dos Direitos Civis, os estudiosos adotaram o ponto de vista do professor Woodward. Em 1972, o professor John Blassingame publicou *The Slave Community* [A Comunidade Escrava], um livro que soube usar muito bem as narrativas do século XIX. *The Slave Community* defendeu o argumento importante de que os escravizados dependiam uns dos outros e formavam uma comunidade e uma cultura nas senzalas, o que permitia que resistissem às pressões desumanizantes da escravidão. Dois anos depois, o professor Eugene Genovese publicou *Roll, Jordan, Roll* [Corre, Jordão, Corre], um longo e emocionante volume que faz amplo uso das Narrativas de Escravos do FWP. Citações de fontes do FWP ilustram os argumentos de Genovese ao longo do livro, o que chamou bastante atenção e foi bastante influente. As grandes obras posteriores sobre a escravidão, incluindo algumas que foram

9. Citado em *Slavery Remembered*, página 17.

controversas ou largamente rejeitadas (como *Time on the Cross* [Tempo na Cruz], de Robert Fogel e Stanley Engerman) utilizaram as narrativas. Hoje, ninguém duvida que essas fontes são aceitas e consideradas valiosas e que nenhum estudioso americano tentaria publicar uma obra de grande porte sobre escravidão sem recorrer a elas de alguma forma.[10]

Isso não significa, é claro, que todas as questões interpretativas foram resolvidas ou que todos os historiadores concordam em seu entendimento da escravidão e da experiência escrava no sul dos Estados Unidos. Alguns pontos controversos nas décadas anteriores atingiram algum nível de consenso entre os estudiosos. Por exemplo, uma perspectiva que antes era bastante disseminada, mas hoje é rejeitada, afirmava que os escravizados eram indefesos e incapazes de resistir. Essas ideias se originaram entre os escravocratas, com proponentes da escravidão e entre os defensores do Sul no pós-guerra. Essas pessoas haviam insistido que os negros eram criaturas dóceis, infantis e racialmente inferiores, que haviam se beneficiado dos comandos autoritários ou da tutela dos seus donos. Na década de 1950, um estudioso argumentou que os cativos eram dóceis porque a opressão brutal da escravidão

10. John W. Blassingame, *The Slave Community: Plantation Life in the Antebellum South* (New York: Oxford University Press, 1972); Eugene D. Genovese, *Roll, Jordan, Roll: The World the Slaves Made* (New York: Pantheon, 1974); Robert William Fogel and Stanley L. Engerman, *Time on the Cross: The Economics of American Negro Slavery* (Boston: Little, Brown, 1974).

os "infantilizara", semelhante ao que pode ter acontecido com alguns sobreviventes dos campos de concentração nazistas.[11]

A ênfase da década de 1970 em uma cultura escrava alternativa de resistência, contrária a essas ideias, passou a dominar. Os estudiosos hoje reconhecem que os escravizados faziam praticamente tudo o que podiam para solapar ou resistir ao poder dos seus donos e para construir para si um conjunto de valores opostos. Eles concordam que as realidades práticas dominantes explicam por que as grandes revoltas foram relativamente tão raras nos Estados Unidos em comparação com partes do Caribe ou outras regiões no hemisfério ocidental. A proporção entre brancos e negros era muito maior nos Estados Unidos, a população escrava era mais dispersa e havia menos homens jovens e solteiros e africanos recém-importados após a lei de 1808 que proibia a participação no comércio negreiro internacional. A geografia também jogava contra a resistência armada, pois os estados sulistas tinham menos áreas onde comunidades quilombolas podiam se refugiar e expandir. Hoje, ninguém discorda que os escravizados do Sul tinham uma cultura que permitiu que resistissem à desumanização. Alguns estudiosos discordam sobre diversos elementos dessa cultura ou sobre a importância da religião nela, mas a comunidade escrava é

---

11. Stanley M. Elkins, *Slavery: A Problem in American Institutional and Intellectual Life* (Chicago: The University of Chicago Press, 1959). Elkins tomou o conceito de infantilização emprestado da obra de Bruno Bettleheim, sobre os campos de concentração nazistas.

vista como resistente e acostumada a disfarçar suas crenças e enganar os brancos.

Outra área em que o consenso se fortaleceu drasticamente nos últimos anos trata da riqueza criada pela mão de obra escrava e a suma importância da escravidão para o desenvolvimento econômico dos Estados Unidos e, mais do que isso, de todo o Atlântico. Até a década de 1860, a indústria têxtil britânica crescia rapidamente e a demanda mundial por algodão aumentava a cerca de 5% ao ano. Após a invenção do descaroçador de algodão, que removia facilmente as sementes do algodão de fibra curta, o Sul estava posicionado para se transformar no líder mundial da produção de algodão cru. A escravidão e o cultivo de algodão se expandiram rapidamente para o Oeste, atravessando a cordilheira dos Apalaches e chegando às terras férteis em torno do Golfo do México. Além da instituição da escravidão se arraigar no Sul, a economia do algodão criou fortunas enormes para os escravistas e alimentou outros negócios e empreendimentos mercantis no país. A riqueza produzida pelo cultivo de algodão logo superou aquela criada nas economias açucareiras do Caribe e provocou mudanças econômicas e industriais em nível mundial.[12]

---

12. Ver, por exemplo, obras recentes como: Sven Beckert, *Empire of Cotton: A Global History* (New York: Knopf, 2014); Edward E. Baptist, *The Half Has Never Been Told: Slavery and the Making of America Capitalism* (New York: Basic Books, 2014); Walter Johnson, *River of Dark Dreams: Slavery and Empire in the Cotton Kingdom* (Cambridge, MA: Belknap Press, 2013). *The Political Economy of the Cotton South: Households, Markets, and Wealth in the Nineteenth Century* (New York:

Ainda há controvérsias significativas sobre qual seria a melhor maneira de categorizar ou analisar a economia algodoeira do Sul. Ela era totalmente integrada à rede capitalista e comercial global, mas em alguns aspectos importantes, também era menos desenvolvida e menos capitalista do que outras regiões dos Estados Unidos e da Inglaterra. Partindo de uma perspectiva interpretativa marxista, o argumento influente de Eugene Genovese é que a sociedade escravocrata sulista era senhoril ou pré-capitalista. Genovese insistia que os escravistas possuíam um conjunto de valores que os diferenciava dos capitalistas e do domínio do nexo monetário. Contudo, outros autores rejeitam esse ponto de vista. Eles identificaram líderes sulistas cujo discurso era favorável à indústria ou apresentam evidências de que o Sul, apesar de ter começado mais tarde, estava construindo ferrovias ao mesmo ritmo que o resto dos Estados Unidos. A controvérsia sobre a natureza da economia sulista e se ela era ou não capitalista é um debate absolutamente presente e promete continuar no futuro.

Outra questão interpretativa importante enfoca a relação entre senhores e escravos nos Estados Unidos. Mais uma vez, a obra de Eugene Genovese está no centro da controvérsia. Genovese admirava e utilizava o marco teórico de Antonio Gramsci, segundo o qual as classes dominantes mantêm sua hegemonia sobre os dominados

---

Norton, 1978), de Gavin Wright, continua a ser um marco essencial para entender o Sul algodoeiro.

por meio da construção do conjunto de ideias nos quais estes estão inseridos. Ao adaptar as leis e os princípios sociais aos seus interesses, os escravistas estabeleciam um terreno seguro para resolver apenas conflitos que não colocavam em xeque o seu poder. Para Genovese, o mecanismo que deu aos escravocratas o poder hegemônico sobre os seus escravos foi o paternalismo, a relação que os donos promoviam com os seus escravos nas fazendas. Os fazendeiros descreviam essa relação como amorosa, com o proprietário assumindo o papel de pai. Genovese insistia que a essência desse paternalismo era de exploração, não de carinho e proteção, mas também argumentava que os laços pessoais entre livres e escravizados prendiam estes mentalmente aos seus donos e à sua fazenda, e não a uma classe mais ampla que poderia contemplar uma revolta. O paternalismo que Genovese enxergava na escravidão delimitava e restringia a visão de mundo dos afro-americanos.

Outros autores discordam, grupo no qual me incluo. Em termos econômicos, os escravizados eram uma classe oprimida, mas a realidade social que vivenciavam todos os dias os lembrava diariamente que também eram uma raça desprezada. O racismo fanático foi, afinal, uma característica marcante da escravidão nos Estados Unidos. Apesar do fato da miscigenação, a sociedade não reconhecia a multiplicidade de grupos raciais. Em vez disso, os Estados Unidos seguiam uma regra de "uma gota", na qual a pessoa que tinha um único ancestral africano era classificada como negra e, logo, consignada a um status social inferior. Os cativos encontravam o racismo branco no seu cotidiano e eram informados constantemente que os "crioulos" eram inferiores. Além disso, a escravidão se baseava em coerção, em castigos físicos aplicados sempre que um escravizado não fazia o que o seu dono queria. Apenas os negros eram escravizados, e apenas os escravizados negros recebiam esse tipo de tratamento. Creio que essas experiências aprofundaram naturalmente o seu conceito de identidade racial, aguçaram a sua consciência sobre a exploração branca e limitaram o efeito que o paternalismo poderia ter na sua mentalidade. Aqueles que enfatizam o papel do racismo, de encontro a Genovese, dão muito menos importância ao paternalismo e enxergam uma distância muito maior entre senhores e escravizados.

Controvérsias como essas são normais nas investigações históricas sobre questões importantes e é improvável que a disponibilidade das Narrativas de Escravos do FWP vá resolvê-las. Mas é certo que sem essa grande coleção das memórias de ex-escravizados, teríamos muito menos material com que trabalhar e nossas análises da experiência escrava seriam mais fracas e tênues. Para os estudiosos e também para os leitores interessados, as Narrativas de Escravos do FWP oferecem uma perspectiva valiosa, praticamente única, sobre como eram a vida em cativeiro no sul dos Estados Unidos.

O QUE ESPERAR DESTE LIVRO

O restante deste volume apresenta passagens extraídas das narrativas de escravos, organizadas em oito seções ou capítulos. Cada capítulo enfoca um tema que esclarece um aspecto importante da escravidão. Os oito são: Trabalho, Condições de vida, Crueldade e castigos físicos, Famílias, Atitudes raciais, Cultura negra, Resistência e Emancipação.

A extensão e o tom das entrevistas teve algum nível de variação, dependendo das personalidades dos entrevistadores e dos entrevistados, mas para dar ao leitor uma ideia sobre como seria uma entrevista completa, a maioria dos temas é introduzida com o texto completo de uma entrevista razoavelmente típica com um ex-escravizado. Como veremos, muitas das passagens reunidas aqui não se concentram exclusivamente no tema do capítulo. Como os entrevistadores faziam perguntas sobre uma longa lista de tópicos e depois resumiam tudo que fora dito, os comentários dos entrevistados podem abranger uma ampla variedade de temas.

Dentro de cada seção, à medida que as passagens oferecem mais detalhes sobre o tema, adicionei comentários onde acreditei que seriam úteis para explicar o contexto das declarações de um ex-escravizado ou para fornecer informações úteis sobre as realidades econômicas e sociais e as variações internas da escravidão nos EUA.

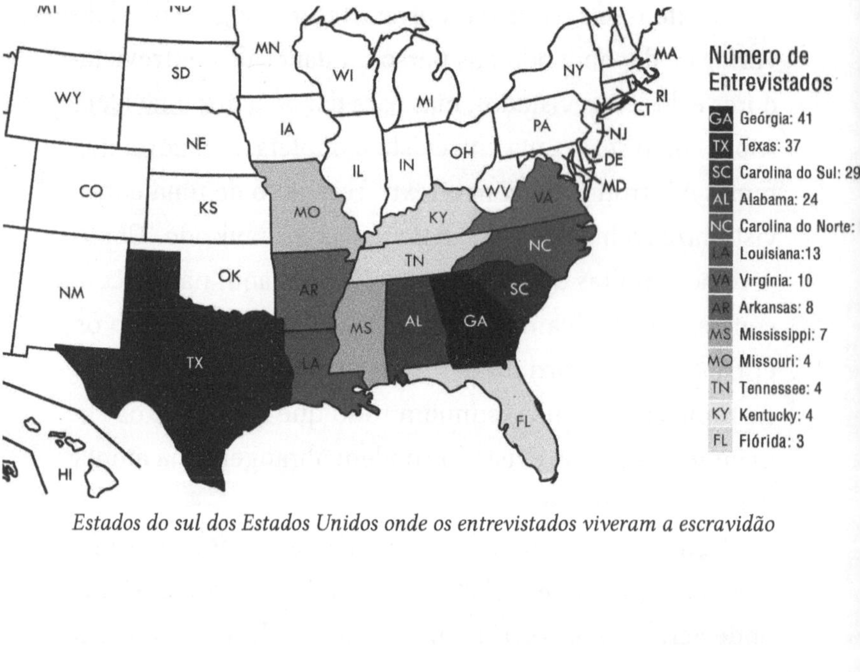

Estados do sul dos Estados Unidos onde os entrevistados viveram a escravidão

Nascidos na escravidão

FIST-5. Ex.Slave. #118

100228 SLAVERY AS SEEN THROUGH THE EYES OF 191

"HENRY WRIGHT - EX-SLAVE."

(E. Driskell.

In Atlanta among that ever decreasing group of persons known as ex-slaves there is an old Negro man named Henry Wright. Although Mr. Wright is 99 years of age his appearance is that of a much younger man. He is about 5 feet in height; his dark skin is almost free of wrinkles and his head is thickly covered with gray hair. His speech and thought indicate that he is very intelligent and there is no doubt that he still possesses a clear and active mind.

As he noisily puffed on a battered old pipe he related the following tale of his experiences in slavery and of conditions in general as he saw them at that time.

Mr. Wright was born on the plantation of Mr. Phil House. This plantation was located near the present site of Buckhead, Ga. His parents were Henry Wright and Margaret House. In those days it was customary for slaves to carry the name of their owners. His father was owned by Mr. Spencer Wright and his mother was owned by Mr. Phil House. Both of these slave owners lived in the same district. His grandparents, Kittie and Anite House also belonged to Mr. Phil House and it was they who told him how they had been sold like cattle while in Virginia to a speculator (slave dealer) and brought to Decatur, Ga. where they were sold to Mr. House.

Mr. Wright lived with his mother on the House plantation for several years then he was given to Mr. George House, the brother of Phil House, as a wedding present. However, he saw his parents often as they were all allowed "passes" so that they might visit one another.

According to Mr. Wright, his master was a very rich man and a very intelligent one. His plantation consisted of about three or four hundred acres of land on which he raised cotton, cane, corn, vegetables and live stock. Although he was not very mean to his slaves or "servants" as he called them, neither did his kindness reach the gushing or overflowing stage.

Henry Wright, narrativas da Geórgia, Parte IV, página 191

Trabalho

HENRY WRIGHT, NARRATIVAS DA GEÓRGIA, PARTE IV, PÁGINAS 195–97

"Quando jovem, o Sr. Wright precisava coletar lascas pelo pátio, acender lareiras e buscar água do poço para manter a casa abastecida. Quando tinha dez anos, foi mandado para o campo, para guiar o arado. Ele lembra que seus pais também trabalhavam na lavoura. Relatando a sua experiência como lavrador, o Sr. Wright conta que ele e os outros escravos eram acordados toda madrugada por um berrante, às três da manhã. Esse instrumento normalmente era soprado pelo capataz branco ou pelo capataz negro, conhecido como 'capataz negro' entre os escravos. Ao soar o berrante, eles precisavam se levantar e alimentar o gado. Logo depois do berrante, um sino era tocado para sinalizar que todos deveriam partir para a lavoura e começar o dia de trabalho. Eles chegavam à lavoura antes do sol nascer. O horário de trabalho era descrito como sendo 'de sol a sol'. Quando chegava a colheita do algodão, cada escravo era obrigado a apanhar pelo menos 90 quilos de algodão por dia. Para tanto, cada um recebia um embornal e um cesto grande. O saco era pendurado no pescoço e o cesto era posicionado no fim da linha. No final do dia, o capataz reunia todos os escravos junto à balança com a lâmpada, a lousa e a chibata. Qualquer escravo que não apanhasse os 90 quilos obrigatórios era açoitado severamente pelo capataz. Às vezes, eles conseguiam escapar desse castigo se davam a desculpa de estarem doentes. Outra estratégia adotada pelos escravos era umedecer o algodão ou esconder pedras dentro do cesto, ambos os quais deixavam o algodão mais pesado.

Às vezes, após deixar a lavoura, eles precisavam trabalhar à noite, debulhando milho, descaroçando algodão ou tecendo. Trabalhava-se todos os dias, exceto aos domingos. A única forma de trabalho no domingo era alimentar o gado, etc. (...)

As horas de trabalho dos escravos domésticos e os da lavoura eram praticamente as mesmas. Em alguns casos, os escravos domésticos precisavam trabalhar à noite, pois o senhor receberia amigos ou fora convidado a algum lugar, então alguém precisava ficar acordado para cuidar de todos os detalhes necessários. (...)

No mau tempo, os escravos não eram obrigados a ir à lavoura, e em vez disso aparavam a sebe ou faziam outros pequenos serviços em casa. O senhor não queria que eles trabalhassem em tempo ruim porque havia um risco grande demais de doença, o que levaria à perda de tempo e de dinheiro. O Sr. House queria que todos os seus escravos aprendessem um ofício, como serem pedreiros ou carpinteiros, não porque isso beneficiaria o escravo, conta o Sr. Wright, mas porque assim ele seria vendido mais caro caso fosse preciso se desfazer dele. Os escravos que recebiam permissão para trabalhar com esses artesãos brancos, de quem aprenderiam o ofício, almejavam a oportunidade, pois teriam permissão para cobrar por seus serviços. O dinheiro que ganhariam com isso poderia ser usado para ajudar a comprar a sua liberdade, ou seja, o dinheiro que sobrava depois que o senhor tomava para si o seu quinhão. O artesão branco, por outro lado, não tinha nenhuma objeção específica ao fato de ser auxiliado pelos escravos, apesar de eles estarem aprendendo o seu ofício, pois podia passar todas as tarefas mais árduas para o escravo, o que facilitava o seu trabalho".

Comentário Os escravistas tentavam maximizar a produtividade da sua mão de obra. Como indica a narrativa de Henry Wright, isso significava longas horas de trabalho e estratégias para aproveitar as crianças pequenas e os cativos idosos. Independente da idade, todos os escravizados tinham trabalho a fazer. Os entrevistados frequentemente descreviam o seu dia de trabalho como sendo "de sol a sol" (ou seja, do nascer ao pôr do sol) ou "de consegue a não consegue" (de conseguir enxergar até não conseguir mais). Após voltar da lavoura, os homens e as mulheres muitas vezes tinham tarefas adicionais à noite. Impor esse trabalho tornava a fazenda mais produtiva e aumentava os lucros, além de manter os cativos ocupados e afastá-los do que os donos chamariam de "encrenca". Capatazes ou feitores supervisionavam o trabalho no campo e forçavam a mão de obra a produzir o máximo possível.

Além de trabalhar nas culturas mercantis (algodão em quase todo o Sul, arroz nas regiões litorâneas da Carolina do Sul e da Geórgia e açúcar na Luisiana), a maioria dos escravistas tentava produzir a maior parte da comida necessária para consumo na fazenda. O milho era cultivado na mesma época que o algodão, da primavera até a colheita no outono, com os escravizados alternando a sua atenção de uma cultura para a outra. No outono, quando o milho amadurecia, os trabalhadores muitas vezes viravam as espigas para baixo para não deixar a chuva encharcá-las e se concentravam em apanhar o algodão antes de voltarem para colher o milho. Criar gado e plantar legumes também podia ajudar a tornar a fazenda quase autossuficiente e, logo, mais rentável. Em grandes propriedades, alguns escravizados aprendiam ofícios como, por exemplo, o de ferreiro, para que o fazendeiro não precisasse pagar pelo trabalho de fora.

Todo o trabalho na lavoura era cansativo. Cultivar e colher algodão significava longas horas de trabalho sob o sol, muitas vezes inclinado sobre as plantas. Nos arrozais, os escravizados precisavam trabalhar com água pelos joelhos nos campos alagados, e o açúcar era uma cultura especialmente trabalhosa na época da colheita, quando trabalhavam muitas e muitas horas adicionais, sem dormir, para ferver o caldo e produzir açúcar e melado.

LOUIS CAIN, NARRATIVAS DO TEXAS, PARTE I, PÁGINAS 185 E 186

"A gente trabalhava enquanto tinha luz, desde as quatro da manhã, e depois ordenhava as vinte vacas e dava de comer para os bois de canga. Eram vinte hectares e faltava negro para trabalhar tudo aquilo com folga...

Sábado de manhã, nós homens moíamos milho para o pão da semana e as mulheres lavavam as roupas do senhor e as nossas. Sábado de noite a gente dançava até de madrugada, e no domingo os homens saíam para ver as mulheres ou as namoradas deles enquanto nós os pequenos íamos nadar no riacho. Todas as noites, menos no sábado, a hora de dormir era nove horas. O senhor repicava a placa de aço e a gente sabia que estava na hora de apagar as tochas e se amontoar para dormir".

SIMP CAMPBELL, NARRATIVAS DO TEXAS, PARTE I, PÁGINAS 191–92

"A fazenda do senhor tinha uns 400 hectares e ele tinha mais de cem escravos, com um feitor, o Johnson, e um capataz negro. Os negros éramos bem tratados, mas o feitor tinha ordem de açoitar quem brigasse. Se o capataz negro chicoteava demais, o feitor vendia ele para outro lugar.

A gente trabalhava das quatro às seis e fazíamos alguma tarefa depois, e então se sentava e ficava conversando até as nove, quando era hora de ir para a cama. Sábado de noite, dava para escutar as rabecas e os banjos tocando e os negros cantando. Os instrumentos todos eram feitos em casa".

THOMAS COLE, NARRATIVAS DO TEXAS, PÁGINAS 225–29

"Eu brincava com os filhos do senhor Cole o tempo todo, e quando fiquei mais velho ele me pôs a trabalhar buscando madeira e outros servicinhos assim, e também dando de comer para os porcos. Os pequenos tinham que apanhar algodão todo outono. Os cestões pesavam uns 35 a 45 quilos, mas nós pequenos botávamos o nosso no cesto de um escravo adulto. Os escravos adultos eram que nem mulas. Eles trabalhavam para ter o que comer e o que vestir, e tinha uns que sofriam mais que as mulas, porque as mulas comiam bem e os escravos às vezes passavam fome. Mas o senhor Cole era um homem esperto e bom com essas coisas. Ele tinha respeito pelos sentimentos dos escravos e não tratava eles feito uns bichos estúpidos, os escravos dele tinham mais privilégios do que o de qualquer outro senhor por aquelas partes. Ele foi um dos melhores homens que já vi em toda a minha vida e a mulher dele era igualzinha. (...) A gente acordava cedo todos os dias do ano, fizesse chuva ou fizesse sol, frio ou calor. Um escravo soprava o berrante e não tinha perigo de você não acordar com aquele barulho alto e comprido como era. Ele subia numa plataforma duns três metros para soprar aquela corneta. A gente trabalhava até o meio-dia, então comia na sombra e descansava uma hora, um pouquinho mais quando estava quente, mas só uma hora quando estava frio. Você fica sempre cansado quando o dia é assim na fazenda, não dá para se divertir a noite inteira que nem os jovens fazem hoje em dia. Mas a gente tinha sorte, porque o senhor Cole não nos castigava. O homem nosso vizinho, ele castigava muito os escravos dele, muito mesmo. (...) [Depois que o seu senhor morreu] Eu pensei comigo mesmo, aquele Sr. Anderson, o feitor, ele vai me lanhar com o bacalhau [*cat-o'-nine-tails*] na primeira chance que tiver, mas decidi que ele não ia ter chance nenhuma, pois eu ia fugir na primeira chance que tivesse. Eu não sabia como ia fugir de lá, mas ia para o Norte, onde não tem senhor de escravos. (...) Estavam falando de guerra e a gente estava indo para o eito mais cedo e ficando até mais tarde. Milho levado embora, algodão levado embora, porcos e gado arrebanhados e levados, a coisa ia ficar ruim. A guerra começou, mas a gente não viu nada dela. Só que em vez de comer pão de milho, a gente comia pão de milho-zaburro. A gente plantou bastante quiabo e disseram que ele ia ser tostado e moído para fazer café para os brancos. Isso também não parecia muito bom. Naquele inverno, em vez de abater 300 ou 400 porcos, como a gente sempre fez antes, abatemos só 175, e nem foram todos os grandões. Quando o estoque de carne começava a acabar, o Sr. Sandson mandava uns escravos caçarem um veado ou porcos selvagens ou o que desse para achar".

ELISABETH SPARKS, NARRATIVAS DA VIRGÍNIA, PÁGINA 51

"Eles trabalhavam seis dias, de sol a sol. Se era a colheita de trigo ou outra safra, o trabalho começava bem antes do dia nascer. O dia de trabalho normal começava quando o berrante soprava. Eles paravam só o bastante para comer ao meio-dia. Não tinha muita comida. Eles ganhavam um pouco de sebo e uma fatia de pão de manhã. Bem, eles davam uma ração para os negros toda semana. O almoço era uma fogaça assada em cima de uma enxada".

EMMA HURLEY, NARRATIVAS DA GEÓRGIA, PARTE II, PÁGINA 276

"O trabalho dos escravos na fazenda era difícil. As mulheres trabalhavam o dia inteiro no eito e depois fiavam de noite. Cada uma tinha que fiar seis fusos por semana. No sábado, uma 'senhora branca' desenrolava a fiação e se uma das mulheres não tinha feito a sua tarefa, ela apanhava feio. Os homens trabalhavam o dia inteiro e ficavam até as dez da noite debulhando milho ou em outras lidas à luz do lampião".

SALLIE CARDER, NARRATIVAS DO OKLAHOMA, PÁGINAS 27–28

"Lá pelas quatro da manhã, o feitor ou o cocheiro negro que ficava na casa grande tocava o sino para a gente levantar e ir trabalhar. Os escravos apanhavam uma pilha de algodão e trabalhavam até tarde nas noites de luar".

FRANCES WILLINGHAM, NARRATIVAS DA GEÓRGIA, PARTE IV, PÁGINA 156

"Nosso feitor juntava todos os escravos antes do dia nascer e eles tinham que já ter comido o desjejum e chegado no campo quando o sol aparecesse. O sol estava mais que posto quando eles chegavam em casa de noite".

WILLIAM MCWHORTER, NARRATIVAS DA GEÓRGIA, PARTE III, PÁGINAS 98–99

"Quando o assunto era trabalho, nunca se tinha folga nenhuma. Quando os escravos voltavam do eito depois do pôr do sol e cuidavam do gado e da janta, os homens ainda tinham que debulhar milho, consertar canga de cavalo, cortar madeira e coisas assim; as mulheres costuravam, fiavam, teciam e algumas tinham que ir para a casa grande e dar de mamar para os bebês dos brancos. Uma noite, minha mãe tinha dado de mamar para um dos bebês brancos e depois que ele pegou no sono, ela foi colocar ele na caminha. O pé da criança se prendeu nos suspensórios do senhor Joe, que ele tinha pendurado no pé da cama, e quando ele escutou o bebezinho chorando o senhor Joe acordou, agarrou um pedaço de pau e bateu na cabeça da minha mãe até que quase matou ela. Minha mãe nunca ficou bem de verdade depois disso, e quando morreu ainda tinha um calombo enorme na cabeça.

Dizem que em algumas fazendas os escravos ficavam liberados quando o sino do almoço tocava no domingo, mas não na nossa. Lá não tinha descanso até o sol se pôr nas noites de domingo, depois que tinham cuidado do gado e comido a janta. Nos domingos, eles podiam fazer umas visitas depois da igreja, mas ainda tinham que tomar cuidado e levar um passe. O senhor Joe dava um dia para os escravos fazerem o seu Natal."

JOHN W. FIELDS, NARRATIVAS DO INDIANA, PÁGINA 78

"Minha vida antes dessa época [quando minha mãe recebeu permissão para visitar] foi repleta de tristeza e desespero. Nós acordávamos entre quatro e cinco da manhã, e pais e filhos trabalhavam arduamente até o cair da noite nos dar trégua. Depois de um jantar minguado, geralmente conversávamos até ficar com sono e ter que ir para a cama. Os que tinham a sorte de saber, liam".

YACH STRINGFELLOW, NARRATIVAS DO TEXAS, PARTE IV, PÁGINA 68

"Nós escravos usávamos tochas de pinho, às vezes uns tocos de vela. As mulheres faziam todas as velas dos brancos elas mesmas. A gente não precisava de muita luz à noite de tão cansados depois do dia comprido trabalhando de consegue a não consegue enxergar, e ia para cama cedo. (...)

O senhor botou o John de feitor, e ele era um marchador. Ele estava em tudo quanto é lugar onde ninguém achava que ele ia ir. Ele tinha um vozeirão e todos nós cantando e chorando 'Olha bem, negro, olha bem, lá vem encrenca'. Se um negro ou uma negra tinha deitado no milharal, eles se levantavam rapidinho e se ocupavam na hora, porque aquele chicote corria atrás deles. Eles se ajeitavam e viravam os mais esforçados da turma quando o John chegava".

SARAH GUDGER, NARRATIVAS DA CAROLINA DO NORTE, PARTE I, PÁGINA 353

"Não, senhora, eu nunca soube o que era descansar. Eu só trabalhava o tempo todo, da manhã até o fim da noite. Eu tinha que fazer de tudo fora de casa. Trabalhar no eito, cortar madeira, capinar talos, até que às vezes minhas costas pareciam que iam quebrar. Eu fazia de tudo, menos rachar toras. Sabe como é, eles rachavam toras naquela época, mas eu não, eu nunca rachei tora nenhuma.

O velho senhor nos dava uma tunda se a gente fazia alguma coisa que ele não gostava. Às vezes ele ficava fulo, e nessas horas a gente nem olhava para ele. Se não, ele amarrava as nossas mãos na frente do corpo e chicoteava que nem se faz com uma mula. Meu Deus, eu levei mil chibatadas quando era nova. Às vezes, meu pobre corpo doía uma semana inteira.

O velho senhor nos mandava trabalhar em tudo que era tempo, na chuva e na neve, nunca fazia diferença. A gente precisava ir até as montanhas, derrubar árvores e arrastar elas de volta para casa. Muitas e muitas vezes a gente voltava com as roupas grudadas nos nossos corpos gelados, mas não adiantava nada tentar deixar elas secas. Se o velho senhor ou a senhora nos viam, eles gritavam: 'Sai daqui, coisa preta, e vai trabalhar de uma vez!' Meu Deus, e a gente saía correndo mesmo. Se não, lá vinha o chicote".

FRED BROWN, NARRATIVAS DO TEXAS, PARTE I, PÁGINAS 156–57

"O senhor tinha uma fazenda muito bonitinha na Luisiana, neste lado do rio Mississippi. De escravos, ele chegava a ter de 40 a 50. Na nossa família tinha papai, mamãe, três irmãos e uma irmã, a Julia, e seis primos. Isso dá 13, é por isso que o senhor se incomodava tantos com negros fujões.

Todo mundo lá tinha certos trabalhos e deveres para fazer. Mamãe era a cozinheira da família e ajudava no tear, fazendo o tecido. Meu papai era o ferreiro, o sapateiro e o curtidor. Vou explicar como era o curtume. Ele colocava o couro na água com casca de carvalho-negro e logo, logo o pelo caía, e depois ele enrolava e martelava o couro para deixar ele macio.

Quando eu tinha uns oito anos, mais ou menos, eles me botaram para ajudar no pátio. Depois que cresci, comecei a ajudar no eito. O senhor plantava quase só cana e milho, nada de algodão".

KATIE DARLING, NARRATIVAS DO TEXAS, PARTE I, PÁGINAS 278–79

"Você está falando com uma negra que deu de mamar para sete branquinhos nos tempos do relho. (...) Eu e meus três irmãos, Peter e Adam e Willis, todos sobrevivemos, crescemos e casamos, mas mamãe morreu na escravidão e papai fugiu quando ele e o senhor Bill estavam a caminho

Katie Darling

da Batalha de Mansfield.[1] Quando voltou da guerra, o senhor disse: 'Aquele crioulo imprestável fugiu e se juntou com aqueles yankees duma figa'.

O senhor tinha seis filhos quando a guerra começou e eu dei de mamar para todos eles. Eu ficava em casa com eles e dormia em um catre no chão, e assim que cresci o suficiente para carregar o balde de leite, eles me botaram na ordenha também. O senhor tinha mais de 100 vacas, e quase sempre quem ordenhava todas elas éramos nós duas, Violet e eu. A gente tinha que estar no curral às cinco. Teve uma manhã que o senhor me pegou deixando um dos bezerros mamar e ele não me castigou daquela vez, mas isso não quer dizer que ele era sempre bonzinho, porque as vacas tinham mais coração que o senhor e a senhora.

Nós comíamos ervilha, verdura, couve e sêmea. Os negros que mexessem no presunto! A gente ganhava café de farinha de milho. A farinha era tostada no fogão e fervida e a gente tomava o licor. Às vezes, a gente ganhava o café Lincoln que sobrava da fazenda vizinha.

Quando os negros faziam qualquer coisa, o senhor dava relhadas nele, mas de arrancar a pele era pouco. Ele castigava o homem por arar ou capinar pela metade, mas se faziam o serviço direito ele achava outro motivo para puxar a chibata. À noite, os homens tinham que debulhar milho e as mulheres cardavam e fiavam. A gente tinha

---

1. Batalha travada na Luisiana em 8 de abril de 1864, durante a Guerra Civil norte-americana.

duas mudas de roupa para o inverno e duas para o verão, mas nada de sapato. A gente trabalhava sábado o dia inteiro, e se tinha erva no campo, ninguém ganhava o domingo de folga".

WES BRADY, NARRATIVAS DO TEXAS, PARTE I, PÁGINA 135

"O meu primeiro serviço foi plantando milho, depois no curral com as vacas e de pastor das ovelhas. Todos nós da casa tínhamos que descascar meio alqueire de milho todas as noites para dar de comer para as ovelhas. Várias vezes eu fiquei caminhando pela senzala quando era pequenino, chorando e chamando minha mãe. A gente quase só se via no domingo. As crianças estavam na cama quando os outros saíam para o campo e quando voltavam. Lembro de acordar de noite várias vezes e ver eles fazendo mingau nas brasas da lareira, mas ela sempre garantia que o feitor estava dormindo antes".

GEORGE WOMBLE, NARRATIVAS DA GEÓRGIA, PARTE IV, PÁGINAS 181–83

"Nenhum deles nunca sofreu daquela doença, a 'febre do colchão'. Todos levantavam muito antes do dia nascer e preparavam o desjejum e antes de ficar claro o suficiente para enxergar, eles já estavam de pé no eito, com as enxadas e os outros implementos, com medo de começar a trabalhar. Eles não queriam sujar os algodoeiros de terra naquela escuridão.

Em dias de chuva, os escravos debulhavam milho, amontoavam esterco nos celeiros e faziam tecido. No inverno, os homens rachavam toras, construíam cercas e escavavam valas, enquanto as mulheres fiavam e teciam. Os escravos idosos demais para trabalhar na lavoura ficavam em casa, onde cuidavam dos escravos doentes (quando havia doença) e das necessidades das crianças pequenas demais para trabalharem na lavoura. As crianças que ainda não haviam sido desmamadas também ficavam sob o cuidado dessas pessoas idosas. Contudo, nesse caso, as mães tinham permissão para sair da lavoura duas vezes ao dia (uma vez entre o desjejum e o almoço, outra entre o almoço e o jantar) para que essas crianças pudessem ser alimentadas".

JOHN WALTON, NARRATIVAS DO TEXAS, PARTE IV, PÁGINA 125

"Eu trabalhei no campo naqueles lados, e até nós, as crianças, tínhamos que apanhar 70 quilos de algodão por dia, ou lá vinha uma tunda. A gente botava o algodão nos cestos de carvalho branco, e em alguns deles cabia quase 50 quilos. Tudo depende de como você prensa o algodão. A carroça com a parelha de bois ficava no campo, esperando para a gente despejar o algodão, e quando ela se enchia os bois puxavam a carroça até o descaroçador movido a cavalo. Normalmente a gente usava cerca de 725 quilos de algodão para cada fardo".

Comentário Os entrevistados não se lembravam do trabalho árduo apenas porque este era cansativo. Ele também envolvia pressão, o medo de castigos físicos e muitos desconfortos, privações e lesões. Como os proprietários tentavam mantê-los ocupados quase todo o tempo, os escravizados também se ressentiam do confinamento e da falta de oportunidade de ir e vir. A mobilidade era realmente importante para os cativos das fazendas menores, pois desejavam ter contato social com camaradas ou parentes em fazendas vizinhas. Essa questão é bastante relevante, pois apenas metade da população escrava dos Estados Unidos morava em fazendas com 20 cativos ou mais, de acordo com os dados disponíveis para 1860. Assim, a outra metade dividia sua rotina diária com apenas três ou quatro outras famílias afro-americanas. Entre os escravistas brancos, 88% tinham menos de 20 cativos, e 72% tinham menos de dez.

MARY REYNOLDS, NARRATIVAS DO TEXAS, PARTE III, PÁGINAS 238–40, 242

"O senhor Kilpatrick não era nenhum pobretão. Ele tinha riquezas. Tinha uma casa grande, sem mais estilo que um berço, mas dava para morar bastante gente lá. Ele era um doutor de medicina e no segundo andar tinha quartos para os doentes que vinham descansar. Demorava dois dias para cruzar todas as terras dele. Ele tinha gado e bichos e ovelhas e mais de cem escravos, e não só isso. (...)

Ele plantava milho, algodão, cana, batata e amendoim, e também ervilha e outras comidas para os negros. Lembro de segurar o cabo de uma enxada, tremendo todo, quando botaram uma velha para me ensinar e umas outras crianças para capinar o eito. Aquela velha corria feito maluca. Ela me mostrava o que fazer, depois virava para mostrar para algum outro negrinho, e então eu cortava o milho novo bem cortadinho. E ela dizia 'Pelo amor de Deus, melhor aprender direitinho, ou o Solomon vai te espancar até não poder mais'. O velho Solomon era o capataz negro. (...)

A concha soprava logo antes do sol raiar e todos tinham que sair correndo para a chamada, ou então o Solomon derrubava a porta para buscar eles. O trabalho era difícil, com surras e pouca comida. Uma mula velha puxava uma tábua com a água e as comidas. Várias vezes tinha só meio barril de água, velha e quente, para todos os negros nos dias mais quentes. O que mais se comia era porco defumado, pão de milho, ervilha, feijão e batata, mas nunca tinha tudo que a gente precisava.

As épocas que eu mais odiava eram as de apanhar algodão com gelo nos capulhos. Minhas mãos doíam e se rachavam e sangravam. A gente acendia uma fogueira no campo e quando quem tinha as mãos doloridas não aguentava mais, a gente corria para esquentar as mãos um pouquinho. Quando conseguia roubar uma batata, eu costumava colocá-la no meio das cinzas, então quando corria para a fogueira eu tirava ela de lá e comia escondida.

Às vezes, o senhor deixava os negros terem uma hortinha. Eles plantavam batata e amendoim. Eles gostavam disso, dava para aumentar o sustento. Batata assada nas cinzas era a coisa mais gostosa que eu comia. Eu morria de satisfeita só de ter mais uma batata assada nas brasas. Os negros tinham que trabalhar na roça e escavar as batatas e os amendoins de noite. Depois, se queriam vender elas na cidade, tinham que pedir um passe para irem. Eles tinham que ir à noite, porque nunca deixavam faltar ninguém no eito.

De vez em quando, nos davam um pouco da noite de sábado para lavar as nossas roupas no rio. A gente estendia elas no chão da floresta para secar. Tinha um lugar para lavar as roupas com a água do poço, mas tinha tantos negros que nem todo mundo conseguia lavar no domingo. (...)

Tinha uma cabana que chamavam de casa de fiar, com dois teares e duas rodas de fiar funcionando o tempo inteiro e duas negras costurando o tempo inteiro. Uma fazenda daquele tamanho precisava de muita costura para fazer tudo que gastava. Uma vez, o senhor foi a Baton Rouge e trouxe de volta uma moça mulata vestida toda elegante. Era uma negra costureira. Ele construiu uma casa para ela longe da senzala e ela fazia a costura fina para os brancos. Os negros sabiam que o doutor pegava uma negra como pegava uma branca e pegava quem bem entendia nas suas terras, e pegava bastante. Mas quase todas as crianças que nasciam por lá pareciam negras. Tia Cheyney sempre disse que quatro dos dela eram do senhor, mas ele não dava bola para eles".

Jordon Smith

JORDON SMITH, NARRATIVAS DO TEXAS, PARTE IV, PÁGINA 37

"O senhor Ab tinha centenas de hectares de trigo e fazia as mulheres empilharem feno no campo. Às vezes, elas ficavam doentes e queriam ir para casa, mas ele mandava elas deitarem em uma pilha de palha no meio do campo. Várias crianças nasceram na palha do campo. Depois que a criança nascia, ele mandava elas para a casa. Eu vi com os meus próprios olhos".

WASH FORD, NARRATIVAS DO ARKANSAS, PARTE II, PÁGINA 326

"Tem uma história que eu lembro dos meus pais. Eles tinham um líder que capinava algodão. O nome dele era John. Ele trabalhava rápido. John capinava uma linha e então se esticava para capinar a outra. Ele se adiantava muito na frente dos outros, que levavam uma sova se não acompanhassem, então ele descansava para eles alcançarem".

ISAAC GREEN, NARRATIVAS DA GEÓRGIA, PARTE II, PÁGINA 58

"Todos os escravos tinham que trabalhar. Minha mãe trabalhava no arado. Todos os velhos e as velhas tinham que cuidar dos porcos e das vacas e também fiar e costurar. Às vezes, o velho senhor nos deixava fazer um festejo e a gente podia dançar a noite toda se quisesse, desde que estivesse pronto para ir para o eito quando o feitor soprasse a corneta antes da manhã seguinte. Os trabalhadores acordavam cedo o suficiente para fazer o desjejum antes de irem para o eito. As crianças levavam o almoço para eles ao meio-dia. A gente usava cestos para levar o almoço e uns baldes enormes para levar o leite. Eles tinham que fazer a própria janta quando saíam do campo de noite".

SOL WALTON, NARRATIVAS DO TEXAS, PARTE IV, PÁGINA 128

"O primeiro trabalho que eu fiz na escravidão foi levar água e o almoço para os peões, em baldes de cabaça. A gente não tinha balde de lata naquela época. Os peões trabalhavam de sol a sol, e se o feitor visse eles se afrouxando, ele praguejava e às vezes batia com um relho. Vi eles levarem relhadas até a camisa ficar grudada nas costas. Vi minha mãe ser chicoteada por gritar em um culto dos brancos. O velho senhor tirou a roupa de cima dela e castigou com um relho. Vários e vários deles levaram relhadas só porque podiam levar chicotada. Alguns donos não davam de comer para os peões e batiam em quem pedia comida".

MARTHA ALLEN, NARRATIVAS DA CAROLINA DO NORTE, PARTE I, PÁGINA 14

"Minha mãe pertencia a Tom Edward Gaskin e não comia nem metade do que devia. A cozinheira dava de mamar para os bebês enquanto cozinhava para as mães poderem trabalhar no eito, e todas as mães tinham que meter os bebês pela porta da cozinha no caminho. Ouvi mamãe dizer que elas iam para o trabalho sem desjejum e que

Sol Walton

quando colocava o bebê na cozinha, ela passava pelo balde dos restos e tomava os restos de uma cabaça com cabo comprido.

O capataz não podia ser mais ruim, e os escravos levavam surras horríveis".

Comentário Alguns senhores permitiam que os escravizados qualificados "se alugassem", ou seja, cobrassem por serviços prestados a terceiros. Essa prática era mais comum entre proprietários com residências urbanas, pois escravos-artesãos tinham mais facilidade para encontrar trabalho remunerado na cidade. Nesse sistema, o cativo era obrigado a pagar ao seu proprietário uma determinada soma toda semana, mas se ganhava mais do que esse valor, ele podia ficar com o lucro. Além dessa possível vantagem, os artesãos que se alugavam nas cidades muitas vezes tinham mais liberdade pessoal.

Na agricultura, o sistema de trabalho mais comum era o trabalho em turma, no qual um grupo de cativos trabalhava sob a supervisão de um feitor ou capataz. Mas alguns proprietários, especialmente em áreas de rizicultura, usavam um "sistema de tarefas", no qual uma determinada quantidade de trabalho, chamada de "tarefa", era alocada a cada indivíduo. Quando se completava a tarefa, o escravizado podia usar o resto do seu tempo como bem entendesse. Para os trabalhadores mais rápidos, esse sistema oferecia uma óbvia vantagem em potencial.

GEORGE LEWIS, NARRATIVAS DA GEÓRGIA, PARTE III, PÁGINA 47

[Viveu em situação de escravidão na Flórida.] "Em termos de trabalho, todos os membros do clã Lewis se saíram muito bem. O pai (...) era um construtor de navios experiente e tinha permissão para se alugar para quem precisava dos seus serviços. Ele também tinha permissão para alugar os seus filhos que tivessem idade o suficiente para trabalhar. Ele precisava apenas pagar uma determinada porcentagem da sua renda ao seu senhor e à senhora dos seus filhos".

CLARA BRIM, NARRATIVAS DO TEXAS, PARTE I, PÁGINA 148

[Viveu em situação de escravidão na Luisiana e o seu senhor era um caso raro de usar o sistema de tarefas no cultivo de algodão.] "Quando os escravos iam trabalhar, ele dava a tarefa. Tanto trabalho, tantas linhas de algodão para cortar ou de milho para capinar. Quando terminavam, eles podiam fazer o que quisessem. Ele dava as tarefas na segunda-feira. Alguns terminavam tudo na quinta de noite. Depois, eles podiam alugar seu tempo e receber por isso".

PRINCE SMITH, NARRATIVAS DA CAROLINA DO SUL, PARTE IV, PÁGINA 117

"Tinha três tipos de dia de trabalho na fazenda: um é a tarefa inteira, o que quer dizer um homem inteiro ou uma pessoa no auge. Ele recebia duas tarefas pelo dia de trabalho. Uma tarefa ia de vinte e quatro a vinte e cinco carreiras entre os algodoeiros, que tinham dez metros e meio de comprimento e sete e meio de largura. Os homens três quartos recebiam uma tarefa só, que consistia em

Clara Brim

doze linhas. Todas as crianças pequenas estavam nesse grupo. Os homens de metade eram os escravos velhos que faziam meia tarefa para os seus dias de trabalho. Quando chegava a hora de apanhar algodão, os três quartos tinham que enfardar treze quilos e meio por dia de trabalho e os homens de metade, nove quilos. Os que cuidavam do descaroçador incluíam só os homens três quartos".

TIO GABE LANCE, NARRATIVAS DA CAROLINA DO SUL, PARTE III, PÁGINA 92

"O senhor era bom. Dava bastante de comer. Tarefas razoáveis. A tarefa era de mil a dois mil metros quadrados. Para abrir valas, dez medidas. Tinha que limpar o lodo. Ir tirando água até enxergar as pegadas.

Aqueles arrozais todos eram um pântano só. A gente da escravidão abriu canais e escavou valas e derrubou aquelas árvores... e abriu vala pela mata virgem. Foi tudo limpado para a gente da escravidão plantar arroz".

CATO CARTER, NARRATIVAS DO TEXAS, PARTE I, PÁGINAS 204 E 206

"Nossa fazenda tinha 600 hectares, tudo num bloco só, e além dos campos de algodão e milho e arroz e cana que a gente plantava nas baixadas, a gente tinha verdura, ovelha e boi. (...) Nunca tive do que reclamar de como era tratado, mas alguns negros odiavam a época de fazer melado, porque tinham que trabalhar até a meia-noite fazendo melado e acordar igual às quatro da manhã. De sol a sol era para os negros do eito".

ELLEN BETTS, NARRATIVAS DO TEXAS, PARTE I, PÁGINAS 79, 76, 79

"Meu Deus, mas eu vi milhares e milhares de barris de açúcar e caldeirões de melado quando era nova. Só Deus sabe quanta cana o velho senhor tinha. Para quem corta a cana não parece muito, mas para quem trabalha todas as horas nisso, aqueles canaviais bem que parecem que vão de uma ponta à outra do mundo. O senhor mandava tonel atrás de tonel rio abaixo. Eu via os barcos descendo o rio com cartazes enormes que diziam 'Vende-se Melaço' nos lados. E ele plantava um mundo de arroz e batata e milho e amendoim também. (...) Quando as negras tinham que cortar cana o dia inteiro até a meia-noite e depois também, eu dava de mamar para os bebês delas e cuidava das criancinhas brancas também. (...) O senhor era muito bom para as moças e os negros que cortavam a cana. Quando eles terminavam de fazer açúcar, ele distribuía uma bebida que se chama 'pêssego com mel' para a mulherada e uísque e conhaque para os homens. E tinha dança e cabriolagem aos montes".

MAGGIE BLACK, NARRATIVAS DA CAROLINA DO SUL,
PARTE I, PÁGINAS 58–59

"Eles faziam todo o tecido que usavam lá mesmo na plantação. Se usava algodão e lã o tempo inteiro naquela época.

A Madame, claro, ela podia comprar as sedas mais refinadas, porque quase tudo dela vinha do exterior. Moça, ainda vejo minha velha mãe, trabalhando naquela roda de fiar, vejo tão bem como se aquele dia fosse o dia de hoje. Ela sentava com aquela roda velha, pegava uma lançadeira e atirava para lá e para cá, puxando aquele negócio para ficar mais e mais apertado. Era vapt, vupt, e tinha que trabalhar com os pés também. Era assim que faziam tecido naqueles tempos.

Querida, as pessoas tinham que trabalhar duro por tudo que tinham naqueles tempos. Eles plantavam o próprio arroz lá mesmo na plantação. Tinha que plantar nas partes do terreno que eram mais úmidas que o resto das terras. Tinha que deixar o arroz ficar bem maduro e depois cortavam ele, então vinha um daqueles dias de bater bem o arroz. Montes de pessoas vinham das fazendas ajudar a bater o arroz. Eles só pegavam o arroz e batiam em algum cavalete que tinham montado em algum lugar da fazenda. Querida, era um cavalete igual a esses que se vê os carpinteiros usando por aqui hoje em dia. Eles tinham centenas de alqueires daquele arroz. Quando terminava, eles faziam um jantarzão para todo mundo que tinha batido o arroz. Davam todo o arroz e os barris de bebida que se podia querer. Ah, a música era das boas. Todo mundo chacoalhava os ossos e batia palmas com aquela melodia.

Depois pilavam o arroz lá mesmo na fazenda, arrumando ele bem bonito. Então tinham que levar para o moinho. Pois eles tinham um bloco lá no pátio, com um furo enorme no meio, onde despejavam o arroz. Depois pegavam essas coisas chamadas de pilão e batiam nele para tirar os talos. Não se tinha esse arroz bonitinho como se vê hoje, porque não era branco que nem o arroz que se tem hoje, mas era um arroz bem doce, querida, um arroz bem doce".

Comentário Os entrevistados lembram-se de algumas épocas mais felizes, quando o trabalho na fazenda diminuía ou as pessoas podiam celebrar a colheita. A tarefa de separar o milho da palha muitas vezes era uma atividade coletiva e um momento para se divertir. Eles também evocam com carinho dos poucos dias de descanso que recebiam no Natal.

JENNY PROCTOR, NARRATIVAS DO TEXAS,
PARTE III, PÁGINAS 209, 214, 210

"Eu ouço falar dos bons tempos da escravidão, mas nunca vi bons tempos naquela época. O nome da minha mãe era Lisa e quando eu era bem criancinha, eu escutava o feitor indo de cabana em cabana, começando às três da madrugada, e quando chegava na nossa cabana ele dizia 'Lisa, Lisa, sai daí e faz o desjejum'. Minha mãe, ela era cozinheira, do meu pai não lembro nada. (...) Eu cuidava das crianças quando era menininha e tentava limpar a casa igual a velha senhora mandava. Logo que fiz dez anos, o velho senhor disse... 'Leva essa crioula para o algodoal'. (...)

Todo Natal que a gente tinha é que o velho senhor matava um porco e nos dava um pouco da carne. A gente achava isso bom, e o Natal durava de acordo com a tora de árvore-do-âmbar que cortavam e usavam de lenha no fundo da lareira. Quando ela acabava de queimar, o Natal terminava. Então pode saber que a gente passava o ano inteiro procurando a maior árvore-do-âmbar que desse. Quando não achava, a gente pegava um carvalho, mas esse não durava o suficiente, só uns três dias em média, quando não era preciso trabalhar. O velho senhor gostava de atirar nó de pinho na lareira para acabar com o Natal de uma vez e nos mandar de volta para o trabalho.

A gente debulhava milho às vezes, mas os brancos se divertem e os negros é que trabalham. Não tínhamos que apanhar algodão, só apanhar o nosso próprio. (...)

[Uma vez, ela foi açoitada por roubar e comer um biscoito e o senhor ficou furioso com o feitor.] 'Ela não vai ter como trabalhar por uma semana, teria pago por vários biscoitos nesse tempo'. (...) Tínhamos uma flanela vermelha para o inverno sob as roupas. A velha senhora dizia que um negro doente custava mais do que a flanela".

ED MCCREE, NARRATIVAS DA GEÓRGIA,
PARTE III, PÁGINA 63, 60–61

"Quando chegava o inverno, os homens tinham bastante milho para debulhar e as mulheres tinham acolchoados para fazer. Tinha uma linha de milho para debulhar comprida como se fosse daqui até a Avenida Milledge. O velho senhor colocava uma turma de negros em cada ponta da linha e tinha uma corrida acirrada entre as duas turmas para ver quem chegava no meio primeiro. Sempre tinha um banquete esperando por eles quando a última espiga fosse debulhada. E os acolchoados! Olha, senhora, o que é que um negro velho vai saber de uma coisa que era só das mulheres?

A época de apanhar o algodão era uma beleza. Eles apanhavam algodão no luar e então faziam um banquete de churrasco de gado, ovelha e porco, tudo regado a uísque do bom. Quando a comida acabava, alguns dos negros tocavam rabeca e banjo para os outros dançarem até se acabarem.

O velho senhor John McCree era um branco bom, estou contando a verdade, porque não sou de contar a outra coisa. (...)

Tinha mais de 400 hectares aquele fazendão. Era uma terra das grandes, e recheada de negros. Não sei dizer quantos, já esqueci. Dava para escutar a corneta do feitor que tocava para acordar os escravos a quilômetros de distância. Ele os acordava bem antes do sol nascer e colocava eles para trabalhar no eito assim que conseguissem enxergar o trabalho que tinha para fazer. Nem me fale daquele feitor surrando os negros. Ele batia por quase qualquer coisa. Para que iam precisar de cadeia se tinha aquele feitor para descer aquele relho de couro cru?".

GEORGE STRICKLAND, NARRATIVAS DO ALABAMA, PÁGINA 361

"Debulhar milho era o melhor de tudo. O velho senhor levava um garrafão e deixava eles bem bêbados, e quando ficavam cheios eles atiravam ele para cima e para baixo, carregavam ele para tudo quanto é lado e davam gritos. Depois começava a diversão, eles tocavam uma cabaça velha com crina de cavalo, serrote e faca de mato. Eles corriam a mão para cima e para baixo no serrote para mudar a música, e o líder ficava em cima da pilha de milho, cantando enquanto todos os outros imitavam".

"I was born way off down in Twiggs County 'bout a mile from de town of Jeffersonville. My Pa and Ma was Otto and Sarah Rutherford. Our Mist'ess, dat was Miss Polly, she called Ma, Sallie for short. Dere was nine of us chillun, me and Esau, Harry, Jerry, Bob, Calvin, Otto, Sallie and Susan. Susan was our half-sister by our Pa's last marriage. Us chillun never done much but play 'round de house and yards wid de white chillun. I warn't but four years old when dey made us free." Henrietta again interrupted, "See dere, I told you she don't know what she's a-talkin' 'bout."

Frances ignored the interruption and continued: "Us lived in log cabins what had jus' one room wid a stick and mud chimbly at de end. Our bedsteads was made out of rough planks and poles and some of 'em was nailed to de sides of de cabins. Mattress ticks was made out of osnaburg and us filled 'em wid wheat straw in season. When dat was used up us got grass from de fields. Most any kind of hay was counted good 'nough to put in a slave's mattress. Dey let us mix some cotton wid de hay our pillows was stuffed wid.

"My grandmas lived on another plantation. I 'members once Grandma Suck, she was my Ma's mammy, come to our house and stayed one or two days wid us. Daddy's Ma was named Puss. Both my grandmas was field hands, but Ma, she was a house gal 'til she got big enough to do de cyardin' and spinnin'. Aunt Phoebie done de weavin' and Aunt Polly was de seamster. All de lak of dat was done atter de craps was done laid by.

Condições de vida

FRANCES WILLINGHAM, NARRATIVAS DA GEÓRGIA, PARTE IV, PÁGINA 153–54, 156, 158

"A gente morava em choupanas de um quarto só, com uma chaminé de galhos e barro na ponta. Os estrados das nossas camas eram feitos de tábuas grosseiras e varas, e algumas eram pregadas nas paredes da choupana. A capa dos colchões era feita de osnaburgo e a gente enchia elas de palha de trigo quando estava na estação. Quando a palha acabava, a gente trazia grama do eito. Praticamente qualquer forragem era boa o suficiente para se enfiar no colchão de um escravo. Eles nos deixavam misturar um pouco de algodão com a palha usada para estufar os nossos travesseiros.

Não, senhora, ninguém nunca deu dinheiro para criança escrava nenhuma naquela época. Eu nunca tive até depois de a gente ganhar a nossa liberdade. Eu costumava ver o velho senhor contando dinheiro, mas os escravos nunca receberam nada daquilo.

Nosso velho senhor era um homem rico e poderoso e acreditava em nos dar bastante de comer. Não era nada de fino, mas era comida boa e simples, que enchia a barriga e nos mantinha bem. Tinha pão de milho e carne, tudo quanto é tipo de verdura, milho assado e tantos tipos de legume que dava para passar o dia todo contando. O senhor tinha uma horta das grandes onde ele plantava de tudo, exceto repolho e tomate. Ele dizia que essas coisas não prestavam para ninguém. O senhor deixava papai caçar o suficiente para trazer vários gambás, guaxinins, coelhos e esquilos. A gente cozinhava eles como se cozinha hoje, mas ninguém tinha fogão naquela época, então era tudo cozinhado em lareiras abertas, com uns panelões e frigideiras de cabo comprido que tinham umas tampas bem pesadas. Eu vi mamãe limpar muitos e muitos gambás nas brasas. Depois ela escaldava eles e tirava as entranhas. Ela aferventava e depois assava eles e quando levava para a mesa cercado de batata-doce no prato, que coisa boa de comer era aquilo. Papai pescava no riachinho, porque os escravos não tinham permissão para sair da fazenda para essas coisas.

Eu nunca tive um dia de escola na minha vida, porque quando era pequena os negros não podiam aprender a ler e escrever. Ouvi minha mãe dizer que o pastor negro lia a Bíblia, mas nunca vi ele fazendo isso, porque nunca fui à igreja quando era pequena.

De noite, quando os escravos chegavam do eito, as mulheres limpavam a casa depois de comer, então lavavam a roupa e penduravam elas para secar de manhãzinha. Os homens comiam, sentavam para conversar uns com os outros e depois iam para a cama. Na nossa fazenda, todo mundo trabalhava no domingo até as três ou quatro da tarde, e se o trabalho era muito eles trabalhavam até a noite cair, como se fosse um dia qualquer. Domingo de noite, os mais novos se juntavam para fazer festa. Eles dançavam, brincavam, bebiam, essas coisas. O velho senhor não era duro com eles, mas só dava aquela uma noite para eles brincarem. No domingo, ele dava passes para quem queria ir à igreja ou fazer visitas.

É claro que o senhor botava os escravos para debulhar milho, descascar milho, apanhar algodão e costurar acolchoados. Ele tinha vários e vários pomares de nogueira-pecã, castanheira, nogueira-comum, nogueira-amarga, eucalipto e castanheiro-da-Califórnia. Depois que as nozes eram juntadas, o velho senhor vendia ela para os grandões na cidade. É por isso que ele era tão rico. Depois que tudo isso era juntado e cuidado, ele fazia um festão para os escravos, com bastante para beber, então deixava eles descansarem alguns dias antes do trabalho começar de novo".

Comentário As condições da vida escrava no sul dos Estados Unidos dependiam das atitudes dos senhores, mas nenhum escravizado vivia em nada que se poderia chamar de luxo. Para a maioria, suas cabanas eram pequenas, de madeira grosseira, com as frestas entre as toras tapadas com barro. Alguns tinham que dividir a cabana com outra família. Na maioria delas, o chão era de terra, e quando havia uma lareira, a chaminé era feita de ramos e lama seca. As camas eram rudimentares e os colchões eram forrados de palha ou barba-de-velho.

A maioria dos entrevistados nas narrativas do FWP parecem lembrar que a quantidade de comida recebida era adequada, mas que suas dietas eram quase sempre monótonas e nem sempre continham as quantidades necessárias de vitaminas e nutrientes. A base da dieta escrava era banha de porco, farinha de milho, verduras e alguns legumes. Alguns escravistas, mas nem todos, criavam bois e forneciam carne de gado ou de outros animais. Em algumas fazendas, a escravaria passava fome. Aqueles que tinham permissão para cultivar uma roça podiam complementar a sua dieta, e caçar e pescar também ajudava a melhorar a situação.

As roupas eram simples e grosseiras e nem sempre adequadas para climas mais frios. Quando os escravizados tinham sapatos, estes normalmente eram feitos de couro duro e pouco confortáveis. Para melhorar as suas vestimentas, muitas cativas recorriam à sua herança cultural africana e cobriam suas cabeças com lenços coloridos. Mas quase tudo nas roupas, assim como acontecia com a alimentação e a moradia, dependia do proprietário, e alguns escravizados sofriam por causa de senhores hostis ou mesquinhos.

O aspecto das condições de vida que mais chama a atenção é a tendência dos escravistas de castigar seus trabalhadores com surras e chibatadas, ou de não fazê-lo, e outro capítulo se concentrará mais nesse assunto. Contudo, os entrevistados também se lembram de diversas outras formas de maus-tratos e privações que eram parte da vida em cativeiro.

SALLIE CARDER, NARRATIVAS DO OKLAHOMA, PÁGINAS 27–28

"Não, senhor, nós nunca tivemos dinheiro quando eu era escrava. A gente não tinha nada de nada. O que se comia era verdura, pão de milho e fogaça. As únicas vezes em que ganhava um biscoito era quando alguém fazia uma coisa de errado e a minha senhora dava um biscoito amanteigado para quem contasse quem era o culpado. (...)"

ELI COLEMAN, NARRATIVAS DO TEXAS, PÁGINAS 236–37

[Viveu em situação de escravidão no Kentucky.] "A gente fazia tudo quanto é tipo de trabalho, cortando algodão e rachando tora, cortando pedra e trabalhando na plantação de tabaco. A gente cortava o tabaco e pendurava no barraco para secar. Era preciso pendurar pelo restolho.

Tínhamos bastante de comer, como pão de milho. O milho era ralado à mão e cozinhado nas cinzas, sem sal nem bicarbonato nem essas coisas finas que se bota no pão hoje em dia.

Tinha gambá e coelho e a gente cozinhava diferente do que se faz hoje. Um caldeirão enorme ficava pendurado sobre a lareira de pedra. A comida que se cozinha assim ainda é boa. O senhor Brady sempre nos dava bastante da horta. Ele sempre nos dava comida forte e reforçada, que nem se cuida de um cavalo, se ele é bem bom".

JOSEPHINE BRISTOW, NARRATIVAS DA CAROLINA DO SUL, PARTE I, PÁGINAS 98–100

"Eu era bem pequena naqueles tempos e até onde lembro, a gente morava na senzala da fazenda do velho senhor lá no interior. Toda manhã, nós pequeninos íamos para um lugar no alto do morro, a leiteria, e ganhávamos o nosso leite entre as refeições enquanto os mais velhos estavam trabalhando. Ah, eles tinham uma velha que cuidava de nós durante o dia. A velha que nos cuidava, o nome dela era Mary Novlin. Meu Deus, o Sr. Gibson, ele tinha uns fazendões, e minha mãe e meu pai trabalhavam nas fazendas. Sim, senhora, minha mãe e meu pai, eu nunca sabia quando eles iam chegar em casa de noite, de tão tarde que era. A velha cuidava de tudo para nós o dia inteiro, e ainda cozinhava para nós ao mesmo tempo que nos cuidava. Ora, ela fervia para gente canjica de farinha de milho e quase sempre nos dava com leite no desjejum. Depois, eles tinham uma horta bem grande, então ela cozinhava ervilha para nos dar bastante sopa com um pão de forno que nem este. Ah, mas quem trabalhava no eito, esses comiam as refeições quando podiam. Tinha que cozinhar no meio da noite, às vezes antes do dia nascer, porque eles levavam as rações de almoço com eles para o campo. Mais ou menos cozinhavam no eito. Sim, senhor, eles levavam as panelas consigo e cozinhavam lá mesmo no eito enquanto estavam trabalhando. Ferviam água e assavam pão também. Não sei quanto tempo eles tinham que trabalhar, senhora, mas eu ouvia eles dizerem que trabalhavam muito, fosse frio ou quente, fizesse sol ou chuva. Tinham que capinar os algodoeiros e apanhar algodão e tudo mais. Não sei bem, minha senhora, mas os brancos, eles achavam que não faltava bastante gente negra e Deus não criou eles para trabalharem. Os brancos daquele tempo, sabe, eles faziam a gente negra trabalhar.

O povo costumava fiar e tecer, meu Deus! Igual a hoje, quando estava nublado e chovendo, eles não podiam trabalhar no eito, então era dia de fiar. Ai, você ouvia aquela coisa rodando e eu ainda lembro de ficar ali parada, querendo fiar feito louca, eu nunca sabia o que fazer. Não demorou para eu saber usar a lançadeira e tecer também. Eu tinha uma avó que quando pegava naquela roda, ah, ela sabia muito bem o que fazer. Os brancos costumavam dar aos negros uma tarefa de fiar e ela sabia fiar como ninguém. Sim, senhora, vou lhe contar, se fazia o tecido mais lindo do mundo naqueles tempos. O povo de antigamente tinha um tipo de corante chamado índigo e eles tingiam o tecido, nunca se viu coisa mais bonita.

Depois eu lembro que precisavam debulhar milho alguns dos dias e ninguém trabalhava no eito nesses dias. Meu Deus, eram uns dias de comilança, esses. Levavam uma panelona lá para dentro do celeiro, onde estavam debulhando o milho, e ferviam ela cheinha até a borda, com ervilha e arroz e couve. Assavam um pão bem grande também, e muitas vezes se guardava uma meia pipa para esses dias".

TOM HOLLAND, NARRATIVAS DO TEXAS,
PARTE II, PÁGINAS 144, 145

"Eu cortava algodoeiros, arava e rachava toras, depois passei a cavalgar. Naquele tempo, eu era capaz de domar o cavalo mais xucro que já levantou poeira no Texas, mas nunca fui muito valioso por causa do meu olho de vidro. Não lembro de como fui acabar com ele, mas aqui estou. Eu ganhava um dólar ou cinquenta centavos para montar um cavalo selvagem nos tempos da escravidão, e o senhor me deixava ficar com o dinheiro. Eu comprava tabaco e doces, e se o senhor me pegava com tabaco eu era açoitado, mas sempre escapulia e comprava fumo de mascar.

A gente sempre tinha bastante de comer, do que tinha de comer naquele tempo, e era bom, bastante carne de caça e pão de milho assado nas cinzas. A carne se assava na fogueira, e tinha bastante gambá, coelho e peixe. A roupa era um camisão aberto até embaixo na frente, mas nunca vi sapato até bem depois da liberdade. Em tempo frio, o senhor curtia bastante couro e a gente fazia roupas quentes. Minha roupa de casamento foi um camisão branco. Nunca tive sapatos, casei descalço.

(...) Eu vi escravos sendo vendidos e leiloados, porque eu mesmo fui vendido para o lance mais alto. O senhor me vendeu para William Green logo antes da guerra por cem acres de terra a um dólar por acre. Ele achava que eu nunca serviria para nada, porque tinha esse olho de vidro, mas ainda estou vivo e sou um negro muito bom para a minha idade".

LOUISE EVERETT, NARRATIVAS DA FLÓRIDA, PÁGINAS 128–29

"A vida na fazenda dos McClain era uma rotina monótona de trabalho constante que ia da manhã à noite. Os escravos precisavam acordar ainda de madrugada, quando repicava o sino da casa grande. Após um desjejum apressado de carne de porco fritada na banha e pão de milho, eles trabalhavam no eito até o sino tocar novamente ao meio-dia, quando comiam legumes cozidos, batata-doce assada e melaço. Essa comida era preparada em panelas de ferro com pernas embaixo, o que permitia que fossem colocadas diretamente acima do fogo. Esses utensílios eram pendurados sobre uma fogueira ou posicionados sobre um monte de brasas quentes. Biscoitos eram um luxo, mas sempre que tinham pão branco, este era cozinhado em outra caçarola mais espessa. Essa caçarola tinha uma tampa coberta com brasas quentes para garantir que a parte de cima do pão ficaria dourada.

As escravas não tinham tempo para os filhos. Quem cuidava deles era uma velha senhora que os chamava duas vezes ao dia para dar "licor de panela" (caldo de vegetais) e leite desnatado. Cada criança recebia uma concha de madeira, que mergulhavam no cocho de madeira para se alimentarem sozinhas. As crianças mais velhas alimentavam as mais novas, jovens demais para segurar a concha.

'Big Jim' era tão rigoroso que os escravos eram forçados a trabalhar até quando estavam doentes. Mães grávidas labutavam no campo até sentirem as dores do parto. Não raro, os bebês nasciam na própria lavoura.

Não havia muito tempo para diversão na sua fazenda. Até crianças muito pequenas recebiam tarefas. Elas procuravam ovos de galinha, recolhiam erva-dos-cancros para fazerem corante, descascavam milho e levavam as vacas para casa ao anoitecer. As menininhas tricotavam meias.

Não havia igreja nessa fazenda, e os pastores itinerantes a evitavam devido à crueldade do proprietário. Os escravos raramente tinham permissão de ir às igrejas vizinhas, e menos oportunidades ainda de realizar seus próprios cultos".

GEORGE WOMBLE, NARRATIVAS DA GEÓRGIA, PÁGINAS 185–87

"No final da semana, todos os peões se reuniam no quintal do senhor, onde recebiam uma determinada quantidade de comida, que supostamente duraria até o final da semana. Essa ração era composta de 1,3 quilos de carne gorda, um celamim de farinha e um litro de melaço. (...) [Mas não era o suficiente, então os escravizados roubavam. Ver capítulo "Resistência".]

As crianças mais jovens eram alimentadas de um cocho de seis metros de comprimento. Sempre na hora das refeições, o senhor vinha supervisionar a cozinheira cujo dever era encher o cocho de comida. No desjejum, o leite e o pão eram misturados no cocho pelo senhor, que usava sua própria bengala. No almoço e no jantar, as crianças recebiam caldo de vegetais e pão, e às vezes leite misturado da mesma maneira. Todos se mantinham afastados até o senhor terminar de misturar a comida e, dado o sinal, corriam para o cocho, onde começavam a comer com as mãos. Alguns até mergulhavam suas bocas no cocho para comer. Algumas vezes, os cães e alguns dos porcos do senhor que corriam soltos no pátio se dirigiam ao cocho para participar da refeição. O Sr. Womble afirma que eles não tinham permissão para bater em nenhum desses animais de modo a afastá-los, então eles colocavam as mãos nos lados do rosto enquanto comiam para protegê-los das línguas dos intrusos. Durante a refeição, o senhor caminhava de uma ponta à outra do cocho para garantir que a situação estava como deveria".

ALICE BAUGH, NARRATIVAS DA CAROLINA DO NORTE, PARTE II, PÁGINA 83

[Relatando o que a mãe lhe contou.] "O senhor Charlie e a senhora Mary eram bons para os cem escravos que pertenciam a eles. Davam casas boas, comida boa, roupas boas e muita diversão. Eles debulhavam milho, faziam danças no salão e tinha cultos e coisas assim o ano inteiro, e do Natal até o segundo dia de janeiro tinham um feriado, com boi, porco e peru assado e todas as guarnições. De sábado à manhã de segunda, os escravos ficavam de folga e tinham suas roupas de domingo, o que era muito bom. O senhor sempre dava um papel[1] para os patrulheiros não pegarem ninguém.

---

1. Permissão para sair da fazenda depois do toque de recolher. Sem ela, o escravizado podia ser pego e torturado por patrulheiros noturnos que faziam vigília a cavalo.

Eles subiam o rio para ir nas danças e coisas assim das outras fazendas e adoravam cantar. Era isso que faziam quando voltavam para as cabanas no final do dia. Os mais velhos cantavam e alguém tocava o banjo".

HENRY LEWIS, NARRATIVAS DO TEXAS, PARTE III, PÁGINA 10

"O velho senhor tinha um campo bem grande dividido no traçado, e cada escravo tinha uma parte para plantar o que quisesse, e o velho senhor comprava a safra do escravo. Ele era bem bom para os escravos, e nos dava roupas boas também, lã para o inverno e algodão para o verão. A gente tinha seis mudas por ano, com roupa de baixo e tudo mais. Na cabana ficava um baú para as roupas de domingo, com o resto pendurado em um cabide.

A gente tinha bastante comida boa para comer, também. Carne de gado, porco, toicinho, melado, açúcar e farinha não faltavam. Todos os gambás, coelhos, peixes e outros bichos eram só para completar. Ele também nos dava um barril de uísque todos os anos".

HENRY WRIGHT, NARRATIVAS DA GEÓRGIA,
PARTE IV, PÁGINAS 197–99

"As roupas eram distribuídas uma vez por ano, geralmente em torno de setembro. As roupas do ano geralmente eram compostas da seguinte forma: um par de sapatos pesados, chamados de 'chanca de negro'. Várias camisas de tecido de fio cru, meias de lã e dois ou três pares de calças jeans. As mulheres recebiam vestidos e saias de baixo prontas ou então tecido simples para fazer essas vestimentas. Algumas das roupas eram compradas, outras eram feitas na própria fazenda. As meias de lã eram tricotadas na fazenda, assim como o tecido de fio cru era fabricado nela. Esse tecido era tingido em uma mistura fervente de folhas verdes de nogueira ou cascas de noz. Quando se desejava produzir tecido axadrezado, os fios eram tingidos da cor desejada antes de serem tecidos. (...)

Essas roupas muitas vezes eram insuficientes para atender as necessidades individuais. Com um sorriso amplo e uma sacudida quase imperceptível da cabeça grisalha, o Sr. Wright contou que trabalhara descalço na lavoura em tempo frio até sua pele rachar e as feridas começarem a sangrar. Ele também contou como, para economizar seus calçados, ele costumava caminhar distâncias mais longas descalço, com os sapatos embaixo do braço. Os calçados eram polidos com uma mistura de fuligem e melado. As crianças escravas mais jovens usavam uma única peça de roupa, com buracos para braços e cabeça. A peça se assemelhava a um camisolão. (...)

A comida dos escravos era toda cultivada na fazenda. No final da semana, cada escravo recebia 1,3 quilos de carne (quase sempre de porco), um celamim de farinha e um pouco de melado. O desjejum e o almoço normalmente consistiam em carne frita, pão de milho e melado. As verduras costumavam ser servidas no almoço. Às vezes, dava-se leite com o jantar. Era necessário mandar as refeições para os escravos na lavoura, que em geral estavam longe demais da casa para poderem se deslocar até lá. Para tanto, havia uma mulher que cozinhava para todos os escravos da lavoura em uma cozinha localizada entre as cabanas dos escravos. O Sr. House permitia que seus escravos cultivassem uma roça e criassem galinhas. Na verdade, ele designava um pequeno terreno para cada um deles para esse fim. Para o escravo, essa prática tinha dois benefícios. Em primeiro lugar, ele podia variar sua dieta. Segundo, ele podia ganhar algum dinheiro vendendo os produtos desse terreno na cidade ou para o 'velho senhor'. (...)

O café era feito tostando farinha e então colocando-a em água fervente. Para adoçar esse café, usava-se melado. Uma iguaria que ele e os outros escravos costumavam receber aos domingos era bolacha, que chamavam de 'pão de bolo' (...)

Todas as crianças jovens demais para trabalharem na lavoura eram cuidadas por alguma escrava idosa que estava velha demais para ir para o campo. Ela era responsável por cozinhar, etc. A dieta dessas crianças normalmente era composta de caldo de vegetais, leite, verdura e, em alguns casos raros, carne. O Sr. Wright riu nesse momento, afirmando que essas crianças recebiam colheres com cabos compridos e eram colocadas em um banco comprido diante de um cocho da qual comiam como se fossem leitõezinhos.

Nessa fazenda, nem todas as famílias tinham uma cabana individual. Às vezes, até três famílias dividiam a mesma cabana na senzala, que obviamente era relativamente grande. Nesse caso, o espaço era dividido por cortinas".

CHARLIE HUDSON, NARRATIVAS DA GEÓRGIA, PARTE II, PÁGINA 224

"No inverno, eles davam para as crianças camisas novas, feitas de uma mistura de algodão com lã, que iam quase até os tornozelos. Quando o tempo quente chegava, a camisa estava bem desgastada e acabada, e além do mais a gente tinha crescido o suficiente para ela ficar pequena, então a gente seguia usando as mesmas camisas por todo o verão. Na nossa fazenda você andava descalço até ficar grande e só daí ganhava sapatos. O que se usava na cabeça era uma touca feito de retalhos do tecido que teciam nos teares, lá mesmo na fazenda, para fazer calças para os adultos".

TOM HAWKINS, NARRATIVAS DA GEÓRGIA, PARTE II, PÁGINA 130

[Viveu em situação de escravidão na Carolina do Sul.] "As crianças só vestiam uma peça de roupa no verão, a camisa. No inverno, a gente vestia dobrado, com duas camisas. Ainda lembro como a fralda da camisa balançava no vento quando a gente corria bem rápido. Nós costumávamos roubar tabaco da Dona Annie e amarrar na parte do sovaco daquelas mangas frouxas e compridas das nossas camisas. Ninguém ganhava sapato para os pés, no inverno ou no verão, até fazer dez anos de idade".

RUBEN WOODS, NARRATIVAS DO TEXAS, PARTE IV, PÁGINA 211

"Nós morávamos em uma casa de madeira, feita de toras derrubadas no mato. A casa do senhor era rebocada por dentro. Ele tinha uma fazenda de 400 hectares e 96 escravos. Ele cuidava bem deles. Uma vez por semana, eles vinham e então arraçoavam as provisões. Não tinha nada de fino. Não, não davam nada de presunto e coisas assim. Davam farinha o suficiente para o biscoito de domingo e davam batatas. Vou contar como é que faziam isso: toda família tinha um cesto, e quando tocavam a corneta no fim da tarde, todas as crianças que tinham tamanho para isso iam até lá, pegavam a cesta que sabiam que era a sua e levavam para casa. (...) Você trabalhava da hora em que dava para ver até ficar escuro. Não dava para escapar disso, não senhor. Enquanto dava para ver tudo no eito, você ficava lá trabalhando".

GEORGE SELMAN, NARRATIVAS DO TEXAS,
PARTE IV, PÁGINAS 15–16

"No final do dia a Tia Dicey, que era a cozinheira, chamava todas as crianças para baixo das arvorezonas e nos dava a janta. Isso era no verão, mas ninguém mais nos dava de comer, só a tia Dicey. Todos comíamos da mesma gamela, ou talvez seja melhor chamar de bandeja, porque era de madeira, como uma forma de pão, mas maior, grande o suficiente para dez ou quinze litros. Ela colocava a comida na bandeja e dava uma colher para cada criança. Quase sempre a comida era caldo de vegetais e pão de milho. No inverno, a gente comia da mesma bandeja, mas na cozinha".

BRYANT HUFF, NARRATIVAS DA GEÓRGIA, PARTE II, PÁGINA 240

"A alimentação era fornecida pelo senhor, que a distribuía em rações semanais regulares. Couve, ervilha, carne defumada e pão de milho eram os pratos principais em todos os cardápios. Aos domingos, era dada uma pequena quantidade de farinha para biscoitos e um pouco de café; leitelho sempre havia em abundância. Os feriados quase sempre significavam churrascos, com o abate de grandes porcos e vacas e uma grande quantidade de carne fresca era dada a cada pessoa. Como todos os alimentos eram cultivados na fazenda, todos tinham bastante".

GEORGE SIMMONS, NARRATIVAS DO TEXAS, PARTE IV, PÁGINA 24

"O senhor Jaynes deixava os escravos que queriam plantar uma hortinha, com legumes e coisas assim. Ele dava a semente e o negro podia ficar com tudo que nascesse na sua roça. A gente era tudo bem cuidado e não sei no que a liberdade foi tão melhor. É claro que alguns senhores eram ruins para os seus escravos e açoitavam eles tanto que quase morriam. Eu sei disso, porque ouvi dizer das fazendas vizinhas".

George Simmons

ANNIE ROW, NARRATIVAS DO TEXAS, PARTE III, PÁGINA 258

"A comida era quase sempre farinha de milho e melaço e carne, que era pesada e tinha que durar por toda a semana. A verdade é que várias vezes a gente passava fome. Tudo que se vestia e comia era criado na fazenda, exceto sal, pimenta e coisas assim. Eles plantavam o algodão e o trigo, o milho e a cana, além de frutas e coisas assim, e também galinhas, ovelhas, vacas e porcos".

CAMPBELL ARMSTRONG, NARRATIVAS DO ARKANSAS, PARTE I, PÁGINA 69

"Eles pesavam as coisas e davam para você e melhor não voltar depois. Eles davam 1,3 quilos de carne, um quilo de farinha e um litro de melaço, quando faziam. Às vezes, tinham a ideia de dar farinha ou algo assim. Mas você tinha que aceitar o que davam. Eles davam as rações todos os sábados, para durar a semana".

OLIVER BELL, NARRATIVAS DO ALABAMA, PÁGINA 28

"Não, não era tão ruim assim com a gente. Os brancos eram bons para os negros. A gente tinha o que chega de comer, verduras e tal, da casa grande. As nossas rações eram pesadas; um celamim de farinha, 1,3 quilos de carne, dois litros de melaço, feito em casa em moinho de madeira, e isso era tudo para uma semana. Às vezes, aos domingos a gente ganhava um pouco de açúcar, café e farinha. Não, senhora, a gente não sabia o que era arroz.

O que eu vi da escravidão era uma má ideia, acho, mas todo mundo achava que o seu senhor era o melhor do mundo. Ninguém sabia de nada. Os homens ficavam verdinhos antes de descobrir que o mundo inteiro não pertencia ao seu velho senhor".

ANNE MADDOX, NARRATIVAS DO ALABAMA, PÁGINA 273

"Lá pelas quatro da tarde, todos os negrinhos eram chamados para o pátio grande, onde a cozinheira colocava o leite em um cocho de madeira comprida e esfarelava fogaça nele. A gente também tinha caldo de vegetais no cocho também. A gente comia o pão e tomava o leite com conchas e tinha que usar nossas mãos, mas era gostoso".

JOHN EUBANKS, NARRATIVAS DO INDIANA, PÁGINA 73

"'Eu lembro bem de quando a gente era pequeno na plantação dos Everett', ele conta. 'Eu trabalho desde que consigo me lembrar, capinando, apanhando algodão e fazendo outras tarefas pela fazenda. A gente não tinha muito o que vestir, nunca roupa de baixo, nada de sapato, só um macacão velho e uma camiseta esfarrapada, no inverno e no verão. Quando chegava o inverno, era tão frio que meus pés ficavam dormentes quase todo o tempo. Várias vezes, quando dava, a gente expulsava os porcos e colocava nossos pés na lama que eles tinham esquentado. Os pés rachavam e a pele na sola e nos dedos rachava e sangrava quase que o tempo todo, com umas cascas de sangue, mas no verão ela se curava'".

ISAAM MORGAN, NARRATIVAS DO ALABAMA, PÁGINA 282

"Nós vivíamos bem como você imagina. Tinha a nossa senzala normal, cabanas de madeira branca com barro nas frestas, e os escravos tinham construído camas e uma lareira aberta bem grande onde cozinhavam. Sempre tinha bastante o que comer. Era só pedir e o senhor fazia o resto. A nossa ração era distribuída todos os domingos. Uma das melhores comidas da minha vida foi gambá com batata. A gente saía de noite com um sacão e uma matilha e não demorava nada para achar um gambá e acuar ele em uma árvore. Quando isso acontecia, os cachorros ficavam latindo em volta da árvore. Se a árvore era pequena, a gente podia sacudir o gambá. Se era grande, um dos negros tinha que escalar e pegar o Sr. Gambá ele mesmo".

JERRY HILL, NARRATIVAS DA CAROLINA DO SUL, PARTE II, PÁGINA 289

"Ele diz que sempre teve bastante comida; no entanto, a maioria dos 'crioulos' tinha que comer fogaça [*ash-bread*], que é pão de milho assado em cinzas quentes raspadas da lareira. Ele recebia biscoitos uma vez por semana, mas estes representavam um luxo para as pessoas de cor. Ele conta que quando um escravo precisava ser açoitado, ele era levado para um pelourinho em Jonesville. Um relho era usado para o castigo e arrancava sangue das costas nuas do homem ou mulher sendo açoitado. Um dia, um escravo adulto recebeu 150 chibatadas por ensinar jogos de azar aos meninos. Ele assistiu à aplicação desse castigo".

THOMAS ANDERSON CARLISLE, NARRATIVAS DA CAROLINA DO SUL, PARTE II, PÁGINA 56

"Tinha um dia especial em cada fazenda em que o senhor e o feitor distribuíam a ração de cada semana. Era assim: dois quilos de toicinho, um celamim de farinha de milho, um quilo de farinha e um litro de melaço do negro, e essa era ração para toda a semana. Tinha um cepo enorme onde toda a carne era cortada. Naqueles tempos, toda a carne vinha da fazenda, dos porcos do senhor. Pedacinhos de carne ficavam presos nas ranhuras desse cepo. O machado de carne era largo e pesado. A ração pesada chegava na sexta-feira. No sábado, vinha o ombro de porco para o desjejum de domingo, e a farinha vinha no sábado também. Nosso senhor nos dava canjica para o desjejum de domingo para quando a gente tinha carne vermelha com caldo".

JOHN WILLIAMS, NARRATIVAS DO ARKANSAS, PARTE VII, PÁGINA 173

"Quem ficava na casa dos brancos comia bem, mas quem ficava no eito eles alimentavam quase como se daria comida para os porcos. Eles tinham essas gamelinhas de madeira onde colocavam um pouco de carne gorda, caldo de vegetais e pão de milho, e também canjica e coisas assim. Os biscoitos vinham só no domingo.

Algumas velhas cozinhavam para as crianças escravas e outras para os peões. Quem estava na casa grande ficava na casa grande".

ADDIE VINSON, NARRATIVAS DA GEÓRGIA, PARTE IV, PÁGINAS 108–09

"Domingo era dia de folga para todos os escravos na nossa fazenda. É óbvio que os homens tinham que cuidar dos bichos no terreno logo atrás das cabanas. As mulheres cozinhavam o dia inteiro para a próxima semana. Se eles tinham a ideia de ir à igreja, prendiam as mulas a umas carroças parecidas com conchas de servir e nos levavam sacudindo estrada abaixo. No Natal, nos davam quatro dias de folga. A velha senhora nos dava muita coisa boa para comer naqueles quatro dias; tinha bolo, carne fresca e várias frutas secas que ficavam guardadas. (...) No Dia de Ano Novo, se não tinha nevado demais, os negros tocavam fogo nas moitas e desmatavam mais terreno".

TEMPIE CUMMINS, NARRATIVAS DO TEXAS, PARTE I, PÁGINA 266

"Eu nasci na fazenda do velho Foley, no Condado de Lavaca [Texas]. Ele tinha mais de 100 escravos. Ele sempre comprava escravos, nunca vendia. Quantos hectares de terra ele tinha? Meu Deus, aquele homem não tinha hectares, tinha léguas. Ele plantava algodão e milho e criava gado e porcos. A fazenda do velho Foley se espalhava pelos dois condados, Lavaca e Colorado, ele tinha 650 hectares em um bloco e parte no rio Navidad. O velho Foley morava em um casarão de madeira com dois quartos duplos e um salão, e construiu uma tecelagem encostada na casa dele e depois outra casa para as rodas de fiar. E o velho Foley também tinha o seu próprio descaroçador de algodão e o seu próprio moinho onde moíam o milho, e também tinha uma baita plantação de batata.

Era uma gente dura e tratavam todo mundo com dureza. Nós morávamos na senzala, as casinhas todas bem apertadinhas, mas dava para caminhar entre elas. Todas as cabanas tinham um quarto só, e quase sempre duas famílias moravam juntas naquele quarto com chão de terra. Os escravos construíam as cabanas, eles não ganhavam dinheiro e não ganhavam terra".

SARAH WILSON, NARRATIVAS DO OKLAHOMA, PÁGINA 345

"Os negros moravam todos amontados em cabaninhas de um quarto só, com chaminés de barro e galhos. Nós morávamos em uma, com camas para as crianças que pareciam prateleiras na parede. Mamãe costumava nos ajudar a subir nelas".

RICHARD CARRUTHERS, NARRATIVAS DO TEXAS, PÁGINA 197

"Naquele tempo, os chefes tinham casas boas, mas os negros tinham cabanas de madeira e elas queimavam de vez em quando. A chaminé pegava fogo porque era feita de galhos e barro e barba-de-velho. Muitas vezes a gente precisou acordar de madrugada para empurrar a chaminé para longe de casa, pois senão a casa pegava fogo.

As cadeiras eram quase todas tocos de madeira virados, ou lajes, bem cruas, e as camas eram feitas que nem andaime. A gente fazia uma espécie de colchão usando casca de milho ou barba-de-velho".

ALICE GREEN, NARRATIVAS DA GEÓRGIA, PARTE II, PÁGINA 40

"Os escravos moravam em cabanas de madeira rebocadas a barro, com chaminés feitas de galhos e lama. Meu Deus do Céu! Aquelas camas eram feitas com umas vigas bem compridas e cordas entrelaçadas no lugar do estrado de molas. Ninguém tinha mola de arame naquela época. Nossos colchões eram de palha de trigo enfiadas em capas de tecido grosseiro tecidos no tear lá mesmo na fazenda".

YACH STINGFELLOW, NARRATIVAS DO TEXAS,
PARTE IV, PÁGINA 69

"A gente cortava duas mudas de árvore do tamanho certo para amarrar na ponta e enfiava nos buracos da parede para fazer a cama. Uma rede de couro ou qualquer outro tipo de corda entre as varas seguravam a cama no lugar. Depois a gente colocava feno ou palha de milho e um pouco de algodão nas capas.

A gente comia toicinho, pão de milho e verduras, mas os brancos tinham mais e melhor".

SPENCER BARNETT, NARRATIVAS DO ARKANSAS, PARTE I, PÁGINA 117

"Os escravos na nossa fazenda tinham camas de palha de trigo. Os brancos tinham camas finas de pena de ganso".

REV. WADE OWENS, NARRATIVAS DO ALABAMA, PÁGINA 306

"Era uma cabana de toras de madeira, barro e galhos com folhas, e chaminés de barro e piso de laje. As camas se encaixavam na parede com pranchas nas laterais, dois postes com pranchas pregadas no alto, parecendo mesas. Uma caixa servia de cômoda.

'Todas as fogaças eram assadas sobre folhas de álamo e castanheira quando assavam batatas', conta Wade. 'Nós acordávamos cedo de manhã para lamber o mel das folhas, era o nosso doce de criança. A gente não tinha nada de vestir, só os camisões, e tinha chapéus e chancas feitos em casa, duros feito tijolo, com pontas de latão. Eu achava que eram as coisas mais bonitas que já tinha visto na vida'".

HENRY CHEATAM, NARRATIVAS DO ALABAMA, PÁGINA 66

"Nós morávamos em cabanas de madeira rebocadas com barro para não deixar a chuva e o vento entrar, e as chaminés eram feitas de barro e de galhos. As camas eram feitas em casa e pregadas na parede com as pernas no outro lado. A casa do senhor também era feita de toras de madeira, mas era muito maior do que as cabanas dos negros e ficava bem na frente das nossas".

Campbell Davis

CAMPBELL DAVIS, NARRATIVAS DO TEXAS, PARTE I, PÁGINAS 285–86

"Nos tempos da escravidão eu já era grande o suficiente para escutar eles mandarem os negros acordarem de manhã e para ouvir os chicotes assoviando e os cachorros latindo. Eu nasci no nordeste deste condado aqui, bem na fronteira entre a Luisiana e o Texas, e pertencia ao velho Henry Hood. Mamãe e papai eram Campbell e Judy Davis e os dois vieram do Alabama, trazidos para cá pelos traficantes e vendidos para o senhor Hood. Nós éramos nove filhos, nossos nomes eram Ellis e Hildaman e Henderson e Henrietta e Georgia e Harriet e Patsy.

A casa do senhor Henry não era fina, mas era grande. A senzala ficava no outro lado da plantação, na beira do mato. As cabanas tinham chão de terra, uma lareira e camas velhas de poste e prancha pregadas nas paredes.

De comer eles nos davam carne de gado e vegetais, qualquer tipo, tudo que você imaginar, e nos deixavam passar o pão no caldo de legumes até não poder mais. Era comida da boa e na minha vida toda eu nunca comi melhor.

O senhor não deixava ter feitor na fazenda. Um dos meus tios era o capataz, e o senhor soprava a concha velha bem antes do sol raiar. E se os negros não saíam correndo, os chicotes estalavam.

Vi uma das minhas irmãs ser açoitada porque não tinha fiado o suficiente. Puxaram as roupas dela até a cintura, deitaram ela de barriga para baixo e chicotearam ela com o relho. Eu estava no eito quando açoitaram o meu tio Lewis por não apanhar algodão suficiente. O feitor tirou a roupa dele e fez ele deitar no chão. Ele não estava amarrado, mas diz que ficou com medo de se mexer.

As mulheres tinham folga na tarde de sexta para lavar as roupas, e todos os peões tinham o sábado. Quase todos os homens saíam para caçar ou pescar. Às vezes, eles faziam uma festa no sábado de noite e os casais dançavam ao som do banjo e da rabeca".

LORENZA EZELL, NARRATIVAS DO TEXAS, PARTE II, PÁGINA 25

"O velho Ned Lipscomb era um dos melhores senhores de todo o contado. Os patrulheiros, sabe, eles nos chamavam de 'crioulos livres do Velho Ned', e nos odiavam. Eles eram cruéis com a gente, pois achavam que o nosso senhor era bom demais. Uma vez, eles pegaram meu tio e quase mataram a pancadas.

A gente ia trabalhar quando o sol nascia, mas não abusavam de nós. Os outros senhores costumavam tocar a corneta ou o sino, mas o nosso nunca usava nem a corneta nem o chicote. Todos os homens podiam cuidar de uma roça com tabaco ou algodão para vender no mercado. Não tinha muitos senhores que deixavam os seus negros terem roças, e alguns nem alimentavam eles direito. É por isso que eles tinham que sair de noite para arranjar comida, fosse como fosse".

Lorenza Ezell

LEWIS BONNER, NARRATIVAS DO OKLAHOMA, PÁGINA 17

"Minha família e todos os escravos da nossa fazenda eram bem tratados, quase não se açoitava naquelas bandas. O senhor era o feitor dos seus negros e não usava mais ninguém. Eu servia a mesa e desnatava na casa grande.

Eu comia à mesa com a minha senhora e a família e nunca ninguém disse nada. A gente comia toicinho, verdura, batata irlandesa e isso que se come agora. A Tia Chaddy era a cozinheira e ama de todas as crianças da fazenda.

A gente ouvia os escravos das outras fazendas berrando com as chicotadas, mas o nosso senhor nunca castigava os seus negros, exceto quando mentiam. Às vezes, escravos das outras fazendas fugiam e se escondiam na nossa. O senhor levava eles de volta e dizia para os donos como deviam tratá-los para eles não fugirem de novo".

SAM JONES WASHINGTON, NARRATIVAS DO TEXAS, PARTE IV, PÁGINAS 138–39

"Uma noite o senhor disse: 'Não amarra o meu cavalo no poste esta noite', mas eu estava com sono, comecei a cabecear e peguei no sono. Mamãe me sacudiu e disse: 'Você prendeu o cavalo no poste?' O senhor viu o cavalo de manhã e disse: 'Você prendeu aquele cavalo quando eu mandei não prender'. Ele me deu umas chicotadas e eu aprendi a fazer o que mandavam. Ele nunca açoitava ninguém, não os castigos fortes que nem os outros negros levavam. Ele era um bom senhor".

Sam Jones Washington

WILL SHEETS, NARRATIVAS DA GEÓRGIA, PARTE III, PÁGINA 240

"O senhor Jeff era um homem bom, ele nunca açoitava nem batia nos seus negros. Não, senhora, ninguém nunca foi surrado na fazenda do senhor Jeff, não que eu saiba. Ele não tinha feitor. Não precisava, porque ele não tinha tantos escravos que não pudesse ser o próprio feitor. O senhor Jeff tinha só quatro homens e quatro mulheres de escravo, e ele e o senhorzinho Johnny trabalhavam no eito junto com os negros. Eles iam para o campo quando o dia nascia e voltavam no final da noite".

Comentário Entre os elementos que dificultavam a vida dos escravos estava o medo constante dos patrulheiros, grupos de homens brancos que, por lei, precisavam se alternar em cavalgadas noturnas pelas estradas para manter os escravos confinados às suas fazendas e sob controle. Além da fome, o trabalho árduo e a falta de roupas quentes aos quais eram sujeitados, os escravos se queixavam de serem proibidos de aprender a ler e escrever e da dificuldade de praticarem sua religião sozinhos.

RICHARD JACKSON, NARRATIVAS DO TEXAS, PARTE II, PÁGINA 196

"Lembro de mamãe sempre dizendo que os negros tinham que rezar no mato porque não podiam fazer algazarra perto de casa. Ela diz que se vestiam e comiam bem, mas que o feitor fazia eles trabalharem tudo que dava. Eu não era grande o suficiente para trabalhar no eito, mas lembro de ir até o campo para levar o cachimbo para mamãe.

Ninguém tinha fósforo naquela época e eu sempre levava o fogo de casa e acendia um cepo no campo para que mamãe pudesse acender o cachimbo.

Nenhum dos nossos pais aprendeu a ler e a escrever até depois da escravidão. Meu irmão mais velho estava aprendendo a ler e a escrever às escondidas, mas o feitor descobriu e acabou com isso. Ele descobriu umas letras escritas com carvão na parede da senzala e fez os negros contarem quem tinha escrito. Foi o Jack, meu irmão. O feitor não açoitou ele, mas disse que era melhor não fazer mais aquilo".

SYLVIA CANNON, NARRATIVAS DA CAROLINA DO SUL, PARTE I, PÁGINA 192

"Os brancos nunca ajudaram nenhum de nós dos negros a ler e escrever, nunca. Eles ensinavam as crianças mulatas, mas se pegavam as negras com um livro, quase nos matavam. Eles davam bem mais carinhos para os mulatinhos do que para os negrinhos na fazenda. Mulheres do Norte foram para lá depois da guerra, mas não deixaram elas ensinarem nada para ninguém".

DELLIE LEWIS, NARRATIVAS DO ALABAMA, PÁGINA 257

"Os escravos domésticos como nós, esses os brancos nos ensinaram a ler. A minha vó, Alvain Hunter, que não tinha nada de educação, mas que sabia a Bíblia de trás para a frente, ela nos fez estudar".

ELI DAVISON, NARRATIVAS DO TEXAS, PARTE I, PÁGINA 296

"O senhor Will era mais um homem bom lá na Virgínia. Ele nunca ficava brabo nem açoitava os escravos. Sempre tinha bastante de comer, com 500 hectares, mas quando a gente veio para cá, tudo que tinha para comer era pão de milho e o que a gente matava no mato. Ele plantava três hectares de milho, mas tudo que fazia era caçar veados e esquilos. Nunca um negro tentou fugir do Texas, porque era uma boa terra, com bastante para comer e para caçar, e não tão frio como na Virgínia.

Depois que eu fui vendido, meu novo senhor não era tão bom comigo. Ele sempre achou que o Sul ia vencer a guerra e nos tratava com maldade. O nome dele era Thomas Greer. Ele vivia dizendo que os crioulos nunca iam ser livres. Quando ela chegou, ele nos disse: 'Ora, seus negros ***, vocês são livres como eu'. Ele nos soltou sem nada de comer e quase sem roupas. Ele disse que se acordasse amanhã e visse um negro na fazenda, ia descer o chicote em quem encontrasse".

MARGARET HUGHES, NARRATIVAS DA CAROLINA DO SUL, PARTE II, PÁGINAS 328–29

"Por falar em patrulheiros, eu morria de medo deles. Era preciso ter um passe do nosso senhor para ir de uma fazenda à outra, e se saíamos sem um passe, os patrulheiros nos pegavam e nos açoitavam. Mas eu eles nunca pegaram".

LUCY GALLMAN, NARRATIVAS DA CAROLINA DO SUL, PARTE II, PÁGINA 101

"Os patrulheiros lá onde a gente morava eram George Harris, Lamb Crew, Jim Jones e Theodore Merchant. Eles nos incomodavam muito. No primeiro dia do mês, alguém era colocado no pelourinho e surrado com uma pá de carvalho, com furos para fazer bolhas, e então as bolhas se abriam com o chicote de couro".

ALICE DOUGLASS, NARRATIVAS DO OKLAHOMA, PÁGINA 74

"Eu não tenho educação nenhuma. Naqueles tempos, era melhor nunca ser pego com um jornal, pois se não você levava uma surra e quase cortavam as suas costas fora. Quando os negros se libertaram, os brancos mataram eles de encher carroças, pois disseram que era um levante dos negros. Eu costumava me deitar no chão com os brancos e ouvir eles passarem. Os patrulheiros andavam por todos os lados, tentando pegar negros sem passes para dar uma sova neles".

ELIZA WASHINGTON, NARRATIVAS DO ARKANSAS, PARTE VII, PÁGINA 52

"A melhor época que eu lembro na fazenda era quando se debulhava milho. Traziam um monte de milho dos silos e espalhavam por onde todo mundo podia pegar livremente. Depois, todos pegavam o milho e debulhavam até ser hora de parar. Sempre se debulhava o milho à noite, e só se trazia dos silos o quanto achavam que daria para debulhar. Logo antes de terminar, eles começavam a cantar. Algumas das canções eram tão tristes, davam tanta pena. Não lembro de nenhuma, mas ainda lembro que eram tristes. Uma começava assim: 'O especulador comprou minha mulher e meu filho/ E levou embora'. Quando terminavam de debulhar, eles saíam à caça do feitor, que fugia e se escondia logo antes. Se achavam ele, dois homenzarrões botavam ele nos ombros e carregavam por todo o pátio enquanto cantavam. Minha mãe me contou que costumavam fazer isso nos tempos da escravidão".

JAMES HAYES, NARRATIVAS DO TEXAS, PARTE II, PÁGINA 129

"Sabe, acho que eu era mais contente quando era escravo. Sempre fui bem tratado e nunca me preocupei com como ia ganhar a vida. Desde que me tornei livre, eu tive vezes em que fiquei cheio de preocupações. É claro que não quero voltar para a escravidão, mas eu paguei pela minha liberdade".

the two rows and grab a woman and try to throw her down and feel of her to see how she's put up. If she's purty strong, he'd say, 'Is she a good breeder?' If a gal was 18 or 19 and put up good she was worth 'bout $1,500. Then the buyer'd pick out a strong, young nigger boy 'bout the same age and buy him. When he got them home he'd say to them, 'I want you two to stay together. I want young niggers.'

"If a nigger ever run off the place and come back, master'd say, 'If you'll be a good nigger, I'll not whip you this time.' But you couldn't 'lieve that. A nigger run off and stayed in the woods six month. When he come back he's hairy as a cow, 'cause he lived in a cave and come out at night and pilfer round. They put the dogs on him but couldn't cotch him. Fin'ly he come home and master say he won't whip him and Tom was crazy 'nough to 'lieve it. Master say to the cook, 'Fix Tom a big dinner," and while Tom's eatin', master stand in the door with a whip and say, 'Tom, I's change my mind; you have no business runnin' off and I's gwine take you out jus' like you come into the world.

"Master gits a bottle whiskey and a box cigars and have Tom tied up out in the yard. He takes a chair and say to the driver, 'Boy, take him down, 250 licks this time.' Then he'd count the licks. When they's 150 licks it didn't look like they is any place left to hit, but master say, 'Finish him up.' Then he and the driver sot down, smoke cigars and drink whiskey, and master tell Tom how he must mind he master. Then he lock Tom up in a log house and master tell all the niggers if they give him anything to eat he'll skin 'em alive. The old folks slips Tom bread and meat. When he gits out, he's gone to the woods 'gain. They's plenty niggers what stayed in the woods till surrender.

Jordon Smith, narrativas do Texas, Parte IV, página 38

Crueldade e castigos físicos

JORDON SMITH, NARRATIVAS DO TEXAS, PARTE IV, PÁGINAS 38–39

"Se um negro fugia e depois voltava, o senhor dizia: 'Se for um bom crioulo, eu não vou açoitar você desta vez'. Mas não dava para acreditar nisso. Um negro fugiu e ficou no mato seis meses. Quando voltou, ele estava peludo feito uma vaca, porque morava em uma caverna e saía de noite para roubar umas coisinhas. Eles botaram os cachorros atrás dele, mas não conseguiram pegar. Finalmente ele voltou para casa e o senhor disse que não ia açoitar ele, e o Tom foi louco o suficiente para acreditar. O senhor disse para a cozinheira, 'faz um almoço bem grande para o Tom', e enquanto Tom estava comendo, o senhor parou no lado da porta com o chicote na mão e disse: 'Tom, mudei de ideia, você não tinha direito nenhum de fugir e vai aprender com a roupa que veio ao mundo'.

O senhor pegou uma garrafa de uísque e uma caixa de charutos e mandou amarrarem o Tom no pátio. Ele puxou uma cadeira e disse para o feitor: 'Rapaz, dê um jeito nele, 250 chibatadas'. E então ele contou as chibatadas. Quando chegou a 150 chibatadas parecia que não tinha mais onde bater, mas o senhor disse 'acaba com ele'. Depois ele e o feitor se sentaram, fumaram charutos e beberam uísque e o senhor disse para o Tom que ele tinha que ser obediente. Depois, ele prendeu o Tom em uma cabana e disse para os negros que ia esfolar vivo quem desse alguma coisa de comer para ele. Os velhos deram pão e carne às escondidas para o Tom. Quando saiu de lá, ele fugiu para o mato de novo. Teve vários negros que ficaram no mato até a rendição.

Ouvi alguns escravos dizerem que os brancos eram bons para eles, mas onde a gente estava a briga era feia. Já pensei e repensei isso mil vezes e decidi que é porque nem todos os homens são iguais. Alguns são ruins e alguns são bons. É como é hoje em dia. Alguns chefes não têm coração e alguns tratam você feito branco. Acho que sempre foi assim".

Comentário Um dos horrores, e um dos aspectos mais odiados da escravidão, era o castigo físico. A escravidão se baseava fundamentalmente na coerção, no uso de diversos métodos para forçar uma pessoa a se submeter à vontade de outra. Os senhores insistiam que os escravizados deviam fazer tudo que lhes mandassem, ou então seriam "punidos". Em 1829, a Suprema Corte da Carolina do Norte reconheceu francamente o princípio desumano por trás da escravidão: "O poder do senhor deve ser absoluto para que a submissão do escravo possa ser perfeita".[1] Os tribunais sulistas normalmente evitavam sancionar publicamente um princípio de tamanha imoralidade, mas o sistema jurídico e a sociedade escravista não impunham muitos

---

1. State vs. Mann, 13 North Carolina Reports, 263 (1829), Opinião de Thomas Ruffin.

limites ao que cada senhor de escravos podia ou não fazer. A natureza extremamente rural de muitas partes do Sul, e a ideia de que o fazendeiro controlava as suas propriedades, ampliava ainda mais o escopo para crueldades.

A forma mais comum de "castigo" era ser açoitado, e as narrativas dos escravizados estão repletas de descrições amargas e iradas dessa prática. A análise quantitativa de todas as narrativas mostra que o açoite, pelo menos de alguns trabalhadores, era comum nas fazendas, fossem elas grandes ou pequenas, fosse o proprietário homem ou mulher. Mas também existiam outras formas de coerção, e crueldades ainda mais sádicas, como este capítulo irá mostrar.

Assim como em outros aspectos da escravidão, entretanto, muito dependia da personalidade do senhor de escravos. Alguns indivíduos eram profundamente religiosos ou compassivos, enquanto outros eram bêbados, violentos ou pior. Naturalmente, os escravizados prestavam atenção a essas diferenças.

CLAIBORNE MOSS, NARRATIVAS DO ARKANSAS, PARTE V, PÁGINAS 155–57

"Eu nasci no Condado de Washington, Geórgia, na fazenda de Archie Duggins, a 25 quilômetros de Sandersville, a sede do condado, em 18 de junho de 1857. (...)

Onde cresci, Duggins não era um homem malvado. Os escravos dele não saíam para trabalhar até depois do sol nascer. O irmão dele, que morava a cinco quilômetros da gente, fazia o seu pessoal acordar antes do sol. Mas Duggins não fazia isso. Ele parecia ter alguma consideração pelos seus. Todos os sábados, ele dava banha, farinha, carne de porco e xarope. Era tudo o que tinha para dar. Era extra. No meio da guerra, ele não conseguia nada além disso. Na noite de quarta, ele dava de novo. É claro que eles também ganhavam farinha de milho e outras coisas da cozinha. Eles não comiam na cozinha nem em lugar nenhum juntos. Todo mundo ganhava o que tinha para ganhar e cozinhava na sua cabana. (...)

Mas Kenyon Morps, ora, mas que malvado era aquele homem. Ele morava em uma colina um pouco além da fazenda dos Duggins. As mulheres dele nunca davam à luz em casa, ele nunca deixava elas saírem do trabalho antes da hora. Ele queria elas trabalhando, trabalhando até o último minuto. As crianças nasciam no eito e nos cercados. Depois ele deixava elas ficarem em casa mais ou menos uma semana. Da última vez que o vi, ele não tinha mais nada e estava mais esfarrapado que um gaio".

MARY SMITH, NARRATIVAS DA GEÓRGIA, PARTE III, PÁGINA 287

"Mamãe e papai pertenciam ao Sr. McNorrell, do Condado de Burke. A Dona Sally era uma boa senhora, gentil com todo mundo. Meu senhor era um homem bom, porque era pastor. Não lembro dele surrar ninguém".

SALLY NEALY, NARRATIVAS DO ARKANSAS, PARTE V, PÁGINA 184

"Meu velho senhor era John Hall (...) Ele era um salafrário malvado. (...) Minha velha senhora, a Dona Caroline, era malvada também. (...) Alguns dos brancos eram bons para os seus escravos. Sei de um homem, Alex Yatex, quando matava porcos, ele dava cinco para os negros. É claro que ele ficava com os melhores, mas estava certo assim".

HARRIET ROBINSON, NARRATIVAS DO OKLAHOMA, PÁGINA 271

"Os escravos eram castigados com a chibata e com a fome. Decker era um senhor de escravos muito ruim. Ele morava perto de nós. O senhor Sam nunca me açoitava, mas a senhora Julia me açoitava todos os dias de manhã. Durante a guerra, ela nos dava umas surras terríveis. 'O seu senhor está lutando e sangrando para salvar vocês dos yankees, então você vai sangrar aqui', ela dizia. A senhora Julia me pegava pelas orelhas e batia minha cabeça contra a parede".

CLAY BOBBITT, NARRATIVAS DA CAROLINA DO NORTE, PARTE I, PÁGINA 118

"O senhor Dick não era bom para a gente, e no meu braço aqui, logo acima do cotovelo, tem uma cicatriz grandona do dia que ele me deu uma surra com o chicote. A surra não foi por nada, só por eu ser negro. Eu levei várias e várias dessas surras, quase sempre porque não obedecia às ordens dele. Eu vi escravos serem espancados quase até a morte.

Eu casei antes da guerra, com a cerimônia da vassoura, que nem todo o resto dos escravos, mas venderam minha mulher antes da gente fazer um ano de casados, e então veio a guerra".

ANNIE ROW, NARRATIVAS DO TEXAS, PARTE III, PÁGINA 259

“O senhor Charlie era cruel demais com os seus escravos. No trabalho, ele deixava os feitores em cima deles do começo do dia até escurecer, e castigava por qualquer coisinha que desse errado. No castigo, eles amarravam o negro em cima de um barril e dava várias e várias relhadas. Vi escravos que não conseguiam se levantar depois do castigo. Alguns quase morreram por causa daquilo”.

JOHN WALTON, NARRATIVAS DO TEXAS,
PARTE IV, PÁGINAS 125–26

“O senhor Walton morreu logo depois que abriu a fazenda, então a senhora Walton casou com um Dr. Richardson, que arranjou um feitor que era muito duro com a gente. Ele queria todos nós em linha, cortando madeira juntos, no ritmo do líder. Ele ia cavalgando de um lado para o outro, batendo nas costas de quem não fazia o trabalho direito. Às vezes, ele descia do cavalo, mandava dois escravos segurarem um outro e descia o chicote. E não era pouco”.

VICTORIA PERRY, NARRATIVAS DA CAROLINA DO SUL,
PARTE III, PÁGINA 260

“Ela conta que muitas vezes era acordada à noite pela mãe, que chorava e rezava. Quando perguntava por que ela estava chorando, a mãe dizia que suas costas doíam da surra que o senhor lhe dera naquele dia. Muito ela ouvia da mãe: 'Um dia nós vamos ser livres, o Bom Deus não vai deixar isso continuar para sempre'. Victoria disse que tinha medo do seu senhor como teria de um cachorro louco. Ela conta que o senhor costumava atar sua mãe a um poste, arrancar as roupas das costas e açoitá-la até tirar sangue. Ela diz que as roupas da mãe se grudavam nas suas costas após o castigo, de tanto que ela sangrava. Ela conta que queria chorar quando a mãe era açoitada, mas que tinha medo dela própria ser açoitada também caso chorasse".

MINNIE FULKES, NARRATIVAS DA VIRGÍNIA, PÁGINA 11

"Querida, eu não gosto de falar daquela época, porque minha mãe sofreu uma miséria. Tinha um feitor que costumava amarrar minha mãe no celeiro, com uma corda que passava ao redor dos braços e por cima da cabeça, com ela de pé em cima de um bloco. Assim que terminavam de amarrar, puxavam o bloco e os pés dela ficavam no ar. Não encostava no chão, entende?

Esse velho batia nela pelada até o sangue correr pelas costas até o calcanhar. Eu vi os vergões e as cicatrizes eu mesma, com esses dois olhos aqui. Esse chicote era um relho, igual àqueles que se usa nos cavalos, um pedaço de couro largo como a minha mão do mindinho até o dedão. Depois que batiam na mamãe, outro feitor... Meu Deus, meu Deus, eu odeio os brancos e a enchente ainda vai levar mais deles. Bem, querida, esse [outro] homem dava um banho de salmoura nela. Você nem imagina como aqueles pedaços doíam. Arrã.

Perguntei à minha mãe o que ela tinha feito para baterem nela e fazerem tudo aquilo. E ela disse que nada, só que se recusou a ser esposa daquele homem.

E mamãe diz que ele tratou ela desse jeito não foi uma nem duas vezes, foi pelo menos uma dúzia. Mas, olha, o senhor de mamãe não sabia que isso estava acontecendo. Se os escravos contavam, sabe, pois os feitores matavam eles".

EX-ESCRAVIZADOS SOBRE MAUS-TRATOS, COMPILADO POR LOUISE OLIPHANT, NARRATIVAS DA GEÓRGIA, PÁGINAS 291–92

"Bob Lampkin foi o senhor de escravos mais malvado que já conheci. Ele batia nos seus escravos e nos de todo mundo que pegasse na estrada. Ele foi malvado até o dia que Deus deixou ele morrer congelado. Ele veio para a cidade e se embebedou, mas quando estava voltando na sua charrete, ele congelou todinho enquanto subia Race Creek Hill. Os brancos e os negros ficaram felizes quando ele morreu".

ADDIE VINSON, NARRATIVAS DA GEÓRGIA, PARTE IV, PÁGINA 107

[Viveu em situação de escravidão no Condado de Oconee, Carolina do Sul.] "Ah! Meu Deus! Os patrulheiros eram um horror. Quem pegavam alguém sem os papéis, eles acabavam com essa gente. O velho John era o rabequeiro da nossa fazenda. Quando pegaram ele, os patrulheiros deram a pior surra de todas, porque ele e a rabeca estavam sempre chamando os negros para a dança".

TOM HAWKINS, NARRATIVAS DA GEÓRGIA, PARTE II, PÁGINA 130

[Viveu em situação de escravidão na Carolina do Sul.] "A senhora Annie era o seu próprio feitor. Ela batia neles por qualquer coisa. Ela tinha um barril com uma vara atravessada e mandava o escravo se deitar pelado em cima daquele barril, com as mãos e os pés presos na vara. Daí a senhora Annie acendia o cachimbo e se botava a açoitar o negro, às vezes por mais de uma hora".

JENNY PROCTOR, NARRATIVAS DO TEXAS,
PARTE III, PÁGINAS 209–10, 212–13

"Lembro que uma vez estava tentando limpar a casa que nem a velha senhora me mandou e encontrei um biscoito. Eu estava com tanta fome que comi ele, porque nunca via um biscoito nem nada parecido, só às vezes nas manhãs de domingo. A gente só tinha pão de milho e xarope e toucinho gordo de vez em quando, mas quando comi o biscoito, ela entrou dizendo 'onde é que está aquele biscoito?'

Eu disse, 'senhora, eu estava com muita fome, então comi'. Ela pegou aquela vassoura e começou a me bater na cabeça com ela, me chamando de crioula vagabunda. Acho que perdi totalmente a cabeça, porque eu soube que precisava brigar com ela para me salvar, mas quando comecei a brigar com ela e o feitor, ele chegou e me agarrou e começou a me espancar com o bacalhau. Ele me bateu até eu cair no chão, quase morta, e ele deixou minhas costas em pedaços e ainda esfregou sal nas feridas para me castigar mais. Meu Deus, meu Deus, querida! Aqueles dias eram horríveis. Quando o velho senhor chegou em casa, ele perguntou: 'Por que é que você bateu nessa negra desse jeito?' E o feitor contou o porquê, daí ele respondeu: 'Agora ela não vai trabalhar por uma semana, teria pago por vários biscoitos nesse tempo'. Ele ficou fulo, disse para a velha senhora que foi tudo culpa dela. Eu ainda tenho as cicatrizes nas minhas costas, igual minha avó tinha quando morreu, e vou levar as minhas para o túmulo igual ela fez...

ALICE GREEN, NARRATIVAS DA GEÓRGIA, PARTE II, PÁGINAS 41–42

"Papai era um homem que acreditava em se divertir e ele se escapulia para ver as meninas sem ter um passe. Depois que fugia daquele jeito, os patrulheiros mandavam os cachorros atrás dele e, quando pegavam, espancavam quase até matarem. Depois, papai não conseguia se deitar de costas por um tempão".

JEFFERSON FRANKLIN HENRY, NARRATIVAS DA GEÓRGIA, PARTE II, PÁGINA 185

"O senhor Robert castigava os seus próprios escravos e, vou lhe contar, não precisava muito para ele açoitá-los; ele puxava o chicote por qualquer coisinha. Eles eram amarrados a uma certa árvore, pelas mãos e pelos pé, e ele batia neles com uma tira de couro grossa. Eu vi ele açoitando várias e várias vezes, e era quase sempre de manhã, antes deles irem trabalhar". [Mas ele nunca encostava no escravizado que atuava como encarregado.]

BERT STRONG, NARRATIVAS DO TEXAS, PARTE IV, PÁGINA 71

"Teve um feitor por um tempo, mas o senhor despediu ele por cortar e talhar os negros. Ele colocou meu tio Freeman de capataz. A gente ouvia os escravos das fazendas vizinhas berrando quando apanhavam. Alguns dos vizinhos botavam seus escravos a trabalhar até as dez da noite e terminavam de pesar a colheita à luz de vela. Se a colheita do dia não chegasse, os escravos apanhavam até dar pena".

WILLIS WINN, NARRATIVAS DO TEXAS, PARTE IV, PÁGINA 203

"Vi muitos negros açoitadas nos banquinhos de atar. O que faziam era dobrar eles à força e amarrar em um banco comprido, amordaçavam a boca com um pedaço de algodão e então o senhor vinha descer o relho até o sangue correr pelo chão. Na manhã seguinte, depois do castigo, ele vinha para a senzala quando você acordava e dizia: 'Como é que você está, menino? Não importa se está doendo, é melhor pular daí e me mostrar que está firme e forte'. O senhor me odiou até o dia que morreu, pois eu contei para a senhorinha que ele açoitou uma menina no eito que foi um escândalo, só porque ela queria voltar para

Willis Winn

casa e cuidar do bebê doente. A senhora Callie não nos açoitava, mas ela torcia nossas orelhas e o nariz até quase arrancar. Aqueles dedos pareciam umas pinças...

Eles estavam sempre vendendo escravos, colocando a leilão e vendendo, dependendo de quanto trabalho conseguiam fazer em um dia e a força que tinham. Vi muitos deles acorrentados, como se fossem vacas e mulas. Se um dono tinha mais do que precisava, ele pegava a estrada com eles e vendia para as fazendas vizinhas. Nenhum nunca fugiu. Não tinham para onde. Vi muitos e muitos tentarem. Se os patrulheiros não pegavam, algum branco prendia você e chamava o senhor. Eles tinham um acordo de ficar de olhos abertos para os negros fujões. Quando o senhor o levava de volta para casa e terminava o serviço, agora você ficava em casa".

BEN SIMPSON, NARRATIVAS DO TEXAS, PARTE IV, PÁGINAS 27–29

"Chefe, eu nasci na Geórgia, em Norcross, e estou com noventa anos. O nome do meu pai era Rogert Stielszen e o da minha mãe era Betty. O senhor Earl Stielszen os capturou na África e levou para a Geórgia. Ele foi morto, então minha mãe e eu fomos para o seu filho. O filho dele era um assassino. Ele se encrencou lá na Geórgia, então arranjou dois cavalos bem rápidos e uma carroça coberta, então acorrentou todos os seus escravos e fez eles caminharem até o Texas. Minha mãe e minha irmã tiveram que caminhar. Emma era a minha irmã. No meio da estrada começou a nevar, mas o senhor não deixou a gente amarrar nada ao redor dos nossos pés. A gente tinha que dormir no chão também, com toda aquela neve.

O senhor tinha um chicote de couro cru trançado, bem grande e comprido, e quando um dos negros ficava para trás ou caía, ele atacava com aquele chicote. Tirava carne todas as vezes que ele acertava um negro. Minha mãe não aguentou mais no caminho, mais ou menos na fronteira do Texas. Os pés dela ficaram sangrando em carne viva, as pernas se incharam até perder a forma. O senhor só puxou a arma e atirou nela, e enquanto estava morrendo no chão ele chutou ela duas, três vezes, dizendo: 'Maldita negra, não aguenta nada'. Chefe, pois sabe que aquele homem não enterrou mamãe, só deixou ela atirada lá onde matou ela. Naquela época não tinha lei nenhuma contra matar negros escravos".

ESSEX HENRY, NARRATIVAS DA CAROLINA DO NORTE, PARTE I, PÁGINAS 396–97

"O Sr. Henry, irmão do Sr. Jake, e o seu Tio Moses, costumavam passar um dia inteiro na casa de visita. O Sr. Henry era baixinho, com uma perna curta e outra comprida, e ele tinha o pior humor que já se viu nesse mundo. E ele adorava ver os escravos sofrerem, quase tanto quanto adorava o conhaque. Quando enxergava ele vindo, a gente sabia que ia ter uma festa da chibata antes dele ir embora.

Tinha três negros, John Lane, Ananias Ruffin e Dick Bogers, que levavam a culpa por tudo que acontecia naquele lugar. Por exemplo, o Sr. Henry olhava para o chiqueiro e dizia que parecia que os porcos do seu irmão estavam minguando o tempo todo. Então o Sr. Jake dizia que eles haviam sido roubados.

'Por que você não castiga aqueles crioulos ladrões, Jake?'

Jake ficou brabo e mandou trazer esses três negros, arrancar as camisas deles e prender eles de barriga para baixo. Quando o feitor ficou cansado, eles deixaram os negros lá, amarrados no sol, e foram para a casa tomar um conhaque.

Quanto mais eles tomaram da jarra branca, mais ficaram de bom humor. Eles riram e conversaram e depois de um tempo lembraram dos negros, então voltaram e bateram neles mais um pouco. Isso durou o dia inteiro, porque eles se divertiam com a surra".

SPENCER BARNETT, NARRATIVAS DO ARKANSAS, PARTE I, PÁGINA 117, 155

"Quando era menino, eu escutava os homens perseguindo os escravos com cachorros pelas montanhas. Os fazendeiros pagavam os patrulheiros para cuidar dos escravos, manter eles em casa noite e dia.

Era ruim a escravidão. O senhor Tom Williams não era cruel. Ele nunca tirava sangue. Quando o berrante soava, era melhor estar todo mundo no lugar. Eles usavam um chicote de couro trançado. Quando ele era amarrado e molhado, doía de matar. Uma coisa importante era que você precisava estar no seu lugar, dia e noite. Era um confinamento".

JOHN EUBANKS, NARRATIVAS DO INDIANA, PÁGINA 74

"'Eu lembro', ele continuou, 'como amarravam o escravo ao redor de um poste, com as mãos amarradas juntas ao redor, e então um grandalhão pegava um chicote de couro de cobra e açoitava ele até as costas estarem cortadas e sangrando, o sangue salpicado, gesticulando com aquelas mãos estranhas de grande, as costas recortadas. Depois eles derramavam salmoura em cima, que secava e endurecia e grudava nas feridas. Eles não lavavam até curar. Às vezes, eu via o senhor Everett pendurar um escravo na pontinha dos dedos. Ele o amarrava de um jeito que ele tinha que ficar na ponta dos dedos e deixava ele assim'".

JOHN WHITE, NARRATIVAS DO OKLAHOMA, PÁGINAS 323–24

"Meu trabalho era cozinhar. Lavar também. (...) Aprendi a tomar cuidado com os riscos nas roupas. Aprendi com a chibata. Um dia, meu senhor achou um risco de sabão na sua camisa, então ele me pegou.

A Estrada Militar corre ao lado da fazenda. O senhor me levou estrada abaixo e me amarrou a uma árvore. Primeiro ele arrancou a camisa velha e então me açoitou. Quando cansou de me bater, lá veio mais tortura. A cura da salmoura. Não cura nada, mas é assim que os brancos chamavam. 'Toma', o senhor disse, e atirou a salmoura nas feridas abertas. 'Toma!' As bolhas estouravam cada vez que ele me atirava a salmoura.

Então ele me soltou para ir de volta para a cozinha, cambaleando. A senhora não podia fazer nada, só passar uma boa graxa, com umas gentilezas para ajudar com a tristeza".

REV. WAMBLE, NARRATIVAS DO INDIANA, PÁGINA 200

"A mãe do Rev. Wamble era escrava em Deerbrook, e quando o reverendo tinha dois anos de idade, a mãe morreu de um aborto causado pela chibata. Quando as escravas estavam em estágio avançado de gravidez, eles faziam elas deitar de barriga para baixo em uma buraco escavado no chão especialmente para isso e então eram açoitadas. Fora isso, elas eram tratadas iguais aos homens. Os braços eram amarrados ao redor de um cedro ou um poste e elas eram açoitadas".

MINGO WHITE, NARRATIVAS DO ALABAMA, PÁGINA 416

"Lembro que uma vez o velho Ned White foi pego rezando. Os capatazes pegaram ele no dia seguinte e arrastaram para as estacas, lá onde já estavam cravadas no chão. Fizeram o Ned tirar tudo, menos as calças, e deitar de barriga para baixo entre as estacas enquanto amarravam os braços e as pernas dele às estacas. Depois chicotearam ele até o sangue correr como se ele fosse um porco. Fizeram todos os escravos irem ver ele e disseram que a gente ia levar o mesmo castigo se nos pegassem. Não se deixa ninguém tratar um cavalo como se tratava a gente naquele tempo".

SUSAN HAMILTON, NARRATIVAS DA CAROLINA DO SUL,
PARTE II, PÁGINA 235

"Quando qualquer escravo era açoitado, todos os outros escravos eram forçados a assistir. Vi mulheres serem penduradas do teto do edifício e açoitadas só com alguma coisa ao redor da metade de baixo do corpo até baixarem ela sem um sopro de vida no corpo. Eu tive umas experiências horríveis".

GEORGE WOMBLE, NARRATIVAS DA GEÓRGIA,
PARTE IV, PÁGINAS 190–91

"Tinha sempre uma boa quantidade de chibatadas nessa fazenda [no Condado de Jones, centro da Geórgia]. Era praticamente a única forma de castigo usada. Quase todos eram açoitados por serem desobedientes ou por serem agitados. O Sr. Womble ouviu seu senhor dizer que não teria um escravo que não conseguisse governar e para garantir que todos os escravos se admirassem dele e da sua família, a ponto de fazer todos irem prestar seus respeitos às crianças brancas recém-nascidas um dia depois do nascimento. Quando isso acontecia, eles eram obrigados a fazer fila no lado de fora da porta e então, um a um, entrar no quarto e baixar a cabeça quando passasse pela cama e dizer 'senhorzinho' ou, se o bebê fosse menina, 'senhorinha'. Uma vez, o Sr. Womble diz que ele viu seu senhor e um grupo de outros homens brancos surrarem um escravo desobediente até suas costas estarem em carne viva e então aplicarem uma barra de ferro em brasa. Mesmo isso não tornou o escravo submisso, pois ele fugiu imediatamente. Após esse tratamento desumano, diversos escravos fugiram, especialmente na fazenda dos Ridley. Alguns foram pegos, outros não. Um dos escravos na fazenda dos Womble pegou sua esposa e fugiu. Ele e a esposa moraram em uma caverna que encontraram no mato e criaram sua família lá. Quando a liberdade foi declarada e essas crianças viram a luz do dia pela primeira vez, elas quase ficaram cegas, o Sr. Womble afirmou".

CLAYBORN GANTLING, NARRATIVAS DA FLÓRIDA, PÁGINAS 141–42

"Eles tinham os chamados 'patrulheiros', que pegavam você longe de casa e 'gastavam' você antes de mandar de volta para o senhor. Se um senhor tinha escravos que não conseguia controlar (alguns eram fortes e simplesmente não escutavam o capataz), ele perguntava se o homem queria visitar outra fazenda. Se ele dizia sim, o senhor dava um passe, e no passe estava escrito: 'Dê uma lição nesse crioulo'. É claro que quando os patrulheiros ou outro capataz de fazenda lia esse papel, o negro era espancado quase até a morte e então mandado de volta. O negro não sabia ler, é claro, e não sabia o que dizia no passe. Eles não deixavam negro nenhum ter livro ou pedaço de papel, seja qual fosse, e não ensinavam ninguém a ler".

CHARLIE AARONS, NARRATIVAS DO ALABAMA, PÁGINAS 2–3

"Tio Charlie disse que o Sr. Harris era um senhor bem áspero, e um tanto avarento. Todas as rações eram pesadas e limitadas. Ele tinha um feitor branco e um capataz negro, que era o mais malvado de todos.

Tio Charlie disse que levou muitos sacos de algodão em grandes trens de mulas de Newton Station até Enterprise, Mississippi. Quando questionado sobre se isso não oferecia a possibilidade de fugir, ele respondeu:

'Fugir? Ora, minha senhora, aqueles cachorros pegavam a gente, e tudo que se ganhava era uma surra'.

Tio Charlie pareceu olhar ao longe e então disse: 'Sabe, senhora, nunca vi um escravo ser repreendido até vir para o Mississippi', e eu não compreendi imediatamente. Então ele riu e disse: 'Meu Deus, senhora, alguns daqueles negros eram bem cabeçudos, e o capataz negro passava trabalho para tocar eles'".

Comentário O preconceito racial virulento que existia nos Estados Unidos sustentava e reforçava a escravidão e ao mesmo tempo desculpava e possibilitava boa parte da crueldade que existia nesse regime. Em comparação com muitas áreas escravistas no Brasil e no Caribe, a proporção de brancos em relação a negros era muito maior nos Estados Unidos. A população americana de negros livres também era pequena, e o racismo unia os brancos na tentativa de oprimir e controlar os negros. Assim, os escravizados viviam sob vigilância constante, e os brancos tinham um grau considerável de liberdade para bater ou maltratar qualquer pessoa negra. A violência garantia a supremacia da raça branca. Dessa forma, as motivações raciais emergiam em muitos atos de crueldade, e os escravizados notavam explícita e implicitamente esse elemento nos seus maus-tratos. Diversas narrativas também são comentários diretos ou indiretos sobre a natureza racista da violência.

HENRY WRIGHT, NARRATIVAS DA GEÓRGIA, PARTE IV, PÁGINA 201

"Na fazenda dos House havia um escravo mulato que deveria receber a sua liberdade quando fizesse 21 anos de idade. Quando esse dia chegou, o Sr. House se recusou a alforriá-lo, então ocorreu uma tentativa de incendiar a mansão dos House. O Sr. Wright lembra de ver o xerife chegar da cidade e levar esse escravo. Mais tarde, ouviu-se falar na fazenda que o escravo fora enforcado".

WILLIAM MCWHORTER, NARRATIVAS DA GEÓRGIA, PARTE III, PÁGINAS 96–97

"Minha Tia Mary pertencia ao senhor John Craddock. Quando a mulher dele morreu e deixou um bebezinho, que era a senhorinha Lucy, Tia Mary estava dando de mamar para o seu próprio bebê, então o senhor John fez ela deixar o bebê dele mamar também. Se Tia Mary estava alimentando o próprio bebê e a senhorinha Lucy começava a chorar, o senhor John arrancava o bebê dela pelas pernas e dava uns tapas, então mandava Tia Mary amamentar o bebê dele primeiro. Tia Mary não podia responder com uma palavra que fosse, mas mamãe diz que muito viu Tia Mary chorar até as lágrimas se juntarem embaixo do queixo.

Nunca ouvi falar de cadeia nos tempos da escravidão. O que se fazia naquela época era espancar os negros quase até a morte para fazer eles se comportarem. Mamãe foi trazida para Bairdstown e vendida em leilão para o senhor Joe muito antes de eu nascer, mas eu nunca vi escravo nenhum ser vendido. Meu Deus, minha senhora, nunca ninguém lhe contou que era contra a lei ensinar um negro a ler e a escrever nos tempos da escravidão? Os brancos lhe cortavam a mão fora por essas mais do que por quase qualquer outra coisa. Isso é só jeito de dizer, cortar a mão fora. Ora, senhora, um negro sem mão não ia ter como trabalhar muito, e o dono não ia conseguir vendê-lo por um preço nem parecido com o que ganharia por um escravo com mãos boas. Eles só espancavam ele a valer quando o pegava estudando como se faz para ler e escrever, mas eu ouvi falar de alguns donos que cortavam um dedo cada vez que pegavam um escravo tentando aprender. Por outro lado, alguns negros queriam tanto aprender que fugiam de noite e se encontravam em uma ravina profunda onde estudavam à luz de tochas de acácia. Mas uma coisa era certa, era melhor eles não deixarem os brancos descobrirem. E se tinham sorte de continuar com isso até aprenderem a ler a Bíblia, eles guardavam bem o segredo".

TOM HAWKINS, NARRATIVAS DA GEÓRGIA, PARTE II, PÁGINA 131

"Não havia escolas onde os escravos podiam estudar naquela época. Eles eram até proibidos de aprender a ler e escrever. Quando o Dr. Cannon descobriu que o seu cocheiro aprendera a ler e escrever enquanto levava e trazia os filhos do doutor da escola, ele mandou cortar os dedões do negro e colocou outro menino para ser cocheiro no lugar dele".

EX-ESCRAVIZADOS SOBRE MAUS-TRATOS, COMPILADO POR LOUISE OLIPHANT, NARRATIVAS DA GEÓRGIA, PÁGINAS 292–93

"Outro ex-escravo lembrou que 'você tinha que chamar os filhos do senhor de senhor ou senhora, mesmo os bebês. Você nunca vestia roupa o suficiente e sempre sofria com o desconforto. A gente não tinha permissão nem para acender o fogo. Se você tinha uma lareira em casa, ela era tirada e o buraco era fechado. Quem era pego com fogo era espancado quase até morrer. Muitas mães morreram em cativeiro porque se resfriaram por não poderem fazer fogo'".

MINGO WHITE, NARRATIVAS DO ALABAMA, PÁGINAS 417

"Os brancos não nos ensinavam nada, só a trabalhar. Eles diziam que aprender a ler e a escrever não era para nós. Tinha um rapaz chamado E. C. White que aprendeu a ler e escrever durante a escravidão. Ele tinha que carregar os livros das crianças para a escola e voltar para buscá-las depois. O seu senhorzinho ensinou ele a ler escondido do pai e do resto dos escravos. A gente não tinha para onde ir, só a igreja, e isso não nos dava nenhum prazer, pois a gente era proibido de falar do instante que saía de casa até voltar. Quando a gente ia para a igreja, os feitores iam junto. Não tinha uma igreja nossa, só a igreja dos brancos".

REV. WADE OWENS, NARRATIVAS DO ALABAMA, PÁGINA 306

"O senhor Berry e a senhora Fanny Owens eram bons para os negros. Papai era o cocheiro da senhora Fanny, mas tinha que tomar cuidado com aquele tal de Ben Boddy, o feitor. Era o homem mais malvado a quem Deus já deu vida. Ele não nos deixava acender a lareira, por mais frio que fizesse, e a gente tinha que trabalhar igual ou os cachorros não falhavam. Se o cachorro não pegava, então eles espancavam quase até a morte. Ele era tão malvado que o senhor correu com ele da fazenda".

LUCY BROWN, NARRATIVAS DA CAROLINA DO NORTE, PARTE II, PÁGINAS 153-54

"Mamãe dizia que a escravidão era muito pior antes dos tempos que eu lembro. Ela me contou que algumas das escravas tinham os filhos no eito, que nem as vacas fazem. Ela disse que antes dos bebês nascerem, elas amarravam a mãe de barriga para baixo quando tinham que açoitar ela, para não arruinar o bebê".

LIZZIE JOHNSON, NARRATIVAS DO INDIANA, PÁGINA 115

"O que esses primeiros colonos mais queriam era que seus filhos aprendessem a ler e a escrever. Muitos deles foram pegos tentando aprender a escrever, e tiveram seus polegares esmagados, de modo que não pudessem segurar um lápis".

CORNELIA ANDREWS, NARRATIVAS DA CAROLINA DO NORTE, PARTE I, PÁGINAS 28–31

"'Se eu fui muito castigada? Não, senhora, eu não fui'. (Aqui a filha, formada pela Universidade de Cornell, que estava na sala escutando, se aproximou. 'Abre a camisa, mamãe, e deixa a senhora decidir ela mesma'. Os olhos da velha senhora se arregalaram e ela se empertigou. Ela parecia envergonhada, mas a filha tirou sua camisa, expondo as marcas nas costas e nos ombros, que pareciam ter sido feitas por um chicote de couro trançado. Não havia dúvida alguma disso.)

'Eu fui açoitada em público', ela disse sem alterar a voz, 'por quebrar pratos e por ser lenta. Eu estava com a senhora Carrington naquela época, logo antes do fim da guerra. Eu estava na cozinha, lavando os pratos, e deixei um cair. A senhora chamou o Sr. Blount King, um patrulheiro, e ele me deu o castigo que deixou essas marcas que senhora vê em mim. Minha velha senhora descobriu e veio me buscar'.

Uma amiga da entrevistada que estava presente observou: 'Isso deve ter sido horrível, para dizer o mínimo'.

'Você não sabe de nada', a velha negra disse, enfurecida. 'Alex Heath foi espancado até a morte aqui em Smithfield. Ele tinha roubado alguma coisa, foi o que me disseram. Bem, ele foi condenado à morte, e a gente que mandava por lá decidiu matar ele com uma surra. Deram cem chibatadas nele todas as manhãs nove vezes, e na nona manhã ele morreu.

Daniel Sanders, meu tio, foi espancado até cortarem ele em pedaços. Era para ele ter sido surrado até a morte, como fizeram com Alex, mas um dia, depois que espancaram ele e atiraram de volta na cadeia sem camisa, ele fugiu. Ele correu para o rio no meio do pântano e as varejeiras limparam as feridas. Ele estava desmaiado quando um branco o encontrou e levou para casa. Ele morreu dois ou três meses depois disso, mas nunca conseguiu deixar o corpo direito nem caminhar sem bengala. Só conseguia se arrastar'".

Comentário Os escravizados se ressentiam da interferência em suas vidas familiares, mas quase nunca tinham como impedi-lo. As vendas eram uma das maiores fontes de tristeza e sofrimento duradouro. Os proprietários podiam vender mães sem os filhos ou maridos para longe das esposas, sem consideração a laços familiares ou idade. Foi o que muitos fizeram entre 1800 e 1860.

Havia muitos motivos para as vendas de escravizados. A oportunidade de obter lucro ou de se livrar de um cativo incômodo motivou muitas decisões individuais. Às vezes, as famílias escravas eram divididas porque o dono decidira doar parte das suas "propriedades" humanas a um filho ou filha que estava se casando. As forças econômicas também alimentaram o comércio negreiro em nível regional. Após a década de 1820, a cultura do algodão cresceu mais nas regiões a oeste da cordilheira dos Apalaches, nas terras férteis próximas ao Golfo do México. Lá, os escravistas queriam mais trabalhadores todos os anos, enquanto nos estados mais antigos e mais ao norte do Sul, como a Virgínia, a necessidade econômica por escravizados estava em declínio. Isso levou a um vasto comércio inter-regional de escravizados. Não existem estatísticas exatas, mas provavelmente um milhão ou mais de escravizados afro-americanos foram vendidos e forçados a se mudar dos estados mais ao Norte para a região do Golfo nos últimos anos antes da Guerra Civil. Em todos esses casos, os cativos sofreram com o fato de serem separados de seus familiares pelo resto de suas vidas.

Ainda mais degradante, dolorosa e humilhante era a interferência direta nas vidas íntimas sexuais dos escravizados. Muitos escravistas tiravam vantagem das mulheres que consideravam atraentes. Outros exigiam que determinados cativos morassem juntos e se acasalassem para produzir crianças que o proprietário achava que seriam especialmente fortes e valiosas. Alguns brancos chegavam a usar "reprodutores" para engravidar mais de uma cativa a despeito dos seus desejos e sentimentos.

Como os senhores de escravos, seus filhos ou outros homens brancos se aproveitavam sexualmente das mulheres escravizadas, nasceu uma quantidade considerável de crianças pardas. Muitos dos senhores tinham uma atitude desumana em relação a essas crianças, que consideravam apenas mais uma fonte de lucros e as tratavam e abusavam como todos os outros escravizados. Uma minoria dos senhores de escravos reconhecia ter alguma obrigação com seus próprios filhos, possivelmente tratando-os melhor na fazenda ou, em alguns casos, até mesmo os alforriando. Com o passar dos anos, essa última decisão criou uma diferença entre a população negra livre (cerca de 250 mil indivíduos em 1860) dos estados sulistas mais próximos e mais distantes do Norte. Os dos estados mais ao Norte eram descendentes de cativos libertados logo após a Revolução Americana e eram, em sua maioria, lavradores ou peões. Nos estados mais ao Sul, a população negra livre tendia a ser mais urbana e próspera, muitas vezes com alguma escolaridade ou ofício. Mas muito mais pessoas negras que tinham pais brancos sofreram todas as consequências da escravização.

CHARLES CRAWLEY, NARRATIVAS DA VIRGÍNIA, PÁGINAS 8–9

"Bem, quando esses escravos [fugitivos] eram pegos, vendiam para os novos senhores levarem para o Sul. Ouvi dizer que os senhores mais para o Sul eram tão malvados com os escravos que deixavam eles no eito do algodão até caírem mortos com a enxada na mão e ainda batiam neles de novo. Ainda bem que tínhamos donos bons.

Tinha uma casa de leilão, vi aqui mesmo em Petersburg, na esquina da Sycamore com a Bank. Os escravos eram leiloados para quem pagasse mais. Alguns se recusavam a ser vendidos, quer dizer, leiloados. Meu Deus do Céu! Vi muito daqueles jovenzinhos brigar e chutar feito loucos. Minha filha, dava uma pena de ver. Daí algemavam eles e batiam sem piedade. Eu não gosto de falar daquela época. Me traz uma tristeza lá de dentro. Se um escravo se rebelava, eles eram açoitados com um chicote de couro chamado de 'bacalhau'. Minha querida, aquele chicote tinha mais ou menos a largura da sua mão, do polegar ao mindinho, e era cortado em tiras. Já viu esses chicotes que usam nos cavalos? Bem, também usavam eles.

Você falou alguma coisa sobre como servíamos a Deus. Sim, menina, vou lhe dizer como fazíamos; nosso costume era rezar em casas diferentes. Pois veja, você recebia permissão para ir a esses lugares. E tinha que mostrar a permissão. Se os patrulheiros pegavam você, davam uma surra. É o que faziam naquela época. Uma patrulha é uma turma de homens brancos que se juntavam para andar pelo interior caçando escravos, e surrando e açoitando os que não tinham as suas permissões. O senhor Allen não deixava ninguém bater nem açoitar os seus escravos, e lidava com qualquer um que tentasse, então os escravos do senhor se reuniam e rezavam de casa em casa. Minha filha, assim a gente falava com o meu Deus tudo o que queria".

MINGO WHITE, NARRATIVAS DO ALABAMA, PÁGINA 413–415

"Me disseram que Chester [Carolina do Sul] estava cheia de especuladores comprando escravos para um pessoal do Alabama. Lembro que me colocaram numa plataforma e passou um monte de gente para apalpar meus braços e as pernas e o peito e me fizeram um sem-fim de perguntas.

Antes de levarem os escravos para o posto comercial, o velho senhor Crawford disse que se alguém perguntasse se a gente já tinha ficado doente, era para responder que nunca tinha ficado doente na vida. A gente tinha que mentir muito pelo nosso senhor, senão apanhava.

Os brancos eram duros com a gente. Eles nos surravam por qualquer coisinha. Não teria sido tão ruim se a gente tivesse conforto, mas viver como a gente vivia bastava para deixar qualquer um praticamente morto. Os brancos nos diziam que a gente nasceu para trabalhar para eles e que a gente estava fazendo isso muito bem".

CAMPBELL ARMSTRONG, NARRATIVAS DO ARKANSAS, PARTE I, PÁGINA 71

"Colocavam você a leilão e vendiam. É bem isso que faziam: vendiam você. Esses brancos fazem de tudo, fazem tudo que querem. Arrancavam a sua roupa como se você fosse um bicho qualquer. Você valia mil dólares antes, agora não vale nem dois centavos. Não se vale nada quando se é livre".

CORNELIA ANDREWS, NARRATIVAS DA CAROLINA DO NORTE, PARTE I, PÁGINAS 28–29

"Sabe, tinha um mercado de escravos enorme em Smithfield naqueles dias, e também tinha uma cadeia e um pelourinho. Lembro de um homem chamado Rough qualquer coisa que comprava quarenta ou cinquenta escravos de uma vez e levava para Richmond para revender. Ele tinha quatro cavalões pretos presos a uma carroça, e atrás dessa carroça acorrentava os escravos, e eles tinham que caminhar ou trotar até Richmond. Os pequeninos o Sr. Rough atirava na carroça e eles iam para o Norte. Dizem que teve um dia em Smithfield que trezentos escravos foram leiloados. Dizem que vinha gente de tudo quanto é lugar, até de Nova Orleans, para aquelas vendas de escravos. Dizem que antes de eu nascer, costumavam deixar os negros pelados e fazer eles galoparem pela praça para os compradores poderem ver que eles não tinham cicatrizes e não eram deformados.

Eu lembro que vendiam as mamães sem os bebês e que não tinha choro nenhum no ouvido do senhor. Por quê? Ora, pois senão apanhavam até ficarem roxas, esse é o porquê".

EX-ESCRAVIZADOS SOBRE MAUS-TRATOS, COMPILADO POR LOUISE OLIPHANT, NARRATIVAS DA GEÓRGIA, PÁGINAS 293–94, 295

"Meu senhorzinho tentou ficar comigo, e como não fiquei com ele, ele fingiu que eu tinha feito alguma coisa e me bateu. Eu revidei, porque ele não tinha o direito de me bater só por não ficar com ele. A mãe dele ficou braba comigo por revidar e eu contei por que ele me batera, então ela me mandou para o tribunal para ser açoitada por brigar com ele. Lá tinha um tronco onde quase todo mundo mandava os seus escravos para serem açoitados. Esse tronco tinha forma de cruz, e eles amarravam a roupa ao redor da cintura e deixavam só o corpo nu para o chicote. Não importava quem via a sua nudez. Então, naquele dia me bateram até eu não poder sentar. Quando fui para a cama, tive que deitar de barriga para baixo para dormir. Depois que terminaram de me açoitar, eu disse que não deviam achar que tinham feito alguma coisa quando tiraram a minha roupa na frente de toda aquela gente, pois também haviam tirado a roupa das suas mães e das suas irmãs. Deus fez todos nós, e nos fez todos iguais.

Depois disso não me levaram de volta para casa, me colocaram na Loja do Traficante de Negros para ser vendida.

[No mercado de escravos] Todo mundo queria mulheres que tivessem filhos rápido. Sempre perguntavam se era uma boa reprodutora, e quando a resposta era sim compravam você acreditando na sua palavra, mas se já tivesse tido filhos demais, diziam que você não prestava. Se nunca tivesse tido filho nenhum, o senhor dizia que você era forte, saudável e boa trabalhadora. Era preciso ter alguma coisa para ser vendida. Às vezes, se você era bem bonitinha, alguém lhe comprava sem saber nada sobre você, só por quem você era. Antes do meu velho senhor morrer, ele tinha uma menina bonita com quem ficava, e não deixava ela trabalhar em lugar nenhum fora da casa. Nem a esposa dele nem ninguém dizia nada, mas ninguém era bobo. Ela teve três filhos dele e, quando ele morreu, o irmão dele veio e levou a menina e as crianças".

WILLIE WILLIAMS, NARRATIVAS DO TEXAS, PARTE IV, PÁGINA 189

"Naquela fazenda não se dava permissão para fazer casamento. As pessoas só se casavam, mas algumas não tinha permissão para casar, porque o senhor queria criar negros bem grandes, do tipo que consegue trabalhar bastante e que dá para vender por uma fortuna. Ele tinha umas dez raparigas que não deixava casar, umas mulheres grandes e fortes, e o doutor examinava a saúde delas. Depois o senhor escolhia um negro grande e o doutor examinava ele também. Aquele negro não precisava trabalhar, ele só ficava de vigia das mulheres, e era o marido de todas elas. O senhor criava uns belos de uns negros daquele jeito".

it was built when de Moores had sech large families. Marse Jim he only hab five children, not twelve like his mammy had. Dey was Andrew and Tom, den Harriet, Nan, and Nettie Sue. Harriett was jes like her granny Anderson. She was good to ebberbody. She git de little niggers down an' teach em dey Sunday School lesson. Effen ole Marse Jim's mammy ketch her she sho' raise torment. She make life jes as hard for de niggers as she can.

De quarters jes long row o' cabins daubed wif dirt. Ever one in de family lib in one big room. In one end was a big fire-place. Dis had to heat de cabin and do de cookin too. We cooke in a big pot hung on a rod over de fire and bake de co'n pone in de ashes or else put it in de skillet and cover de lid wif coals We allus hab plenty wood to keep us warm. Dat is ef we hab time to get it outen de woods.

My granny she cook for us chillens while our mammy away in de fiel. Dey wasn't much cookin to do. Jes make co'n pone and bri in de milk. She hab big wooden bowl wif enough wooden spoons to go 'roun'. She put de milk in de bowl and break it up. Den she put de bowl in de middle of de flo' an' all de chillun grab a spoon.

My mammy she work in de fiel' all day and piece and quilt all night. Den she hab to spin enough thread to make four cuts for de white fo'ks ebber night. Why sometime I nebber go to bed. Hab to hold de light for her to see by. She hab to piece quilts for de white folks too. Why dey is a scar on my arm yet where my brother let de pine drip on me. Rich pine war all de light we ebber hab. My brother was a holdin' de pine so's I can help

Famílias

FANNY MOORE, NARRATIVAS DA CAROLINA DO NORTE, PARTE II, PÁGINAS 129–32

[Viveu em situação de escravidão em Spartanburg, Carolina do Sul.] "Mamãe trabalhava no eito o dia inteiro e cerzia e fazia colchas a noite inteira. Depois ela tinha que fiar o suficiente para quatro cortes para os brancos todas as noites. Ora, às vezes eu nem ia para a cama. Tinha que segurar a luz para ela enxergar. Ela tinha que costurar colchas para os brancos também. Tem uma cicatriz aqui no meu braço, onde meu irmão deixou a vela de pinho pingar em mim. Alcatrão de pinheiro era a nossa única luz. Meu irmão estava segurando o pinho para eu ajudar mamãe a alinhavar a colcha quando ele pegou no sono e deixou ele cair.

Não sei como mamãe aguentou tamanha trabalheira. Mas ela aguentava pelos filhos. O velho feitor odiava mamãe, porque ela brigava com ele por bater nos filhos dela. Ora, mas ela apanhou mais por isso do que por todo o resto. Ela tinha doze filhos. Lembro de ver os três mais velhos com neve até o joelho, rachando toras enquanto o feitor assistia tudo rindo. O jeito que eles eram tratados dava uma dor no coração de mamãe. Todas as noites ela rezava para Deus para tirar os filhos daquele lugar. Um dia, ela estava arando o algodoal quando deu um grito de repente. Aí ela começou a cantar e a gritar e a berrar, então parece que começou a arar ainda mais forte. Quando ela voltou para casa, a mãe do senhor Jim disse: 'O que era tudo aquilo no eito? Você acha que a gente manda vocês para lá só para ficar gritando? Não, senhora, vocês estão lá para trabalhar, e é melhor trabalhar, se não o feitor vai descer o chicote nessas costas'. Mamãe só abriu um sorrisão na cara negra e enrugada dela. 'Eu fui salva, o Senhor me disse que me salvou. Agora sei que Ele vai me mostrar o caminho, que não vou mais chorar. Por mais que vocês batam em mim e nos meus filhos, o Senhor vai me mostrar o caminho. E um dia nós não vamos mais ser escravos'. Vovó Moore puxou o chicote e lascou nas costas de mamãe, mas mamãe não gritou nenhuma vez. Ela só voltou para o eito, cantando.

Mamãe chorou muito por George, meu irmão que morreu de febre. Vovó cuidou dele o melhor que pôde, sempre que escapava da cozinha dos brancos. Mamãe nunca conseguia ir vê-lo, só quando chegava em casa de noite. George só ficava deitado. Um dia, ele estava com um olhar tão descansado, eu achei que tinha pegado no sono, então deixei ele em paz. Bem mais tarde, tentei acordá-lo. Encostei no rosto dele, mas ele estava morto. Mamãe só foi saber quando chegou de noite. Pobre mamãe, se ajoelhou no lado da cama e chorou até não poder mais. Tio Allen fez um caixão de pinho e levou George até o cemitério na colina. Mamãe só ficou arando e chorando enquanto via eles enterrarem meu irmão.

Papai era ferreiro. Ele ferrava todos os cavalos da fazenda, trabalhava tanto que não tinha tempo para ir para o eito. O nome dele era Stephen Moore. O senhor Jim chamava ele de Stephen Andrew. Ele foi vendido para os Moore, e a mãe dele também. Ela foi trazida da África, nunca aprendeu a falar normal. Toda a vida ela foi escrava. Os brancos nunca reconheceram nenhum deles, era o mesmo que se fossem cachorros.

Era um sofrimento ver os especuladores chegando na fazenda. Eles andavam pelos campos e compravam todos os escravos que queriam. O senhor Jim nunca vendeu papai nem mamãe nem nenhum dos filhos deles. Ele sempre gostou de papai. Quando o especulador chegava, todos os escravos começavam a tremer. Ninguém sabia quem ia embora. Às vezes, eles pegavam uns para vender no leilão. A parideira sempre rendia mais dinheiro que o resto, até que os homens. Quando botavam ela a leilão, sempre colocavam todos os filhos ao redor para mostrar como ela conseguia ter filho rápido. Depois que era vendida, a família nunca mais via ela. Ela nunca sabia quantos filhos tinha. Às vezes ela tinha filhos negros, às vezes brancos. Não adiantava dizer nada, ela só levava o chicote se falasse. Ora, na fazenda dos Moore, a Tia Cheney, todo mundo chamava ela de Tia Cheney, tinha dois filhos do feitor. O nome do feitor era Hill. Ele era mau feito o diabo. Quando Tia Cheney não fazia o que ele mandava, ele contava para Vovó Moore. A velha chamava Tia Cheney para a cozinha, fazia ela tirar as roupas e então batia até deixar ela toda roxa. Muitos meninos e meninas casaram com os próprios irmãos e irmãs sem nunca saber, a menos que conversassem sobre os pais um do outro e onde moravam antes".

Comentário Para os escravizados que viviam sob as condições brutais da escravidão, os laços familiares eram de suma importância. Eles representavam uma fonte de força e apoio em meio à injustiça e aos maus-tratos do cotidiano. O fato de os casamentos escravos não terem legitimidade legal ou religiosa não diminuía em nada a sua importância. Nos laços entre marido e mulher ou entre pais e filhos, os escravizados encontravam afeto, lealdade, dedicação, alegria e os meios de resistir à desesperança e acreditar na possibilidade de mudanças no futuro. Entretanto, a escravidão solapava a vida da família escrava e rompia muitos dos laços que são tão importantes para qualquer ser humano.

Mais de 21% dos entrevistados informaram que sua família fora desfeita durante os anos de escravidão. Em vista ao fato de que muitos dos informantes eram jovens quando a escravidão foi abolida, essa porcentagem certamente é baixa demais para ser uma representação fiel da experiência dos escravizados como um todo. Quando o governo federal os ajudou a registrar seus casamentos ao final da Guerra Civil, mais de 40% descreveram algum tipo de perturbação das suas famílias.

Como mencionado no capítulo "Crueldade e castigos físicos", esses eram os custos humanos do gigantesco comércio negreiro inter-regional, que todos os anos enviava milhares de negros dos estados mais antigos na costa do Atlântico para a região fértil em torno do Golfo do México. Em estados como a Virgínia e as Carolinas, a população escrava crescia mais rapidamente do que a demanda econômica por mão de obra. Esse fato deu aos proprietários na costa do Atlântico a oportunidade de obter lucros consideráveis com a venda de escravizados para estados algodoeiros como o Alabama e o Mississippi, onde os proprietários de terras queriam mais mão de obra cativa. Em linhas gerais, os estados mais antigos eram "criadouros" de escravizados para as regiões mais novas, sendo que alguns escravistas interferiam mais diretamente na vida íntima dos escravizados na esperança de produzir trabalhadores mais fortes. A ganância rompeu os laços familiares dos afro-americanos a serviço do lucro, representado, nas narrativas, pela figura do "especulador", eufemismo para traficante negreiro.

Os entrevistados para as narrativas do FWP culpavam a venda de familiares por mais de metade de todos os eventos que desmancharam suas famílias. Outros motivos incluíam a decisão de um proprietário de dar parte dos seus cativos para um dos seus próprios familiares, a divisão da herança após a morte do proprietário, a decisão de um proprietário de se mudar quando parte da família pertencia a outro indivíduo e diversas outras causas.

Uma simples lista das causas da desestruturação familiar não tem como sugerir o custo emocional envolvido, a dor e o sofrimento causados por tais eventos. As narrativas do FWP demonstram que os laços familiares eram extremamente importantes, mas também vulneráveis e sob ameaça constante, para a maioria dos escravizados.

CORDELIA THOMAS, NARRATIVAS DA GEÓRGIA, PARTE IV, PÁGINA 22

[Viveu em situação de escravidão no Condado de Oconee, Geórgia.] "Nunca mais vai ter casamento como tinha nos tempos de antigamente, porque todos acham que precisam ter mais que demais hoje em dia. Naquela época, quando se casava, todo mundo estava pensando em fazer uma casa decente para si, então casar era algo meio que sagrado. Mamãe diz que quase sempre que os escravos casavam, eles só saltavam para trás por cima de uma vassoura enquanto o senhor assistia e então ele anunciava que os dois agora eram marido e mulher".

SARAH PITTMAN, NARRATIVAS DO ARKANSAS, PARTE V, PÁGINA 353

[Viveu em situação de escravidão na Paróquia da União, Luisiana. Falando do marido, ela afirma que ele está] "descansando no reino do Senhor. Ele era diácono da igreja, e a palavra dele valia. A fazenda inteira escutava ele e fazia o que ele dizia. Todo mundo respeitava ele, pois ele era direito. Eu só me casei uma vez, e homem nenhum vai ocupar o seu lugar. Ele foi o primeiro, o melhor e o último".

BARBARA HAYWOOD, NARRATIVAS DA CAROLINA DO NORTE, PARTE II, PÁGINAS 386–88

[Viveu em situação de escravidão na Carolina do Sul.] "Quase tudo que eu lhe contar vai ser sobre Frank Haywood, meu marido.

Eu nasci na fazenda de John Walton, onze quilômetros a sudeste de Raleigh [na Carolina do Norte]. Handy Sturdivant, meu pai, pertencia a alguém no Condado de Johnson, mas mamãe e seus filhos pertenciam ao senhor John Walton.

O senhor John fez uma debulhação de milho uma vez, e foi nessa debulhação que eu vi Frank pela primeira vez. Eu era uma menininha, chorando e berrando, e Frank, que era um rapaz grande, diz que nunca quis tanto dar umas palmadas numa pequena, e eu não gostei dele mais do que ele de mim.

Ele pertencia ao Sr. Yarborough, que tinha o hotel em Raleigh, mas trabalhava para qualquer um que contratasse ele, e não sei onde arranjou o seu nome.

Vi Frank algumas vezes na Igreja Metodista de Holland, onde a gente ia para a igreja com os nossos brancos. (...)

Depois da guerra, a gente se mudou para Raleigh, na Rua Davie, e eu estudei um pouco na Saint Paul. Frank estava trabalhando no Mercado Municipal na Rua Fayetteville, e eu desviava várias quadras do meu caminho da escola, de manhã e de noite, para ver ele. Sabe, eu já estava apaixonada havia um tempão.

Depois de um tempo, Frank virou açougueiro e começou a ganhar bem. Eu tinha treze anos e ele veio me ver, então um ano depois começou o namoro. A gente estava sentado na cozinha da casa na Rua Davie quando ele me pediu para ser dele e eu aceitei.

Ele disse que não me merecia, mas que me amava e que faria de tudo para me agradar, e que sempre seria bom comigo.

Eu casei quando tinha catorze anos, e quando tinha quinze nasceu Eleanor, minha filha mais velha. Tive três depois dela, e Frank não podia ter mais orgulho deles. Fomos felizes. Vivemos juntos 54 anos e sempre fomos felizes, com uns bate-bocas de vez em quando. Minha jovem, espero que você tenha a mesma sorte que eu tive com Frank".

PETER CLIFTON, NARRATIVAS DA CAROLINA DO SUL, PARTE I, PÁGINAS 208–09

[Viveu em situação de escravidão no Condado de Kershaw, Carolina do Sul.] "Você pergunta por que quis casar com a Christina. Tinha algo naquela menina, no dia que conheci ela, apesar de ter meio quilo de algodão preso no cabelo dela, que me atraiu igual uma mosca que fica rodeando e pousa na jarra de melaço. Não deixei a poeira assentar na estrada de Ashford Ferry até conquistar ela. Tive que pedir para os velhos dela antes dela consentir. Isso levou uns seis meses. Tudo tinha que ser nos conformes. Finalmente, convenci o pastor, o Reverendo Ray Shelby, a ir até lá nos casar. Ela foi uma benção em todos os dias da minha vida desde então".

Comentário Como indica a história de Peter Clifton, o romance podia ser um grande desafio, e manter uma família era difícil devido às pressões da escravidão e ao fato de muitos escravizados casarem com pessoas de fazendas vizinhas. Um informante no projeto da Fisk University explicou que "havia dois tipos [de casamento]. Um era casar em casa e o outro era casar fora".

Havia vários motivos para casamentos entre pessoas de fazendas diferentes. Alguns indivíduos podiam querer criar uma distância entre sua vida familiar e a supervisão do seu dono. Outros simplesmente se apaixonavam por um homem ou mulher que morava nas redondezas, nas terras de algum outro senhor. Como metade das fazendas escravistas dos Estados Unidos tinha menos de cinco cativos, muitos indivíduos simplesmente não tinham outra opção além de procurar um companheiro "de fora".

Os estados escravistas não tinham nenhuma forma de reconhecimento legal dos casamentos entre cativos, pois isso impediria a livre dissolução da família escrava por venda, execução de dívida, partilha de herança ou simples permuta. Por consequência, os casamentos não recebiam nenhuma proteção e não tinham garantia sequer de que suas uniões seriam reconhecidas em alguma cerimônia. O senhor de cada indivíduo decidia se haveria algum reconhecimento público do casal ou se as cerimônias seriam proibidas. Aparentemente, o tipo mais comum de "cerimônia" de casamento para os escravizados era uma prática chamada de "pular a vassoura", um ritual popular que, curiosamente, também foi observado em diversas partes do mundo ocidental. Os cativos certamente teriam desejado mais, mas muitos não tinham permissão para mais do que isso.

ANDY MARION, NARRATIVAS DA CAROLINA DO SUL, PARTE III, PÁGINA 167

"Vou lhe contar, arranjar uma mulher durante a escravidão era um inferno para os negros. Se não tinha uma que gostasse na fazenda, e é bem provável que ela não gostava de você, ora, mas o que você poderia fazer? Não dava para pular da cama, subir na mula e ir até a fazenda vizinha sem um passe por escrito. Agora imagine que o senhor lhe dá o consentimento. Pois, o senhor da menina tem que consentir também, a menina tem que consentir, o pai da menina tem que consentir, a mãe da menina tem que consentir. Era um trabalhão dos diabos!".

MILLIE BARBER, NARRATIVAS DA CAROLINA DO SUL, PARTE I, PÁGINA 39

"Bem, papai pertencia a um homem e mamãe pertencia a outro, a sete ou oito quilômetros de distância. Isso causava confusão, desentendimentos e muita angústia. Papai precisava pedir um passa para ir ver mamãe. Às vezes, ele vinha sem um passe. Os patrulheiros pegaram ele escondido lá em cima da chaminé uma noite. Arrancaram a roupa dele na frente de mamãe e deram trinta e nove chibatadas, com ela chorando e berrando mais alto do que ele".

CALEB CRAIG, NARRATIVAS DA CAROLINA DO SUL, PARTE I, PÁGINA 231

"O homem que tinha uma mulher em outra fazenda não tinha paz nem felicidade. Ele só via a mulher uma vez por semana, com um passe, e o ciúme deixava ele distraído o resto da semana, se amava ela bastante".

CALLIE WILLIAMS, NARRATIVAS DO ALABAMA, PÁGINA 426

"Papai era capataz, trabalhando sob o feitor, mas mamãe diz que ela ficava no berçário da senzala e cuidava de todos os bebezinhos. Eles tinham uma choupana toda arrumada com berços caseiros e coisas assim, onde colocavam todos os bebês. As mamães vinham do eito às dez horas para dar de mamar e mais tarde no dia, e minha mãe alimentava os menores com licor de panela e os mais velhos com verduras e licor de panela. Eles também tinham leite desnatado e mingau.

Nosso casamento não foi nada parecido com como mamãe diz que foi o dela com papai. Ela diz que eles 'pularam a vassoura'. Quando um escravo qualquer queria casar, ele tinha que ir até a casa grande e contar ao senhor. Ele pegava a sua vassoura e dizia 'Harry, você quer a Vicey?' E Harry dizia 'sim'. Então o senhor dizia 'Vicey, você quer o Harry?' e ela dizia 'sim'. E então o senhor dizia 'Deem as mãos e pulem a vassoura e vocês estão casados'. A cerimônia não era grande coisa, mas se ficava muito mais junto naquela época e não se ouvia falar de tantos divórcios e coisas assim".

EMMA HURLEY, NARRATIVAS DA GEÓRGIA, PARTE II, PÁGINA 276

"Não havia casamentos de escravos. Mandava-se os escravos 'pular a vassoura', muitas famílias foram separadas por vendas. Lembro bem quando o Sr. Seaborn Callaway veio para a fazenda e comprou minha avó e alguns outros escravos e levou eles embora. Nós choramos e choramos, vovó também. Os brancos compravam e vendiam escravos desse jeito o tempo todo".

GEORGE LEWIS, NARRATIVAS DA GEÓRGIA, PARTE III, PÁGINA 49

[Viveu em situação de escravidão na Flórida.] "Quando um casal queria casar, o homem obtinha permissão do proprietário da sua pretendida e, se este consentia, uma vassoura era colocada no chão. O casal saltava sobre ela e então eram declarados marido e mulher".

ADELINE WILLIS, NARRATIVAS DA GEÓRGIA, PARTE IV, PÁGINA 165

[Quando Adeline tinha quatorze anos de idade, ela e Lewis se casaram. Ou melhor, o que aconteceu foi o seguinte:] "A gente não teve pastor quando casou, meu senhor e senhora disseram que não se importavam, e o senhor e a senhora do Lewis disseram que não se importavam, então todos se reuniram na casa dos meus brancos, nos chamaram e disseram que não se importavam se a gente casasse. Meu senhor disse: 'Você e o Lewis querem casar e ninguém tem objeções, então vocês dois podem saltar sobre a vassoura juntos e estão casados'. Não foi nada além disso, e nós casamos. Eu continuei morando com os meus brancos e ele com os deles, e ele continuou a ir me ver, igual fazia quando estava me namorando. Ele nunca me levou presente nenhum, pois não tinha dinheiro para comprar nada, mas ele era bom para mim, e era isso que contava".

Comentário Nas Narrativas de Escravos do FWP, a alegria das festas de casamento é minúscula em comparação com as inúmeras descrições da aflição das famílias separadas por vendas, por escravizados sendo dados de presente para outros proprietários e por outros motivos. Fica evidente que as pessoas sofriam terrivelmente quando suas famílias eram desfeitas e que se ressentiam dessa prática, considerada uma das maiores crueldades e injustiças da escravidão nos Estados Unidos.

SARAH GUDGER, NARRATIVAS DA CAROLINA DO NORTE, PARTE I, PÁGINAS 354-55

"Nenhum dos escravos da nossa fazenda nunca foi vendido, mas os da outra fazenda do senhor William foram. Ah, mas que época horrível era aquela! Todos os escravos no eito, arando, capinando, cantando e fervendo no sol. O velho senhor aparecia no campo com um homem que chamavam de especulador. Eles caminhavam por tudo, só olhando, só olhando. Todos os negros sabiam o que era aquilo. Eles não tinham coragem de levantar os olhos, só seguiam trabalhando. Então o especulador avistava quem ele queria. Ele falava com o velho senhor, eles prendiam as algemas nele e levavam embora para a terra do algodão. Ah, mas que época horrível! Quando o especulador estava pronto para ir embora com os escravos, se tinha algum que não queria ir, ele dava uma surra, então amarrava atrás da carroça e fazia o negro correr até desmaiar no chão, depois surrava de novo até ele dizer que ia embora sem incomodar mais. Às vezes, alguns fugiam de volta para a fazenda, mas daí era pior para eles do que antes. Quando os negros saíam para almoçar, a velha negra dizia onde estava esse e aquele. Nenhum dos outros queria contar a verdade. Mas quando ela via eles baixando os olhos, ela só dizia: 'O especulador, o especulador'. Daí as lágrimas escorriam pela bochecha, porque podia ser o filho ou o marido e ela sabia que nunca mais ia ver ele de novo. Ou então talvez eles estivessem deixando filhinhos em casa, ou só pai e mãe. Ai, meu Deus, meu velho senhor era mau, mas ele nunca mandou nenhum de nós para a terra do algodão".

JENNY PROCTOR, NARRATIVAS DO TEXAS, PARTE III, PÁGINA 212

[Viveu em situação de escravidão no Alabama.] "Às vezes ele vendia alguns dos escravos no leilão para quem desse o maior lance, quando conseguia ganhar o que chegue.

Quando ia vender um escravo, esse ganhava bastante comida por uns dias. Quando chegava a hora de levar ele para o leilão, ele pegava um pedaço de sebo e esfregava bem em volta da boca do negro e fazia parecer que ele andava comendo bastante carne e coisas assim e era bem forte para trabalhar. Às vezes, ele vendia os bebês de peito e outras vendia as mães dos bebês, os maridos das mulheres e assim por diante. Ele não deixava ninguém chorar muito quando a família era vendida. 'Cala a boca ou vai apanhar', ele dizia. Mas eles amavam muito os seis filhos que tinham, não iam querer ninguém comprando eles".

BRYANT HUFF, NARRATIVAS DA GEÓRGIA, PARTE II, PÁGINA 239

[Viveu em situação de escravidão no Condado de Warren, Geórgia.] "Dos 12 filhos em sua família, dois foram vendidos. Harriet, a mais velha, de propriedade de um juiz que morava em uma fazenda vizinha, voltou para a família após a Emancipação. O pai saiu de casa em um acesso de fúria, pois um dos seus filhos fora açoitado. O senhor, sabendo como ele era dedicado à esposa, colocou ela e o filho pequeno na cadeia. Logo em seguida, o pai voltou e recebeu permissão para visitar a esposa e ir embora sem ser incomodado. Algumas semanas depois ele voltou à cadeia e recebeu permissão para entrar, assim como antes, mas quando estava prestes a sair, foi informado que deveria ficar lá para sua segurança. No dia seguinte, ele e Johnie, seu filho, foram vendidos para especuladores que prometeram levá-los tão longe que lhes seria impossível retornar. Quando Daniel estava partindo, ele disse à esposa para esperar sua volta, demorasse ele meses ou anos. Ela chorou e lamentou sua partida e se recusou a casar-se novamente, apesar da insistência. Alguns meses antes do fim da Guerra Civil, o marido reapareceu e ficou na fazenda até a emancipação. Johnie morreu em um acidente logo após a partida".

THOMAS COLE, NARRATIVAS DO TEXAS, PARTE I, PÁGINA 228

[Ele elogia o seu senhor por não açoitar seus escravos e por ser um homem muito bom, mas após a morte deste sua senhora] "levou minha mãe para a cozinha e fui a última vez que vi ela. A senhora Cole comprou uma casa muito fina em Huntsville [Alabama], mamãe me disse para ser bom e fazer tudo que o feitor mandar. Dei tchau e ela nunca conseguiu voltar para me ver, e eu nunca mais vi ela nem meu irmão e minha irmã. Nunca soube se foram vendidos ou não".

TOM HAWKINS, NARRATIVAS DA GEÓRGIA, PARTE II, PÁGINA 130

[Viveu em situação de escravidão na Carolina do Sul.] "A nossa fazenda tinha entre 150 e 200 hectares. A Dona Annie tinha uns 100 escravos. Ela vivia vendendo eles por um dinheirão depois que treinava os cozinheiros, criadas, criados, cocheiros e lavadeiras das boas. (...) Sim, moça, eu vi a velha senhora vender os escravos que treinou. Ela botava eles de pé na plataforma que deixava no pátio dos fundos quando leiloava eles. Vi vários traficantes passarem pela nossa fazenda com carroças, onde levavam a comida e a cama, com os escravos andando atrás da carroça. Eles iam ser vendidos, mas nenhum deles ia acorrentado".

ADDIE VINSON, NARRATIVAS DA GEÓRGIA, PARTE IV, PÁGINA 107

[Viveu em situação de escravidão no Condado de Oconee, Carolina do Sul.] "Havia um traficante de escravos chamado McRaleigh que costumava visitar a fazenda do velho senhor para comprar negros e levá-los para as baixadas do Mississippi. A gente fugia para o mato quando via ele vindo. Ele pegou minha Tia Rachel, dava para ouvir ela berrando na estrada a mais de um quilômetro de distância".

ELIGE DAVISON, NARRATIVAS DO TEXAS,
PARTE I, PÁGINAS 298–99

[Viveu em situação de escravidão na Virgínia. Ele começa dizendo, em sua terceira frase:] "O senhor e a senhora eram brancos muito bons e eram muito bons para os negros". [Mas um pouco depois ele diz:] "Às vezes a gente levava chibatada" [e] "Quando se junta uma boiada para vender os bezerros, como choram as vacas e os bezerrinhos, era assim que eram os escravos naqueles tempos. Eles não sabiam nada dos parentes. Criança quase nenhuma sabia quem era o seu pai, alguns não sabiam da mãe, porque tinham sido tiradas da mãe quando foram desmamadas, e as crianças eram vendidas ou trocadas para não tomarem muito gosto pelo pai ou pela mãe.

Vi alguns fugirem para o Norte. Às vezes o senhor pegava eles e colocava na cadeia. Não dava para ir a lugar nenhum sem um passe. Os patrulheiros pegavam a gente e faziam e aconteciam com os negros escravos. Eu ia para a senzala e ficava tão cansado que só caía porta adentro, direto no chão, e um patrulheiro aparecia com um bacalhau e me chicoteava várias vezes para ver se eu estava cansado o suficiente para não fugir. Às vezes os patrulheiros nos batiam só para ouvir a gente gritar.

Quando um escravo morria, ele era só mais um negro morto. O senhor mandava fazer uma caixa de madeira para colocar o negro e levava ele para um buraco no chão. A gente marchava três vezes ao redor da sepultura e era isso".

LINA HUNTER, NARRATIVAS DA GEÓRGIA, PARTE II, PÁGINAS 20–21

[Viveu em situação de escravidão no Condado de Oglethorpe, Geórgia.] "Sim, senhora, eu vi escravos serem vendidos. Eles só colocavam o negro a leilão e vendiam para quem desse o lance. Um trabalhador dos bons rendia um preço alto, e uma boa parideira também trazia bastante dinheiro, porque os brancos todos gostavam de ter bastante criancinha com eles. As parideiras essas nunca trabalhavam nada; eles faziam os outros escravos cuidarem delas até os bebês nascerem. As escravas que tinham bebês eram mandadas de volta do eito de manhã e depois do almoço para os bebês poderem mamar até ficarem grandes o suficiente para comerem pão e leite; depois, eles ficavam com as outras crianças, cuidadas pela Vovó Rose.

Os escravos nem casavam como se faz hoje. Não tinha essas modernices de licença para comprar. Tudo que tinham que fazer era dizer ao senhor que queriam se casar. Se deixava, ele mandava eles pularem por cima de uma vassoura e os dois estavam casados".

PETER CLIFTON, NARRATIVAS DA CAROLINA DO SUL, PARTE I, PÁGINA 207

[Viveu em situação de escravidão no Condado de Kershaw, Carolina do Sul.] "O senhor Biggers acreditava no chicote e em fazer seus escravos trabalharem duro; os homens tinham sempre muito medo de serem vendidos e separados da mulher e dos filhos. Mas ele mais ladrava que mordia, porque nunca soube dele fazer uma maldade dessas com ninguém".

JOHN W. FIELDS, NARRATIVAS DO INDIANA, PÁGINAS 77-78

[Viveu em situação de escravidão em Owensburg, Kentucky.] "Além de mim, tinha mais outros 11 filhos na minha família. Quando eu tinha seis anos de idade, todos nós fomos tirados dos meus pais, porque meu senhor morreu e o seu espólio precisou ser liquidado. Nós escravos fomos divididos pelo seguinte método. Três pessoas desinteressadas foram escolhidas para ir à fazenda, e juntas elas escreveram os nomes dos vários herdeiros em alguns pedaços de papel. Esses papeizinhos foram colocados em um chapéu e passados entre nós escravos. Cada um tirou um papel e o nome no papel era o novo dono. Por acaso eu tirei o nome de uma parente do meu senhor que era viúva. Não consigo descrever a angústia e o horror daquela separação. Eu tinha só seis anos de idade e foi a última vez que vi minha mãe por mais que uma noite. Doze filhos tirados de minha mãe no mesmo dia".

SRA. PARTHENA ROBBINS, NARRATIVAS DO INDIANA, PÁGINAS 167–8

[Viveu em situação de escravidão no Condado de Scott, Kentucky.] "Uma vez, quando os 'traficantes de negros' vieram, havia uma menina, mãe de um bebezinho; os traficantes queriam a menina, mas não compravam ela por causa da criança. O dono afastou a menina do restante da escravaria, tirou o bebê dela e matou o bebê a pancadas na frente da mãe, então trouxe a menina de volta já sem o bebê. Ela foi vendida imediatamente.

Seu novo senhor ficou tão contente em obter uma menina tão forte, capaz de trabalhar tão bem e tão rápido.

A lembrança do jeito cruel como mataram o bebê assolaram tanto sua mente que ela desenvolveu epilepsia. Isso irritou seu novo senhor, que mandou-a de volta para o antigo e forçou-o a reembolsar o dinheiro que ele tinha pago por ela".

SYLVIA CANNON, NARRATIVAS DA CAROLINA DO SUL, PARTE I, PÁGINA 188

"Vi muita gente negra ser vendida para longe naqueles tempos, porque era assim que os brancos ganhavam muito do dinheiro dele. É claro que nunca nos contavam por quanto nos vendiam. Só colocavam os negros em cima de um bloco de mais ou menos um metro de altura e o especulador dava o seu lance, como se fossem cavalos. Quem era leiloado nunca dizia nada. Não sei quem comprou meus irmãos, George e Earl. (Ela chorou após essa afirmação). Vi venderem escravos duas vezes antes de me venderem e vi os escravos sendo tocados feito porcos até Darlington. Algumas das mulheres pareciam que iam cair lá mesmo, de tão grande que estavam [em gravidez adiantada]".

ROBERT FALLS, NARRATIVAS DO TENNESSEE, PÁGINAS 13–14

"Minha mãe foi vendida três vezes antes de eu nascer. A última vez, quando o Velho Goforth vendeu ela para os especuladores de escravos (sabe como é, cada vez que precisavam de dinheiro, eles vendiam um escravo), quando estavam levando eles, tocando, igual a uma récua de mulas, para o mercado, da Carolina do Norte para a Carolina do Sul, ela começou a ter um ataque. Pois tinham vendido ela sem o bebê, sabe? E bem assim, ela começou a ter ataques. Eles chegaram na cadeia, onde iam passar a noite, e ela ficou em tal estado que Jim Slade e Press Worthy, os dois especuladores, eles não tinham o que fazer com ela. No dia seguinte, um deles levou ela de volta para o senhor Goforth e disse: 'Escuta aqui, a gente não pode fazer nada com essa mulher. O senhor tem que pegar ela de volta e devolver o nosso dinheiro. E tem que ser agora'. E eles estavam falando sério. Então o Velho Goforth ficou com a minha mãe e deu o dinheiro de volta. Depois disso, nenhum de nós nunca foi separado. Todos nós, um irmão e duas irmãs e minha mãe, moramos com os Goforths até a liberdade chegar.

E vou lhe contar, ela nunca mais parou de ter ataques. Ela tinha um ataque toda vez que a Lua mudava, ou pelo menos de duas em duas Luas. Mas ela seguiu trabalhando. Era muito trabalhadora, ela. Tinha que ser. A velha senhora não vacilava. Aquela era mais malvada que o velho senhor. Ela sentava no lado da roda de fiar e contava as voltas que as escravas davam. E ela não se deixava enganar. Minha mãe trabalhava até as dez horas quase todas as noites porque a parte dela era dar tantos cortes por dia, e não conseguia terminar antes disso".

JOE HIGGERSON, NARRATIVAS DO MISSOURI, PÁGINAS 176–77

"'Sim, senhora', ele exclamou. 'Ora, lá em Boonville [no Missouri], uma mulher foi colocada à venda com o bebê e o comprador queria a mulher, mas não queria o bebê, então separaram os dois. Quando estavam se preparando para colocar eles no barco para Nova Orleans e descer o rio, a mulher voltou correndo para dar um beijo de tchau no bebê, então o traficante puxou um chicote e estalou ele. 'A vaca mugidora logo esquece o bezerro!', ele gritou. Ela foi vendida rio abaixo e nunca mais viu o bebê. Isso foi triste'. Ele fez uma pausa antes de continuar. 'Um traficante de nome Henry Moore costumava algemar os negros todos juntos até a hora de botá-los no barco para Nova Orleans. Eles gostavam de estalar o chicote para ver o quanto os negros conseguiam pular. Sim, senhor! Sim, senhor! Faziam sim! (...) Eu lembro de um barco que chegou até Cairo, Illinois, e vários dos negros pularam pela borda e se afogaram'".

JAMES HAYES, NARRATIVAS DO TEXAS, PARTE II, PÁGINAS 127–28

[Viveu em situação de escravidão no Condado de Shelby.] "O senhor nunca ficou em cima da gente por causa de trabalho e nunca mandou surrar ninguém. Eu várias vezes mereci uma boa sova, mas o senhor nunca fez nada com este negro aqui pior que me xingar. O mais perto que cheguei de apanhar foi quando roubei um prato de biscoitos da mesa. (...) Pouco tempo depois, o senhor vendeu minha mãe para o irmão dele, que morava em Fort Worth [a 360 quilômetros de onde Hayes morava]. Quando levaram ela embora, eu fiquei muito, muito triste".

Comentário Como indicado no capítulo "Crueldade e castigos físicos", havia uma quantidade significativa de sexo inter-racial no Sul escravista. A escravidão permitia e encorajava a prática, pois ninguém iria interferir com o poder ou a luxúria de um senhor de escravos. Na verdade, após o fim da escravidão, o nascimento de crianças miscigenadas despencou.

Os entrevistados estavam bastante cientes dos pares excepcionais, incluindo alguns que envolviam pessoas descendentes de índios ou membros da própria raça que tinham laços fortes com a África. Mas eles também precisavam conviver com, e se ressentir de, casos de estupro violento, sexo forçado ou concubinato exigido por senhores. Eles também eram forçados a uniões que representavam uma espécie de "criação de negros" por parte de alguns senhores. Considerando os obstáculos à franqueza em torno da situação das entrevistas na década de 1930, chama a atenção que as narrativas do FWP tenham tantos relatos sobre essas práticas.

FRANK ADAMSON, NARRATIVAS DA CAROLINA DO SUL, PARTE I, PÁGINA 14

"Papai foi comprado dos Adamson, dizem que compraram ele de um navio chegado da África. Era um homem e tanto, afugentou todos os outros negros que rondavam mamãe e se juntou com ela sem pedir para o senhor. O nome dela era Lavinia. Quando a gente se libertou, ele insistiu que Adamson ia ser o nosso nome. O nome dele era William Adamson".

CATO CARTER, NARRATIVAS DO TEXAS, PARTE I, PÁGINAS 204, 209

[Viveu em situação de escravidão no Condado de Wilcox, Alabama.] "Vovó era juksie, porque a mãe dela era negra

Cato Carter

e o pai era um índio Choctaw. É o que me deixa tão misturada com sangue índio e africano e branco. Às vezes eu me importava com isso, às vezes não. Não me importo mais, pois não estou longe do fim dos meus dias.

Eu tinha um irmão e uma irmã que ajudei a criar. Os dois eram quase todos negros. Mas os Carters me disseram para nunca me preocupar com eles, porque mamãe era do sangue deles e nenhum de nós na nossa família nunca ia ser vendido, e que um dia iam fazer de nós homens e mulheres livres. Meu irmão e minha irmã moravam com os negros, no entanto. (...)

Enquanto vivi, segui o que os meus brancos me diziam, exceto uma vez. Tinha um negro trabalhando no eito que vivia puxando as mulas a solavancos. O senhor Oll ficou brabo, então me deu uma arma e disse: 'Vai lá e mata aquele homem'. Eu disse: 'Senhor Oll, por favor, não me manda fazer isso. Eu nunca matei ninguém e não quero matar'. Ele respondeu: 'Cato, faz o que estou mandando'. Ele estava falando sério. Fui até o negro e disse: 'Você tem que ir embora neste instante, e eu também, porque me mandaram matar você, só que eu não vou, então o senhor Oll vai me matar'. Ele soltou os arreios e nós saímos correndo, se arrastamos por debaixo da cerca e fugimos".

SAVILLA BURRELL, NARRATIVAS DA CAROLINA DO SUL, PARTE I, PÁGINA 150

"Venderam um dos filhos de mamãe uma vez, e quando ela se pôs a chorar por isso, o senhor disse: 'para com essa choradeira se não quiser sentir o chicote'. Ela chorou e se lamentou a noite inteira. Roupas. Sim, senhor, nós estávamos sempre meio pelados. Meninos crescidos andavam descalços e só de camisa o verão inteiro. (...) O velho senhor era o pai de algumas das crianças mulatas. As relações com as mães dessas crianças era o que dava tanta tristeza para a senhora. Os vizinhos falavam e ele tirava todas as crianças das mães e vendia para um traficante. Minha senhora chorava por causa disso".

BETTY POWERS, NARRATIVAS DO TEXAS,
PARTE III, PÁGINAS 191–92

"Se a gente tinha casamentos? Um homem branco como o senhor sabe que não. Naquela época, os negros só eram juntados. O senhor dizia: 'Jim e Nancy, vocês vão viver juntos', e quando vinha essa ordem, era melhor obedecer. Na fazenda, não se importavam nada com os sentimentos das mulheres e não se tinha nenhum respeito por elas. O feitor e os brancos tiravam vantagem das mulheres como bem entendiam. E as mulheres não podiam azucrinar ninguém por causa disso. Caso contrário, lá vinha o chicote para elas. Graças a Deus a rendição chegou antes de eu ser crescida o suficiente para passar por essas coisas. Sim, senhor, a rendição salvou esta negra aqui dessas coisas".

Betty Powers

ROSE WILLIAMS, NARRATIVAS DO TEXAS, PARTE IV, PÁGINA 177

[Foi escrava de um traficante negreiro, no Condado de Bell, Texas. Um escravo chamado Rufus, que era um "valentão", queria dormir com ela, ao que resistiu violentamente.]

"No dia seguinte, o senhor me chamou e disse: 'Mulher, eu paguei um dinheirão por você foi porque quero ver você com filhos. Coloquei você para morar com o Rufus para isso. Agora, se não quiser ser açoitada no pelourinho, faz o que estou mandando'. (...) Aí está. O que é que eu ia fazer? (...) Nunca casei, porque uma experiência chega para esta negra aqui. Depois do que fiz pelo senhor, nunca mais quis nada com homem nenhum. Deus perdoe esta negra, mas ele vai ter que me dar licença e pedir para as outras crescerem e multiplicarem".

SAM JONES WASHINGTON, NARRATIVAS DO TEXAS, PARTE IV, PÁGINA 138

[Viveu em situação de escravidão no Condado de Wharton, Texas.] "O senhor Young tinha uma fazendinha junto ao rio Colorado e não tinha muitos escravos. Era mamãe e os seus seis filhos e Marjoria com seus quatro. Papai não era de lá. Chamavam ele para o serviço e, quando tinham o que queriam, ele voltava para o senhor dele. As mulheres na fazenda do senhor Young não eram casadas".

HENRY NELSON, NARRATIVAS DO ARKANSAS, PARTE V, PÁGINA 198

[Viveu em situação de escravidão no Condado de Crittenden, Arkansas.] "Minha mãe e meu pai não tiveram educação. (...)

Ela não morou com o primeiro marido depois da escravidão, deixou dele quando foi libertada. Ela nunca quis casar com ele, foi forçada a isso".

FRED BROWN, NARRATIVAS DO TEXAS, PARTE I, PÁGINA 158

[Viveu em situação de escravidão na Paróquia de Baton Rouge, Luisiana.] "Às vezes o feitor não deixava eles casarem. Deixa eu explicar. O trabalho dele também era ser pai das crianças. Ele escolhia as mulheres parrudas e saudáveis, que iam ter filhos parrudos também. O feitor era um homem parrudo. Quem ele escolhia ele mandava, e não deixava casar nem andar com os outros negros. Se andavam, era chicote na certa. O senhor criou umas crianças bem parrudas e bonitas, e vendeu algumas depois de crescerem um pouco, por 500 dólares ou até mais".

Comentário Após a Guerra Civil, quando conquistaram a sua liberdade, milhares de negros fizeram esforços incríveis e emocionantes para se reunir com familiares perdidos havia muitos anos. Hoje, é difícil imaginar os obstáculos que enfrentavam ou a determinação com a qual conduziam suas buscas. Muitos fizeram longas jornadas a pé, sabendo quase nada onde seus maridos, mulheres ou filhos poderiam estar. Para obter informações, tudo que podiam fazer era perguntar a outros negros se haviam ouvido falar sobre um indivíduo, ou uma família, ou um determinado proprietário. Muitas dessas buscas com certeza foram em vão, mas as narrativas, assim como outras fontes, indicam que, de alguma forma, muitos conseguiram reencontrar seus entes queridos.[1]

NETTIE HENRY, NARRATIVAS DO MISSISSIPPI, PÁGINAS 61–62

"Papai não foi conosco para Meridian. Ele pertencia a um grupo de brancos, sabe, e mamãe pertencia a outro. Ele vinha nos ver até a guerra começar, mas depois a gente dele se foi para o Texas (...) e levou papai com eles. Mas depois da guerra ele voltou para nós, caminhou quase todo o caminho desde lá do Texas".

GEORGE LEWIS, NARRATIVAS DA GEÓRGIA, PARTE III, PÁGINA 50

[Viveu em situação de escravidão em Pensacola, Flórida. Seu pai pertencia a um proprietário e o resto da família a uma pessoa diferente, que se mudou da Flórida para a Geórgia.] "Vários meses dcpois que a liberdade foi declarada, o pai do Sr. Lewis conseguiu se reunir com a família, que ele não via desde a mudança para a Geórgia".

---

1. Heather Andrea Williams, *Help Me to Find My People: The African American Search for Family Lost in Slavery* (Chapel Hill: The University of North Carolina Press, 2012).

Fred Brown

JOHN N. DAVENPORT, NARRATIVAS DA CAROLINA DO SUL, PARTE I, PÁGINA 242

"Quando a liberdade chegou, o senhor disse que a gente poderia ir embora ou ficar. A maioria ficou com ele. Logo depois, ele ficou brabo comigo um dia e me mandou ir embora da fazenda. Eu vim para a cidade e fiquei umas duas semanas vagabundeando. Descobri onde estava minha mãe, que tinha sido vendida. Ela estava em Saluda (Cidade Velha). Fui até ela e fiquei duas semanas, depois ela veio para Newberry e alugou um casebre no Riacho Beaver Dam, perto da Rua Silver".

THOMAS HALL
Age 81 years
316 Tarboro Road, Raleigh, N.C.

"My name is Thomas Hall and I was born in Orange County, N. C. on a plantation belonging to Jim Woods whose wife, our missus, was named Polly. I am eighty one years of age as I was born Feb. 14, 1856. My father Daniel Hall and my mother Becke Hall and me all belonged to the same man but it was often the case that this wus not true as one man, perhaps a Johnson, would own a husband and a Smith own the wife, each slave goin' by the name of the slave owners, family. In such cases the children went by the name of the family to which the mother belonged.

"Gettin married an' having a family was a joke in the days of slavery, as the main thing in allowing any form of matrimony among the slaves was to raise more slaves in the same sense and for the same purpose as stock raisers raise horses and mules, that is for work. A woman who could produce fast was in great demand and brought a good price on the auction block in Richmond, Va., Charleston, S. C., and other places.

"The food in many cases that was given the slaves was not given them for their pleasure or by a cheerful giver, b ut for the simple and practical reason that children would not grow into a large healthy slave unless they were well fed and clothed; and given good warm places in which to live.

"Conditions and rules were bad and the punishments were severe and barbarous. Some marsters acted like savages. In

Atitudes raciais

THOMAS HALL, NARRATIVAS DA CAROLINA DO NORTE, PARTE I, PÁGINAS 360–62

"Meu nome é Thomas Hall e eu nasci no Condado de Orange, Carolina do Norte, em uma fazenda pertencente a Jim Woods, cuja esposa, nossa senhora, se chamava Polly. Tenho 81 anos de idade, pois nasci em 14 de fevereiro de 1856. Meu pai, Daniel Hall, minha mãe, Becke Hall, e eu todos pertencíamos ao mesmo homem, mas muitas vezes isso não acontecia, pois um homem, por exemplo, um Johnson, seria dono do marido, enquanto um Smith seria dono da esposa, com cada escravo usando o nome da família do senhor de escravos. Nesses casos, os filhos levavam o nome da família à qual a mãe pertencia.

Casar e formar família era uma piada nos tempos da escravidão, pois o principal objetivo por trás de permitir qualquer forma de matrimônio entre os escravos era criar mais escravos, no mesmo sentido e para os mesmos fins que os pecuaristas criam cavalos e mulas, ou seja, para trabalhar. A procura era forte por uma mulher capaz de se reproduzir com rapidez e ela rendia um bom preço nos leilões de Richmond, Virgínia, Charleston, Carolina do Sul, e outros lugares.

Em muitos casos, a comida que era dada aos escravos não lhes era dada para o seu prazer ou por uma mão alegre, mas pelo motivo simples e prático que as crianças não cresciam e se tornavam escravos grandes e saudáveis se não fossem bem alimentadas e vestidas e se não pudessem se abrigar do frio nas suas moradias.

As condições e as regras eram ruins e os castigos eram severos e bárbaros. Alguns senhores agiam feito selvagens. Em alguns casos, os escravos eram queimados na fogueira. As famílias eram separadas pelas vendas. As mães eram vendidas dos filhos. Os filhos eram vendidos das mães e o pai não era considerado minimamente parte da família. Essas condições existiam antes da Guerra Civil e as condições, ainda que alteradas, continuam desde então. Os brancos sempre mantiveram os escravos em semiescravidão e ainda praticam as mesmas coisas com eles de formas diferentes. Os brancos ainda lincham, queimam e perseguem a raça negra na América e há pouco que estejam fazendo para ajudá-la.

Lincoln levou a fama por nos libertar, mas foi o que ele fez? Ele nos deu liberdade sem nos dar a chance de viver por conta e ainda precisávamos depender dos brancos sulistas para trabalho, comida e vestuário, e eles usaram nossa necessidade e privação para nos manter em um estado de servidão quase nada melhor do que a escravidão. Lincoln não fez quase nada pela raça negra, e nada do ponto de vista dos vivos. Os brancos não vão fazer nada pelos negros além mantê-los subjugados.

Harriet Beecher Stowe, a escritora da *Cabana do pai Tomás*, fez isso por si mesma. Ela tinha os seus próprios interesses e eu não gosto dela, do Lincoln, de ninguém daquela turma. Os yankees ajudaram a nos libertar, ou assim dizem, mas eles deixaram nos jogar de volta na escravidão.

Quando penso na escravidão, fico furioso. Não acredito em lhe contar a minha história, porque apesar de todas as promessas que fizeram, os negros ainda estão em más condições nos Estados Unidos. Não importa onde ele mora, é tudo igual. Você pode ser bom, alguns homens brancos são, mas a pressão dos seus amigos brancos é tal que você vai ser forçado a falar mal de nós e virar a cara para nós quando estiver ao redor deles, mesmo que goste de nós no fundo do coração.

Você está andando por aí para ouvir a história das condições da escravidão e as perseguições dos negros antes da Guerra Civil e as condições econômicas deles desde a guerra. Após tanto tempo, você já devia saber isso tudo. Você vai nos ajudar? Não! Vai só ajudar a si mesmo. Você diz que a minha história pode aparecer em um livro, que é do Projeto Federal de Escritores. Harriet Beecher Stowe escreveu *A cabana do pai Tomás*. Não gostei do livro e odeio ela. Não me importa de onde você é, não quero que escreva a minha história porque os brancos foram, são hoje e sempre vão ser contra os negros".

Comentário A escravidão era coerção e exploração, e também um sistema de exploração de base racial. Todos os cativos nos Estados Unidos eram negros, e quase todos os negros no Sul em 1860 (94%) eram cativos. As atitudes racistas da supremacia branca sustentavam e apoiavam a instituição da escravidão e, na sociedade como um todo, consignavam todos os afro-americanos, mesmo a pequena minoria em liberdade, a um estado de subordinação rígida. Os escravizados encontravam o racismo em todos os dias da sua vida. Era parte essencial do ser escravizado ou afro-americano nos Estados Unidos. Assim, não surpreende que a raça era uma parte fundamental da sua identidade ou que muitos desenvolveram atitudes raciais fortemente hostis aos brancos.

Contudo, as histórias dos ex-escravizados também mostram que eles sabiam distinguir entre os indivíduos e reconhecer a bondade ou compaixão, fosse ela genuína ou parcial e limitada pela perspectiva dos brancos. Essa capacidade ajuda a explicar os muitos comentários positivos sobre senhores de escravos. Os entrevistadores brancos do FWP também sinalizavam as suas expectativas quando pediam aos entrevistados para falar sobre "os bons tempos". As exigências da etiqueta racial no Sul segregacionista da década de 1930, aliada à lembrança de ter comida o suficiente sob a escravidão, influenciou o modo como alguns falaram sobre seus senhores. Mesmo assim, sua consciência e ressentimento em relação ao racismo ainda transparecia.

MARTIN JACKSON, NARRATIVAS DO TEXAS, PARTE II, PÁGINA 189

"Muitos dos velhos escravos fecham a porta antes de contarem a verdade sobre os dias da escravidão. Quando a porta está aberta, eles contam sobre como seus senhores eram bondosos e como tudo era idílico. Não se pode

Martin Jackson

culpá-los por isso, pois não lhes faltou disciplina na juventude para ensiná-los cautela sobre dizer algo que não fosse lisonjeiro sobre os seus senhores. Eu próprio estava em uma situação um tanto diferente da maioria dos escravos e, por consequência, não tenho rancores nem ressentimento. Contudo, posso lhe contar que a vida do escravo médio não era nada cor-de-rosa. Era um sofrimento cruel.

Mesmo com o meu bom tratamento, passei a maior parte do meu tempo planejando e pensando em fugir. Teria sido fácil para mim, mas meu velho pai dizia: 'Não adianta correr do ruim para o pior à caça do melhor'. Muitos meninos negros fugiram e se alistaram no exército da União, e muitos deles recebem pensão até hoje. Meu pai sempre me aconselhava: 'Todo homem tem que servir a Deus debaixo da sua videira, e debaixo da sua figueira'. Ele sempre lembrava que a guerra não iria durar para sempre e que a nossa eternidade seria passada entre os sulistas depois que eles fossem vencidos".

[Martin Jackson foi para a guerra com seu jovem senhor. Ele conta:] "Bem quais eram meus sentimentos sobre a guerra, eu mesmo nunca soube resolver. Eu sabia que os yankees iam ganhar, desde o início. Eu queria ver eles ganharem de nós do Sul, mas tinha esperança que iam conseguir sem precisarem dizimar a nossa companhia [a unidade militar na qual ele e seu senhor serviam]".

ELISABETH SPARKS, NARRATIVAS DA VIRGÍNIA, PÁGINA 50

"Você quer que eu lhe conte sobre os tempos da escravidão. Eu posso contar, mas não vou. Tudo já passou, então eu digo que é melhor deixar assim. Além do mais, é muito horrível para contar. Você é muito jovem para saber dessa conversa toda. Bem, vou contar um pouco para você colocar no seu livro, mas não vou contar o pior.

O nome da minha senhora era Sra. Jennie Brown. (...) Ela não era mulher de ficar batendo e mandando o dia inteiro, igual uns que conheço. Ela era nova demais quando a guerra terminou para isso. Branco nenhum é perfeito, claro. (...) Não vou lhe contar nada, não, não vou. Não adianta nada você escutar sobre todos aqueles brancos malvados. Já morreram todos. Tinha boas intenções, acho. Ou pelo menos a maioria se salvou no leito de morte. (...) Meu senhor era Shep Miller. O pai dele, esse era brabo. Meu Deus! Vi ele matá-los. Ele escolhia os feitores mais malvados para mandar neles... Se ele está no Céu? Não, não está no Céu. Passou ao largo do Céu".

JUNIUS QUATTLEBAUM, NARRATIVAS DA CAROLINA DO SUL, PARTE III, PÁGINAS 283, 285

"O senhor quer que eu fale sobre os bons tempos lá na época da escravidão, é isso? Eu chamo de bons tempos porque nunca tive tanto desde então. Eu trabalhei mais desde a guerra entre o Norte e o Sul do que jamais trabalhei sob o meu senhor e a minha senhora. Eu era só um menininho durante a guerra, mas já era grande o suficiente para ver e saber muito bem o que estava acontecendo na fazenda.

Eu nasci na fazenda do senhor Jim Quattlebaum, lá no Condado de Saluda. Ele tinha uns 65 escravos no total, contando as crianças. O senhor não tinha feitor, porque dizia que os feitores iam dar chibatada nos seus negros e ele não ia deixar ninguém fazer isso, branco ou negro. Se era para açoitar os negros dele, ele mesmo ia açoitar, e assim eles não se machucavam tanto. O senhor gostava de ver os seus escravos cantando e felizes com a fazenda. (...)

É assim que os nossos senhores tratavam os seus escravos. Não me importo com o que todo mundo diz e escreve dos senhores de escravos, isso eu sei. Nós escravos que pertencíamos à fazenda do senhor tínhamos a melhor gente para se viver e trabalhar que jamais vi ou conheci. Hoje em dia não existe essa bondade entre o chefe e quem faz o trabalho. Todos os escravos trabalhavam duro às vezes, mas nunca duro demais. Trabalhavam de coração leve, porque sabiam que o senhor ia cuidar bem deles, que ia dar uma fartura de comida, roupa quente e uma casa quente para dormirem quando o tempo frio chegasse. Eles não tinham nada com o que se preocupar e não tinham feitor para tocar o trabalho, como tinham os escravos em algumas outras plantações. A moleza é metade da vida para os brancos, mas é toda a vida para a maioria dos negros. Ah, se é..."

ADDIE VINSON, NARRATIVAS DA GEÓRGIA, PARTE IV, PÁGINAS 103, 104

"O senhor Ike Vinson era bem bom para os seus negros. (...) Aquele feitor fazia os negros trabalharem, ah, se fazia. Tocava eles o tempo todo. Tinham que ir para o eito logo antes do sol nascer, e era depois do sol se pôr que podiam parar com o trabalho no campo. Depois tinham que correr para terminar o trabalho noturno antes da janta, ou então iam para a cama sem comer.

Sabe, eles batiam nos negros. Depois que trabalhavam até não poder mais no eito, o dia inteiro, começavam as surras, e sempre tinham algum motivo para bater. Quando batiam na minha Tia Sallie, ela brigava de volta. Uma vez, quando Tio Randall disse algo que não devia, o feitor bateu nele tanto que ele passou uma semana sem poder trabalhar. Ele tinha que se lambuzar todo com o unguento, todos os dias por um tempão, até aqueles talhos sararem".

WILLIAM MCWHORTER, NARRATIVAS DA GEÓRGIA, PARTE III, PÁGINAS 95–96, 102, 103

"O senhor Joe McWhorter e sua esposa, a Sra. Emily Key, eram nossos donos, e eram tão bons conosco quanto podiam ser. Dona, a senhora sabe que os brancos tinham que fazer os seus escravos cuidarem e se comportarem naqueles tempos, ou então era uma incomodação só. (...) Me contaram, depois que eu cresci o bastante para entender, que o feitor tocava forte os escravos, que eles tinham que acordar e ir para o eito antes do sol nascer e trabalhavam até o céu ficar preto feito breu. Quando voltavam para a senzala, antes de jantarem, o feitor puxava o chicote e castigava quem não tinha trabalhado ao seu gosto durante o dia. O feitor fazia eles tirarem a roupa até a cintura, e onde batia aquele chicote velho abria um talho na pele. Era horrível, horrível! Às vezes, os escravos tinham sido espancados e surrados tanto pelo feitor que o homem fugia, e no dia seguinte, Tia Suke sempre ia até o riacho lavar as roupas e deixava umas roupas velhas para ele pegar de noite. Estou lhe contando, a vida dos escravos não era fácil naqueles tempos".

ANNA PARKES, NARRATIVAS DA GEÓRGIA, PARTE III, PÁGINA 160

"Eu sei que eu estava para lá de melhor antes da guerra do que eu estou agora, mas eu não quero saber de ver a escravidão voltar. Seria muito bom se todo negro tivesse um senhor igual ao Juiz Lumpkin, mas eles não vão ser todos assim".

EX-ESCRAVIZADOS SOBRE MAUS-TRATOS, COMPILADO POR LOUISE OLIPHANT, NARRATIVAS DA GEÓRGIA, PÁGINA 298

"Um ex-escravo pertencia a uma velha senhora que era viúva. Essa senhora era muito boa para mim. Obviamente a maioria das pessoas dizia que isso era porque o filho dela era meu pai, mas ela era boa igual com todos nós. Ela me mantinha em casa consigo, é verdade. Ela sabia mesmo que eu era filha do filho dela. Quando casei, ainda fiquei com a minha senhora até ela morrer. Meu marido ficava com o seu senhor durante o dia, depois voltava para ficar comigo à noite".

CORNELIA ANDREWS, NARRATIVAS DA CAROLINA DO NORTE, PARTE I, PÁGINA 31

[Após descrever diversas crueldades, ela afirma:] "Alguns dos senhores eram bons e alguns eram maus. Fiquei muito contente em ser livre e fui embora no instante que descobri que estava livre".

ANNE MADDOX, NARRATIVAS DO ALABAMA, PÁGINA 273

"O senhor era muito bom para os seus negros, no entanto. Ele nunca deixava nos baterem, só nos repreendia".

Comentário A amargura e a raiva contra os brancos nasciam do racismo e dos maus-tratos que os escravizados haviam sofrido dos seus donos e de outras pessoas brancas. Os entrevistados falavam frequentemente, e com um ressentimento compreensível, sobre os castigos físicos que haviam recebido e sobre a exploração vivenciada sob a escravidão, tanto sistemática quanto sexual.

A religião era uma grande fonte de força e de perspectiva independente para os escravizados. Eles rejeitavam e desprezavam a versão pró-escravidão do Cristianismo que os seus senhores ensinavam. Eles acreditavam em um Deus de salvação e de justiça, um Deus que se importava com eles e que julgaria as pessoas, incluindo os brancos, pelas suas ações, seja qual fosse a cor da sua pele.

ANNIE HAWKINS, NARRATIVAS DO OKLAHOMA, PÁGINA 131–32

"Nunca branco nenhum foi bom comigo. A gente trabalhava feito cachorro, ganhava metade do bastante para comer e apanhava por tudo e qualquer coisa. Nossos dias eram uma desgraça constante. Sei de muitos negros que eram escravos e passaram bem, mas nós não, nunca. Parece difícil que eu não tenho nada de bom para dizer de nenhum deles, mas eu não tenho mesmo. (...)

O velho senhor ficou brabo com o Truman e estirou ele por cima de um barril e surrou até arrancar sangue, então esfregou sal e pimenta nas feridas. Eu vi. Parecia que o Truman ia morrer de tanto que doía. Sei que não parece razoável que um homem branco, em uma comunidade cristã, faria uma coisa dessas, mas você não imagina como era desnaturado aquele homem. As pessoas não sabiam, e a gente não contava, porque todo mundo sabia que ele ia nos matar se alguém contasse. Não esquece que ele era nosso dono, corpo e alma, e não tinha nada que a gente pudesse fazer. A velha senhora e as três meninas eram malvadas com a gente também. (...)

O velho senhor estava sempre bêbado. Acho que é por isso que ele era sempre tão malvado. Ai, como a gente odiava ele! Ele finalmente se matou de tanto beber, lembro que a velha senhora nos chamou para olhar para ele no caixão. Todo mundo marchou por ele, de passo em passo, e por acaso eu levantei a cabeça e troquei um olhar com a minha irmã, então nós duas rimos, naturalmente. Por que não? Estávamos feliz que ele estava morto. Foi bom que demos a nossa risada, porque a velha senhora nos puxou para fora e nos bateu com um cabo de vassoura. Mas a gente não se arrependeu".

CHARLIE CRUMP, NARRATIVAS DA CAROLINA DO NORTE, PARTE I, PÁGINAS 213–15

"Eu nasci em Evan's Ferry, no Condado de Lee ou de Chatham, e pertencia ao Sr. Davis Abernathy e sua esposa, a Dona Vick. Papai se chamava Ridge, mamãe se chamava Marthy. Meus irmãos eram Stokes e Tucker, minhas irmãs eram Lula e Liddy Ann. Éramos nove no total, mas alguns foram vendidos e alguns morreram.

Os Abernathy não eram bons para nós. Eles davam muito pouco de comer e nada de vestir e nos batiam bastante. Eles não tinham muitos escravos, só sete ou oito. Na verdade, eles eram lixo branco pobre, tentando enriquecer, então nos faziam trabalhar.

Eles nos faziam trabalhar do sol nascer até ficar escuro, e às vezes só ganhávamos uma refeição por dia. O senhor diz que negros vazios são negros bons e que negros cheios têm o diabo no corpo. E nós não podíamos ir a lugar nenhum à noite, quer dizer, que eles soubessem. Eu vi vezes em que os negros de toda a vizinhança se juntavam para se divertir mesmo assim, mas se escutavam os patrulheiros galopando nos cavalos, eles fugiam. A moda era jogar dados, mas várias vezes eles não achavam nada para apostar.

Eu carregava água, porque isso era tudo que eu tinha tamanho para fazer. Deixa eu lhe contar, quando a guerra terminou, eu não tinha um fio de cabelo que fosse na minha cabeça, porque os baldes de madeira que eu levava raspavam ele todinho.

Quando ficávamos com fome e achávamos um porco, um bezerro ou uma galinha, não importava de quem era, agora era nosso. Plantávamos bastante cana e comíamos açúcar mascavo. É engraçado que o pouco que nos davam é o que hoje chamam de comida saudável, e olha como cria uns negros parrudos.

Mamãe tinha mais raça na garganta que qualquer moça que eu conheça. Ela arava com esse burrico dos infernos que era brabo que nem ela, um diabo ruim demais. Mamãe era uma moreninha pequena e durona e não dava chance nenhuma para aquele burro. Ela costumava puxar ele ao meio-dia e partir para casa, mas aquele burrico empacava com a bunda no chão e jurava que ela não ia ir para casa nas costas dele. Mamãe jurava que ia, e a guerra começava. Ele jogava ela para fora, mas ela subia de novo. Depois que ela ganhava a briga, ele ia para casa rápido feito um cachorro escaldado.

Quando ouvimos que os yankees estavam vindo, ficamos com medo, porque o senhor Abernathy nos disse que iam nos esfolar vivos. Lembro que foi no último dia de abril ou no primeiro de maio que eles chegaram. Eu tinha ido para o canavial com um balde de água na cabeça, mas quando vi os yankees chegando, larguei o balde e saí correndo.

O pessoal por aquelas bandas queimou a ponte sobre o rio, mas os yankees trouxeram uma ponte de corda com eles, então cruzaram do mesmo jeito. Os yankees levaram embora tudo que enxergaram, até o kush que tínhamos cozinhado para a janta. Kush era farinha de milho, cebola, pimenta vermelha, sal e banha, quer dizer, se tinha alguma banha. Eles mataram todas as vacas, porcos e galinhas e roubaram todos os cavalos e as mulas.

Nós ficamos contentes em estar livres e, deixa eu contar, xingamos bastante o velho senhor antes de irmos embora. Depois, viemos para Raleigh. Eu sempre fui fazendeiro e me dei bem com isso. Eu gosto dos brancos e eles gostam de mim, mas vou lhe contar, senhora, prefiro sempre ser negro do que ser como eram os meus brancos".

HANNAH TRAVIS, NARRATIVAS DO ARKANSAS, PARTE VI, PÁGINA 352

"Eu odeio meu pai. Ele era branco. Ele nunca teve nenhuma serventia para mim. Nunca vi ele, pois mamãe foi roubada daquela fazenda. Nunca ouvi minha mãe dizer nada dele, exceto que era ruivo. Ele era o senhor da minha mãe. Mamãe foi forçada, nada mais. Eu odeio ele".

GEORGE LEWIS, NARRATIVAS DA GEÓRGIA, PARTE III, PÁGINA 49

"O Sr. Lewis afirma que o doutor [seu proprietário] foi ao campo uma manhã e o chamou. Ele disse que os escravos seriam libertados, mas que antes de libertá-lo ele iria mostrar como era ser açoitado por um homem branco e ele precisava espancá-lo com uma pá de carvalho-branco".

JOHN W. FIELDS, NARRATIVAS DO INDIANA, PÁGINA 78

"Na maioria dos negros havia um grande desejo de saber ler e escrever. Tirávamos vantagem de todas as oportunidades de nos educarmos. A grande maioria dos fazendeiros não tinha piedade se um de nós era pego tentando aprender a escrever. Era a lei que se um homem branco fosse pego tentando educar um escravo negro, ele estava sujeito a ser processado e sentenciado à prisão e uma multa de cinquenta dólares. Nunca tínhamos permissão de ir à cidade e foi só depois que fugi que soube que vendiam qualquer coisa além de escravos, tabaco e uísque. Nossa ignorância era o maior poder que o Sul tinha sobre nós. Sabíamos que poderíamos fugir, mas e depois? Quem fosse culpado desse crime estava sujeito a punições terríveis".

ROBERT FALLS, NARRATIVAS DO TENNESSEE, PÁGINA 16

"Ora, o velho senhor Goforth tinha quatro irmãs que eram donas de escravos, mas elas não eram más para eles como o nosso velho senhor e senhora. Alguns dos antigos escravos e as suas famílias ainda moram nas suas fazendas até hoje. Mas elas [as quatro irmãs] nunca se indispuseram com o irmão por causa do jeito que ele tratava os seus escravos. E ele, que se dizia cristão! Bem, acho que a essas alturas ele aprendeu alguma coisa sobre tocar escravos. O Bom Deus ganha o seu trabalho, mais cedo ou mais tarde. E ele vai dar um jeito naqueles patrulheiros de uma figa, nos especuladores de escravos e nos senhores e senhoras ruins".

WILLIAM M. ADAMS, NARRATIVAS DO TEXAS, PARTE I, PÁGINA 11

"Logo antes da guerra, um pastor branco veio visitar os escravos e nos disse: 'Vocês querem ficar com as suas casas, onde ganham tudo de comer e onde criam os seus filhos, ou querem ficar vagando por aí, sem teto, feito animais selvagens? Se querem manter suas casas, melhor rezarem para o Sul vencer. Quem quiser rezar para o Sul vencer, levante a mão'. Todos nós levantamos a mão, porque estávamos com medo de não levantar, mas ninguém queria ver o Sul vencer.

Naquela noite, todos os escravos se reuniram na baixada. O velho Tio Mack se levantou e disse: 'Uma vez, lá na Virgínia, tinha dois negros velhos, Tio Bob e Tio Tom. Eles estavam brabos um com o outro e um dia decidiram almoçar juntos e fazer as pazes. Eles se sentaram, e quando Tio Bob não estava olhando, Tio Tom botou um veneno na comida do Tio Bob, mas ele viu. Quando Tio Tom não estava olhando, Tio Bob virou a bandeja para o Tio Tom, e foi ele que comeu a comida envenenada. E é isso que os escravos vão fazer, virar a bandeja e rezar para o Norte vencer'.

Quando a guerra terminou, havia muita agitação entre os negros. Eles comemoravam e cantavam. Alguns pareciam confusos, meio que assustados. Mas todo mundo dançou, fizeram uma festança.

Muitos ficaram e trabalharam de meeiros. Outros se alugaram".

ALICE SEWELL, NARRATIVAS DO MISSOURI, PÁGINA 303

"Eles nos deixavam ir à igreja no domingo, a uns três quilômetros pela estrada pública, e contratavam um pastor branco para pregar para nós. Ele nunca nos dizia nada além de nos mandar ser bons criados, colocar as coisas do senhor e da senhora no lugar e não roubar galinhas nem porcos e não mentir sobre nada. Depois ele batizava e era isso, você tinha religião. Nunca dizia nada sobre o escravo morrer e ir para o Céu. Quando morremos, eles nos enterram no dia seguinte e você é igual a qualquer outra cabeça de gado que morre na fazenda. É isso e mais nada, isso é tudo para você. Você morreu, fim de história".

HENRY WRIGHT, NARRATIVAS DA GEÓRGIA,
PARTE IV, PÁGINAS 290, 199

"Quando o Sr. Wright foi questionado sobre o tratamento dado aos escravos domésticos em comparação com aquele dado aos escravos da lavoura, ele respondeu, com um sorriso amplo, que o 'velho senhor' os tratava da mesma forma que trataria um cavalo e uma mula. Em outras palavras, o cavalo recebia o tipo de tratamento que faria com que exibisse sua aparência, enquanto a mula recebia cuidados apenas suficientes para mantê-la bem e apta a trabalhar. 'Pois veja', continuou o Sr. Wright, 'naquele dia, um fazendeiro era julgado em parte pela aparência dos seus criados domésticos'. Assim, além de receberem as roupas descartadas pelo 'velho senhor' e sua resposta, comprava-se roupas melhores para os escravos domésticos. (...)

Às vezes, o velho senhor levava as verduras [cultivadas pelos cativos em pequenas roças] para a cidade e vendia por eles. Quando voltava da cidade, o dinheiro da venda dessas verduras era dado ao escravo. O Sr. Wright diz que ele e todos os escravos acreditavam que estavam sendo enganados quando o senhor vendia seus produtos. O Sr. House também permitia que seus escravos caçassem e pescassem, ambos os quais geralmente realizavam à noite".

EMMA HURLEY, NARRATIVAS DA GEÓRGIA, PARTE II, PÁGINAS 276–77

"'Minha filha, tinha uma época em que os brancos eram bons para nós, os escravos', diz Tia Emma. 'E é quando a gente ficava doente. Eles nos davam remédios caseiros, como chá de tanásia, chá de flor-de-graxa, chá de perpétuas, chá de erva-de-cobra, água com alho e coisas assim, dependendo do que nos acometia. Se o escravo não melhorava, eles mandavam chamar o doutor. Se alguém tinha uma ferida onde fosse, eles faziam um cataplasma de folha de tanásia escaldada ou moíam alho e colocavam em nós. Aquela gente sempre ficava muito preocupada quando alguém adoecia, porque não queriam nos ver morrer'".

LOUISA GAUSE, NARRATIVAS DA CAROLINA DO SUL, PARTE II, PÁGINA 111

"Não, senhora, os negros não tinham liberdade nenhuma naqueles tempos. É claro que tinham seu milharalzinho e as suas batatas e coisas assim em volta da casa, que podiam cuidar à noite, mas isso não era nada. Ah, eles acendiam um fogo na frigideira e colocavam em cima de um cepo para enxergar o trabalho.

Não, minha filha, os brancos não ensinavam nada para os negros, só a serem bons para o seu senhor e a sua senhora. O que de estudo se tinha naqueles tempos, eles tinham à noite. Se ensinavam sozinhos".

RUBEN WOODS, NARRATIVAS DO TEXAS, PARTE IV, PÁGINA 212

"Lembro muito bem de quando a liberdade chegou, bem como o que estou vendo sentado aqui. O senhor juntou todo mundo perto do portão e disse: 'Vocês são todos livres como eu agora'. Ele berrou e chorou. Me agradou muito ver ele chorar".

Will Adams

JOHN WHITE, NARRATIVAS DO OKLAHOMA, PÁGINA 325

"Às vezes, os brancos passavam uma noite na senzala. Não na fazenda dos Davenport, mas em outras nas redondezas. Os escravos conversavam entre si sobre isso. Depois de um tempo nascia um bebê novo. Mulatinho. Quando a criança ficava grande o suficiente para trabalhar um pouquinho, o senhor vendia ela (ou ele). Não fazia diferença que era sangue do seu sangue, não se o preço fosse bom!".

WILL ADAMS, NARRATIVAS DO TEXAS, PARTE I, PÁGINA 1

"Meus pais sempre pertenceram aos Cavins e usaram o seu nome até após a emancipação. (...) Os Cavins sempre gostaram muito dos seus negros, e Vovó Maria dizia: 'Mas é claro! Era o dinheiro deles'".

JACOB MANSON, NARRATIVAS DA CAROLINA DO NORTE, PARTE II, PÁGINAS 97–98

"O senhor não tinha filhos com mulher branca. Ele tinha suas namoradas entre as escravas. Não sou homem de contar mentiras. Eu conto a verdade e essa é a verdade. Naquele tempo era difícil encontrar um senhor que não tivesse uma mulher sua entre os escravos. Era uma coisa geral entre os donos de escravos.

Uma das escravas na fazenda vizinha da nossa foi até a sua senhora e contou que o senhor estava forçando ela a deixá-lo ter relações com ela, e a senhora respondeu: 'Ora, pois sim, você pertence a ele'. Outro senhor, chamado

Jimmie Shaw, tinha uma escrava bonitinha, quase branca, que era sua teúda. A mulher dele pegou os dois na cama na choupana dela. A mulher disse alguma coisa e ele xingou ela de volta. Ela disse que tinha pego ele no ato. Ela voltou para a casa grande e pegou uma arma. Quando o senhor chegou em casa, ela disse que ele devia deixar em paz as escravas que pertenciam a ela. Ele xingou de novo e mandou que ela cuidasse do que era da sua conta e ele cuidaria do que era da sua. A briga ficou feia e então o senhor Shaw foi na direção dela. Ela puxou a arma e mandou ver. Matou ele na sala mesmo. Eles tinham três filhos, dois meninos e uma filha casada. A Sra. Shaw pegou seus dois filhos e foi embora. A filha casada e o marido assumiram a fazenda. A senhora e os filhos nunca voltaram, que eu saiba.

Muitos dos senhores de escravos tinham alguns escravos fortes e sadios para atender as escravas. Em geral, eles davam quatro mulheres para um homem e ai desse homem que tivesse qualquer coisa com as outras mulheres, e ai dessas mulheres se tivessem alguma coisa com os outros homens. Quem cuidava das crianças eram as escravas velhas que não conseguiam trabalhar no eito enquanto as mães dos bebês trabalhavam. As mulheres aravam e faziam os outros trabalhos, iguais aos homens. Livro e tudo quanto era estudo eram proibidos".

TIA CARRIE MASON, NARRATIVAS DA GEÓRGIA, PARTE III, PÁGINA 113

"Por que o George [seu marido] é tão branco? Porque seu senhor era um cavalheiro branco de nome Sr. Jimmie Dunn. A mãe dela era uma mulher de cor chamada Frances Mason e o pai era o seu senhor. Sim, senhora, estou vendo a sua surpresa, mas isso acontecia bastante naqueles tempos. Ouvi falar de um branco que dizia para os seus filhos, 'vão lá na senzala e me arranjem mais escravos'".

Comentário Outra consequência da ubiquidade do racismo branco e da exploração da escravidão foi que os escravizados desenvolveram uma consciência fundamental de si mesmos como membros de um grupo racial. Eles se consideravam separados e opostos aos brancos e estavam cientes das diferenças culturais entre as raças. Entre os brancos, comportamentos alicerçados em solidariedade racial serviam para manter o controle sobre os escravizados e mantê-los sob vigilância. Para um cativo nos Estados Unidos, era quase impossível encontrar uma pessoa branca disposta a questionar o sistema escravista, e por todos motivos os brancos, enquanto grupo, nunca seriam dignos de confiança.

Infelizmente, a discriminação brutal continuou a ser realidade após a emancipação. Durante o período da Reconstrução, após a Guerra Civil, os ex-escravos homens conquistaram o direito ao voto. Até o final do século XIX, no entanto, as legislações estaduais roubaram os direitos ao voto de quase todos os afro-americanos do Sul, e o sistema de segregação traçou limites claros entre os direitos e privilégios usufruídos pelos brancos e a condição subordinada imposta aos negros. Quando os entrevistados refletiam sobre suas vidas na escravidão e em liberdade, ao mesmo tempo que se alegravam com o fato de a escravidão ter se encerrado, muitos ainda tinham sentimentos conflitantes sobre o que haviam ganhado no processo.

SUSAN HAMILTON, NARRATIVAS DA CAROLINA DO SUL, PARTE II, PÁGINA 235

"A raça branca é muito desavergonhada. Eles vêm aqui e expulsam os índios da própria terra, mas não conseguem fazer eles de escravos porque os índios não deixam. Eles sobem nas árvores e atiram nos brancos com flecha envenenada. Os brancos não conseguem fazer eles de escravos, então vão até a África e trazem os seus irmãos negros e as suas irmãs negras. (...)

O tempo todo, noite e dia, se ouvia os homens e as mulheres berrando até ficarem sem voz quando mãe, pai, irmã ou irmão eram levados e vendidos, sem aviso nenhum. Às vezes, uma mãe que só tinha um filho era separada dele para sempre. Vivia morrendo gente de coração partido".

BARBARA HAYWOOD, NARRATIVAS DA CAROLINA DO NORTE, PARTE II, PÁGINAS 386–87

"Você pergunta se os nossos brancos eram bons para a gente, eu digo que nenhum dos brancos era bom para nenhum dos negros. A gente fiava à noite e trabalhava duro. Não faltava comida, mas a gente apanhava também".

VIRGINIA SIMS, NARRATIVAS DO ARKANSAS, PARTE VI, PÁGINAS 164–65

[Ela acredita que era uma jovem adolescente quando a guerra começou.]

"Vi quando estavam se alistando. Eles disseram que iam dar uma sova nos yankees e iam estar de volta para o desjejum amanhã.

O senhor Ben estava indo e a senhora Susan disse: 'Virginia, se você acha que ele não vai voltar, devia dar um beijo de adeus'. E eu disse: 'Não vou beijar branco nenhum'".

KATIE SUTTON, NARRATIVAS DO INDIANA, PÁGINA 193

"Os brancos são naturalmente diferentes dos negros. Somos diferentes em cor, na fala e na religião e nas crenças. Somos diferentes em tudo, não se pode esperar que vamos pensar ou viver igual. (...) A velha senhora e o senhorzinho diziam para as criancinhas escravas que a cegonha trazia os bebês brancos para as suas mães, mas que os escravinhos nasciam todos de ovo de urubu, e a gente acreditava que isso era verdade".

MINNIE FULKES, NARRATIVAS DA VIRGÍNIA, PÁGINAS 11–12

"Meu Deus do Céu, eu odeio os brancos e o dilúvio vai afogar mais deles. (...) Deus vai castigar os senhores maus. E se não for eles a sofrer, o sofrimento vai cair sobre os seus filhos".

ADDIE VINSON, NARRATIVAS DA GEÓRGIA, PARTE IV, PÁGINAS 113–14

"Se aquela gente do Norte não tivesse nos trazido para cá, é certo que nenhum de nós ia estar aqui para começar. Daí eles foram embora e disseram que o Sul era ruim para os negros e nos deixaram livres, mas não vejo diferença nenhuma. O Norte nos deixou por conta depois da guerra e alguns dos negros velhos ainda estão brabos porque estão livres e não têm mais senhor para dar nem comida e nem roupa boa e quentinha".

ELIJAH GREEN, NARRATIVAS DA CAROLINA DO SUL, PARTE II, PÁGINA 196

"Foi só após o corpo de John C. Calhoun [o político mais famoso e o defensor mais ferrenho e inflexível da escravidão antes da Guerra Civil] ser levado pela Rua Foundry que o nome foi alterado em sua homenagem. Ele está enterrado no pátio da Igreja de São Felipe [em Charleston, Carolina do Sul], do outro lado da rua, embaixo de um loureiro. Quatro homens e eu cavamos a sua cova e limpamos o terreno onde colocaram o monumento dele. Quem fez o monumento dele foi Pat Wellington, um pedreiro de Charleston. Nunca gostei de Calhoun, porque ele odiava os negros; nunca um homem foi tão odiado quanto ele por um grupo de pessoas".

[Quando os brancos realizavam casamentos] "apenas escravos especiais eram escolhidos para o casamento. Sempre perguntavam aos escravos o que eles achavam de quem estava entrando na família. Eu não gostava, porque tinha que mentir e dizer coisas simpáticas sobre a pessoa e odiar a pessoa ao mesmo tempo".

OCTAVIA GEORGE, NARRATIVAS DO OKLAHOMA, PÁGINA 113

"Não havia cadeia, o homem branco era a cadeia dos escravos. (...) Vi eles venderem escravos. Os brancos os leiloavam como se faz com gado ou cavalos hoje em dia. Os escravos bonitos e sadios valiam mais do que aqueles que não eram tão bons. Vi homens vendidos e separados das esposas e pensei que aquilo era um crime. Sabia que Deus resolveria as coisas um dia".

WILLIS WINN, NARRATIVAS DO TEXAS, PARTE IV, PÁGINA 204

"Eles estavam sempre vendendo escravos, colocando a leilão e vendendo, dependendo de quanto trabalho conseguiam fazer em um dia e a força que tinham. Vi muitos deles acorrentados, como se fossem vacas e mulas. Se um dono tinha mais do que precisava, ele pegava a estrada com eles e vendia para as fazendas vizinhas. Nenhum nunca fugiu. Não tinham para onde. Vi muitos e muitos tentarem. Se os patrulheiros não pegavam, algum branco prendia você e chamava o senhor. Eles tinham um acordo de ficar de olhos abertos para os negros fujões. Quando o senhor o levava de volta para casa e terminava o serviço, agora você ficava em casa".

MARK C. TROTTER, NARRATIVAS DO ARKANSAS, PARTE VI, PÁGINA 353

"Meus donos eram a Sra. Betty e o Sr. Luke Trotter. Eu nasci no Condado de Tunica, Mississippi. Lavrei a terra toda a vida. Eu gostava. Uma coisa que se dizia da escravidão era que não tinha como escapar. Eles tinham cães, e quem fugia não tinha para onde ir, não tinha o que comer. Viajar era difícil na mata fechada. Um dono avisava o outro sobre o fujão. Eles levavam ele de volta ou mandavam chamar para buscar o fujão. Alguns tentavam ficar no mato. Dizem que nunca tentavam escapar. Eu só nasci depois da liberdade. Dizem que tinham pena quando alguém apanhava, mas não tinham o que fazer. Eles simpatizavam com a sua cor".

ANNE BELL, NARRATIVAS DA CAROLINA DO SUL, PARTE I, PÁGINA 53-54

"Se eu acredito em religião? O que mais tem para os negros? Eu lhe pergunto, se não existe Céu, o que é que os negros têm de esperança? Aqui embaixo eles não vão a lugar nenhum. A única alegria que têm aqui é servir e amar. A gente tem isso na religião, mas em todo o resto o negro tem um limite".

ALICE DOUGLASS, NARRATIVAS DO OKLAHOMA, PÁGINA 74

"Hoje os brancos não querem que você encoste neles, mas eu dormi com crianças brancas até fazer 19 anos. Dá para cozinhar para eles e botar as mãos na comida e eles não dizem nada, mas ai de quem encosta neles!".

WILLIAM MCWHORTER, NARRATIVAS DA GEÓRGIA, PARTE III, PÁGINAS 102–03

"Pois a senhora sabe que todos os negros preferem ser livres, e nisso eu não sou diferente de ninguém. Sim, senhora, eu fico muito contente que o Sr. Abraham Lincoln e Jeff Davis brigaram até nos libertar. Aquele Jeff Davis devia ter vergonha de si mesmo, querendo manter os negros em cativeiro. Mas dizem que ele era um homem muito bom, e Dona Miss Millie Rutherford disse umas coisas muito bonitas sobre ele naquele livro que a Sarah leu para mim, mas você não vai esperar que os negros vão achar que ele era assim tão boa gente.

Fico muito feliz que o Bom Deus decidiu nos libertar do pecado e da escravidão. Se não tivesse, eu teria morrido muito tempo atrás".

TIA FEREBE ROGERS, NARRATIVAS DA GEÓRGIA, PARTE III, PÁGINAS 212–13

"Tia Ferebe, hoje em dia é melhor, ou você acha que os tempos da escravidão eram mais felizes? 'Ora, você me pediu a verdade, não foi? E eu vou contar a verdade. Eu não minto. Sim, senhora, esses tempos de hoje são melhores para mim. Acho que é melhor trabalhar para si e ficar com o que faz do que ter que trabalhar para os outros e não tirar nada disso. Os dias da escravidão eram duros, muito duros. Meu senhor era bom para nós (quer dizer, ele não nos batia muito, e sempre nos deu bastante comida), mas alguns escravos sofriam um horror. Minha tia foi espancada de um jeito cruel uma vez, e vários outros escravos (...) Eu levei surras, várias delas'".

ESPOSA DE CHARLES DOUTHIT, NARRATIVAS DO MISSOURI, PÁGINA 107

"Enquanto o entrevistador questionava Charles Douthit, de Farmington, Missouri, homem negro, nascido em 1865, sua esposa estava parada na porta, assistindo tudo com os olhos arregalados. Incapaz de se conter, ela finalmente exclamou o seguinte: 'Ora! Para que estão fazendo todas essas perguntas, afinal? Aposto que eu sei. Querem descobrir como é que tratavam os escravos de antigamente para saber como tratar os mais novos quando fizerem eles de escravos. Aposto que vão tentar ter escravos de novo, e tem gente que quer a escravidão de volta, mas hoje as pessoas não vão aceitar. Não sei o que o governo quer fazer, mas teria uma guerra muito terrível se tentassem ter escravos de novo'".

SUBJECT- EX-SLAVE STORIES 410022 Page-I-

Andrew Moss
88 Auburn Streets
Knoxville,Tennessee

"One ting dat's all wrong wid dis world today," according to Andrew Moss,aged negro, as he sits through the winter days before an open grate fire in his cabin,with his long ,lean fingers clasped over his crossed knees, "is dat dey ain no 'prayer grounds'. Down in Georgia what I was born, -dat was 'way back in 1852,- us colored folks had prayer grounds. My Mammy's was a ole twisted thick-rooted muscadine bush. She'd go in dar and pray for deliverance of de slaves. Some colored folks cleaned out knee-spots in de cane breaks.Cane you know, grows high and thick, and colored folks could hide de'seves in dar, an nobody could see an pester em."

"You see it was jes like dis. Durin' de war, an befo de war too, white folks make a heap o fun of de colored folks for alltime prayin. Sometime,say, you was a slave en you git down to pray in de field or by de side of de road. White Marster come 'long and see a slave on his knees.He say,"What you prain' 'bout?" An you say,'Oh,Marster I'se jes prayin' to Jesus cause I wants to go to Heaven when I dies.' An Marster say,' Youse my negro.I git ye to Heaven.Git up off'n your knees.' De white folks what owned slaves thought that when dey go to Heaven de collored folk's would be dar to wait on em. An ef'n it was A Yank come 'long, he say too,"What you prain' 'bout?' You gives de same 'sponse. An he say," We'se gwine save you.We goin' to set you free.You wants to be free,dont you?' 'Yessir,Boss!'.'well den,Yank say, come go 'long wid me.' Ain no use keep sayin' ' please sir Boss,I'll have to arsk my Master.' Yank say,'what you mean ,Marster? You aint got no Marster.We's settin' you free.'"

Cultura negra

ANDREW MOSS, NARRATIVAS DO TENNESSEE, PÁGINA 49

"'Uma coisa que tem de errado no mundo de hoje', afirma Andrew Moss, negro idoso, que passa os dias de inverno sentado perante a lareira aberta em sua choupana, dedos longos e magros entrelaçados sobre os joelhos cruzados, 'é que não existem mais *terrenos de reza.* Lá na Geórgia, onde eu nasci, isso lá em 1852, nós tínhamos terrenos de reza. O da minha mamãe era um arbusto de muscadínea velho, com as raízes bem grossas e torcidas. Ela ia lá para rezar pela salvação dos escravos. Alguns negros limpavam espaços para se ajoelhar no meio do canavial. A cana cresce alta e grossa, sabe, e os negros se escondiam lá dentro e ninguém incomodava eles.

Pois era bem assim, sabe. Durante a guerra, e antes da guerra também, os brancos faziam muita troça dos negros por tudo o que rezavam. Às vezes, por exemplo, você era escravo e se ajoelhava no eito para rezar, ou na beira da estrada. O senhor branco aparecia e via um escravo de joelhos. 'Para que você está rezando?', ele perguntava. 'Ah, senhor, só estou rezando para Jesus porque quero ir para o Céu quando morrer', você respondia. 'Você é meu negro', o senhor respondia. 'Eu mando você para o

Céu. Já de pé'. Os brancos que tinham escravos achavam que quando fossem para o Céu, os negros iam estar lá de serviçais para eles. E se era um yankee que aparecia, ele também perguntava: 'Para que você está rezando?' Você dava a mesma resposta e ele dizia: 'Nós vamos salvar vocês, vamos libertar vocês' ".

Comentário Sem uma cultura independente própria, com elementos essenciais opostos aos ensinamentos dos brancos, os escravizados teriam tido dificuldade para resistir às forças corrosivas da escravidão. Mas todas as fontes concordam que a sua cultura era diferente, e as perguntas dos entrevistadores sobre religião, conjuro ou superstições ajudam a trazer isso à tona. Os costumes e atitudes de vida que vicejavam na comunidade escrava diferenciavam os seus membros dos proprietários brancos.

As fazendas escravistas nos Estados Unidos quase nunca tinham suas próprias igrejas, mas a religião era uma parte importante da cultura negra. As denominações batistas e metodistas eram as mais populares entre os senhores de escravos, muitos dos quais insistiam que seus cativos os acompanhassem aos cultos nas igrejas brancas. Neles, os pastores pregavam uma versão pró-escravista do Evangelho ou davam sermões especiais para os escravizados. Rejeitando esse tipo de fé, eles desenvolveram o seu próprio Cristianismo e passaram a praticar a religião à própria maneira, quase sempre em segredo. Muitos se retiravam para "terrenos de reza" ou "pérgolas" no mato, onde podiam orar a Deus.

Tanto no Norte quanto no Sul, os brancos comentavam sobre o que para eles era a natureza incomum, ou inusitada, dos cultos dos escravizados, que envolviam "gritos" de êxtase e podiam incluir rodas de dança intensas. Os brancos também observavam que as vestimentas escravas eram distintivas, apesar do fato de os proprietários normalmente fornecerem uma parca quantidade de roupas aos seus escravizados. Em alguns casos, as mulheres negras cobriam suas cabeças com lenços coloridos, e muitas vezes faziam tranças nos cabelos, amarrando-os com pedaços de fio. Alguns cativos também praticavam conjuro para lançar feitiços contra outras pessoas, tanto brancas quanto negras. O conjuro vinha de influências africanas e caribenhas, e provavelmente também dos brancos no interior e da cultura nativa americana, e os escravizados tinham uma série de crenças sobre raízes medicinais e as propriedades terapêuticas de plantas e ervas.

Entretanto, o mais importante para a ideia que os escravizados faziam de si mesmos enquanto grupo que poderia sobreviver e superar a escravidão um dia era a sua fé. O seu Cristianismo era uma religião de justiça e igualdade, com um Salvador que se importava com eles, sentia o seu sofrimento e os recompensaria no final. Assim, este capítulo começa principalmente com descrições dos entrevistados sobre a sua religião e práticas religiosas.

MARY GLADDY, NARRATIVAS DA GEÓRGIA, PARTE II, PÁGINAS 17, 24, 26–27

"O pai do meu pai era um negro africano de sangue puro, baixinho e bem escuro, que mal falava inglês. (...) Acho que ele não tinha nem um metro e meio e mal se entendia o que ele falava".

Velho Cântico dos Escravos
[Cantado para o entrevistador]

My sister, I feels 'im, my sister I feels 'im;
All night long I've been feelin 'im;
Jest befoe day, I feels 'im, jest befoe day I
[feels 'im;
The sperit, I feels 'im, the sperit I feels 'im!
My brother, I feels 'im, my brother I feels 'im;
All night long I've been feelin 'im,
Jest befoe day, I feels 'im, jest befoe day, I
[feels 'im;
The sperit, I feels 'im![1]

"De acordo com Mary Gladdy, ex-escrava, 806 ½ — Sexta Avenida, Columbus, Geórgia, era costume entre os escravos durante o período da Guerra Civil se reunir em segredo nas suas choupanas duas ou três noites por semana para cultos e orações. Uma grande panela de ferro sempre era colocada contra a porta de entrada, de lado, para não deixar o som das suas vozes 'escapar' ou ser escutado do lado de fora. [Provavelmente mais importante era o fato de os casebres dos escravizados normalmente ficarem localizados a uma certa distância, 50 metros ou

1. Tradução: "Irmã, eu o senti, irmã, eu o senti;/ A noite inteira eu o senti;/ Logo antes do dia nascer, eu o senti, logo antes do dia nascer, eu o senti;/ O espírito, eu o senti, o espírito, eu o senti!/ Irmão, eu o senti, irmão, eu o senti;/ A noite inteira eu o senti,/ Logo antes do dia nascer, eu o senti, logo antes do dia nascer, eu o senti;/ O espírito, eu o senti!"

mais, da casa do senhor.] Depois, os escravos cantavam, rezavam e relatavam suas experiências a noite inteira. O grande desejo que ardia em suas almas era pela liberdade. Não é que eles amavam os yankees ou odiavam seus senhores, eles meramente ansiavam por ser livres e odiavam a instituição da escravidão.

Praticamente sempre, todos os negros que participavam dessas reuniões sentiam o espírito do Senhor 'tocá-lo (ou tocá-la) logo antes do dia nascer'. Nesse momento, todos se erguiam, apertavam as mãos e começavam a entoar o cântico citado acima. Era o sinal para o encerramento e, após entoar por 15 ou 20 minutos, todos apertavam as mãos mais uma vez e iam para casa, confiantes em seus corações que a liberdade era o seu destino".

[Mary Gladdy também cantou:]
"*Keek the fire burning while your soul's fired up.*"
[Mantenho o fogo aceso enquanto a sua alma está em chamas.]

Fire, fire, O, keep the fire burning while your
[soul's fired up,
O, keep the fire burning while your soul's
[fired up;
Never mind what satan says while your
[soul's fired up,
You ain't going to learn how to watch and
[pray,
Less you keep the fire burning while your
[soul's fired up.

Old Satan is a liar and a cunjorer, too;
If you don't mind, he'll cunjor you;
Keep the fire burning while your soul's fired
[up.
Never mind what satan says while your
[soul's fired up.[2]

GEORGE WOMBLE, NARRATIVAS DA GEÓRGIA, PARTE IV, PÁGINA 189

"Algumas noites, eles iam para o mato e realizavam seu próprio culto. Em um determinado local, todos se ajoelhavam e viravam os rostos para o chão, então começavam a gemer e a rezar. O Sr. Womble diz que se ajuntando nesse círculo e virando suas vozes para o solo, o som não se propagava muito".

THOMAS ANDERSON CARLISLE, NARRATIVAS DA CAROLINA DO SUL, PARTE II, PÁGINA 62

"As meninas vinham em vestidos engomados para o culto ao ar livre. Elas baixavam o cabelo e desfaziam as tranças para o culto. Naqueles tempos, todas as negras usavam

---

2. Tradução: "Fogo, fogo, ah, mantenha o fogo aceso enquanto a sua alma está em chamas,/ Ah, mantenha o fogo aceso enquanto a sua alma está em chamas;/ Não escute o que Satã diz enquanto a sua alma está em chamas,/ Você não vai aprender a velar e a rezar,/ A menos que mantenha o fogo aceso enquanto a sua alma está em chamas./ O velho Satã é mentiroso e feiticeiro também;/ Se não tomar cuidado, ele enfeitiça você;/ Mantenha o fogo aceso enquanto a sua alma está em chamas./ Não escute o que Satã diz enquanto a sua alma está em chamas."

o cabelo em tranças, exceto quando iam à igreja ou a um casamento. Nos cultos, as mulheres tiravam os panos da cabeça, menos as mães. Nessas ocasiões, as mães usavam panos de linho recém-lavados na cabeça".

ANN MATTHEWS, NARRATIVAS DO TENNESSEE, PÁGINA 45

"Durante a escravidão, os brancos não queriam que os negros cantassem e rezassem, mas eles viravam uma panela de boca para baixo e se reuniam na panela de noite para cantar e rezar e os brancos não escutavam.

Se um escravo morria, os brancos não deixavam ninguém ficar com o corpo, exceto os negros da fazenda, mas os outros negros se escapuliam depois que escurecia, ficavam com o corpo e depois voltavam escondidos para as suas fazendas antes do dia nascer".

LUCY BROWN, NARRATIVAS DA CAROLINA DO NORTE, PARTE II, PÁGINA 193

"O senhor era bom para a gente, do seu jeito, mas ele não deixava ninguém brincar, então quando a gente fazia uma reunião, tinha que ser em segredo. A gente virava uma tina no lado de fora da porta para segurar a bagunça, então o senhor nunca sabia de nada".

SILVIA KING, NARRATIVAS DO TEXAS, PARTE II, PÁGINA 294

"Os negros se mandavam para as baixadas para gritar e cantar e rezar. Eles faziam uma roda de dança. No começo meio que só arrastam o pé, daí vai ficando mais rápido e mais rápido, eles se esquentam e começam a gemer e a gritar, a bater palmas e a dançar. Uns ficam exaustos e caem para fora, então a roda se aperta mais um pouco. Às vezes, eles cantam e gritam madrugada adentro, mas quando raia o dia o negro tem que estar na choupana. O velho senhor tem que dizer quais são as tarefas do dia".

ESSEX HENRY, NARRATIVAS DA CAROLINA DO NORTE, PARTE I, PÁGINA 396

"Pois sabe que a religião era coisa proibida naquela fazenda. A velha Betsy Holmes foi açoitada várias e várias vezes por falar em religião e por cantar hinos. A gente ainda fazia uns cultos de vez em quando nas choupanas, mas antes virava um panelão na frente da porta para segurar o barulho".

ELISHA DOC GAREY, NARRATIVAS DA GEÓRGIA, PARTE II, PÁGINA 5

"Alguns poucos escravos sabiam ler e escrever, e os que sabiam ler quase sempre eram chamados pelos outros para pregarem. Charlie McCollie foi o primeiro pastor negro que vi. Os brancos permitiam que os escravos usassem pérgolas de igrejas nas fazendas, e os negrinhos e as negrinhas faziam uns belos namoros naquelas pérgolas. Era o único lugar onde dava para ver as meninas que você mais gostava. O culto costumava iniciar com uma música, *Come Ye Dat Loves De Lawd* [Venha, vós que amastes o Senhor]. As igrejas não tinham pia para batizar ninguém, então levavam todo mundo para o riacho. Primeiro um diácono entrava e media a água com uma vara para encontrar um lugar seguro e correto, daí estava tudo pronto para o pastor e os candidatos. Todo mundo ficava de pé na margem do riacho, cantando juntos. Algumas das músicas: *Lead Me to de Water to be Baptized* [Leve-me à água para ser batizado], *Oh, How I Love Jesus* [Ah, como amo Jesus] e *Oh, Happy Day dat Fixed my Choice* [Oh, dia feliz em que fiz minha escolha]".

TOM HAWKINS, NARRATIVAS DA GEÓRGIA, PARTE II, PÁGINA 131

"Nenhum de nós sabia ler a Bíblia e nenhum dos negros da nossa fazenda se converteu, então a gente nunca teve batizado nenhum. O pastor pregava primeiro para os brancos e depois, quando pregava para os negros, tudo que ele dizia era: 'Roubar é pecado, não roubem as galinhas e os porcos do senhor e da senhora' e coisas assim. Como é que alguém ia se converter com uma pregação dessas? Além do mais, nunca adiantou nada escutar essas pregações, porque os roubos seguiram acontecendo todas as noites".

MINNIE JOHNSON STEWART, NARRATIVAS DO ARKANSAS, PARTE VI, PÁGINA 236

"Ela [sua mãe] nos contou como os escravos costumavam tentar rezar. Eles tinham tanto medo de o feitor vê-los que, no início da manhã, indo para o eito trabalhar quando o sol nascia, se ajoelhavam com uma perna para rezar. Tinham tanto medo de serem pegos pelo feitor que ficavam cuidando ele com um olho e olhando para Deus com o outro. Mas o Senhor entendia".

AMANDA MCCRAY, NARRATIVAS DA FLÓRIDA, PÁGINA 215

"Havia um terreno de reza onde a 'grama nunca conseguia crescer, pois os joelhos angustiados estavam sempre esmagando a terra'".

CHARLIE AARONS, NARRATIVAS DO ALABAMA, PÁGINAS 2–3

"Sábado à noite, eles podiam cantar e dançar nas senzalas e realizar cultos, e em alguns domingos podiam prender as mulas a uma grande carroça e irem todos juntos à igreja dos brancos; e lá também se realizava cultos ao ar livre, do qual participavam escravos vindos de todas as fazendas vizinhas, alguns chegando nas mesmas grandes carroças, com até quatro mulas por carroça. Eles se divertiam bastante no caminho, cantando e chamando uns aos outros e fazendo amizades".

WES BRADY, NARRATIVAS DO TEXAS, PARTE I, PÁGINA 135

"Íamos à igreja na fazenda, mas você devia escutar só aquelas pregações. Obedeçam o senhor e a senhora, não roubem galinhas e ovos e carnes, mas nem uma palavra sobre ter uma alma a salvar".

Wes Brady

MARGARET HUGHES, NARRATIVAS DA CAROLINA DO SUL, PARTE II, PÁGINA 329

"Sim, senhora, sobre esses casamentos que me perguntou; bem, a gente fazia uma festa quando qualquer um dos escravos se casava. O senhor e a senhora deixava eles casarem na casa grande e depois se fazia um bailão numa das senzalas. Os brancos davam tudo quanto é coisa de comer e os negros davam a música para dançar. O irmão da minha mãe era um dos melhores rabequeiros de todos, ele ensinava os outros negros a tocar.

As vezes que a gente mais se divertia era durante o verão, indo aos cultos ao ar livre. Tinha bons homens para pregar o culto, depois todas nós se juntávamos e montávamos um belo almoço de piquenique, trazido de casa em cestas, e fazíamos uma festa. Alguns comiam tanto que chegavam a passar mal. Não se tinha tanta doença naquela época, não como se tem hoje. A gente usava alho e assafétida em volta do pescoço para espantar as doenças, e nunca teve muito. Fomos vacinados para ninguém pegar varíola".

EMOLINE GLASGOW, NARRATIVAS DA CAROLINA DO SUL, PARTE II, PÁGINA 135

"Uma vez, o senhor Gilliam levou um dos seus escravos para a igreja em Tranquil e disse que ele não podia gritar naquele dia, disse que daria para ele um par de botas novas se não gritasse. No meio do culto, o velho negro não se aguentou mais. Ele deu um pulo e berrou: 'Com bota ou sem bota, hoje eu vou gritar'".

ANTHONY DAWSON, NARRATIVAS DO OKLAHOMA, PÁGINA 69

"O velho senhor era um bom cristão, mas ainda gostava do seu julep. Ele deixava os negros com as suas rezas e pregações e nos liberava para viajar 15, 20 quilômetros até um culto ao ar livre e ficar dois ou três dias, só com a palavra do Tio John. Nossos pastores eram quase todos brancos, mas quando aparecia um pastor negro, era o Paraíso.

Não tinha mulher de vodu nem conjurador nos nossos 8 hectares, todos nós conhecíamos a Palavra e o Filho de Deus invisível e não botávamos fé no conjuro".

HENRY WRIGHT, NARRATIVAS DA GEÓRGIA, PARTE IV, PÁGINA 201

"Aos domingos, o Sr. House obrigava todos os seus escravos a irem à igreja. Todos frequentavam a igreja branca, onde sentavam-se ao fundo ou na sacada interior. Após pregar para o público branco, o pastor branco voltava sua atenção para os escravos. O sermão geralmente se conformava à seguinte linha: 'Obedeçam seus senhores e senhoras e Deus vai amá-los'. Às vezes, um pastor negro tinha permissão para pregar do mesmo púlpito após o pastor branco terminar. Seu sermão seguia uma linha semelhante, pois era isso que ele havia sido instruído a dizer. Nenhum dos escravos acreditava nos sermões, mas eles fingiam acreditar".

ANDERSON EDWARDS, NARRATIVAS DO TEXAS, PARTE II, PÁGINA 9

"Eu prego o Evangelho e trabalho na fazenda desde o tempo da escravidão. Entrei para a igreja quase 83 anos atrás, quando era escravo do Major Gaud, e me batizaram na nascente mais próxima de onde encontrei o Senhor. Quando comecei a pregar, não sabia ler nem escrever e tinha que pregar o que o senhor me dizia. Ele me mandava dizer para os negros que se obedecerem o senhor eles vão para o Céu. Eu sabia que tinha algo melhor para eles, mas não tinha coragem de contar, exceto às escondidas. Isso eu fiz bastante. Eu dizia que se seguissem rezando, o Senhor ia libertá-los".

CLARA C. YOUNG, NARRATIVAS DO MISSISSIPPI, PÁGINAS 171–72

"O mais que a gente se divertia era nos cultos. Tinha um quase todos os domingos, e eles entravam noite adentro. O pastor que eu mais gostava se chamava Matthew Swing. Era um negro bonito, preto feito a noite, e ele sabia ler com as mãos. Nunca aprendeu a ler nem a escrever de verdade, mas conhecia bem a Bíblia e esticava a mão para a frente e fingia que estava lendo. Ele pregava a pregação mais bonita que já se ouviu. O culto ia do começo da manhã até tarde da noite. Quando ficava escuro, os homens penduravam uma tina de lavar roupa de cabeça para baixo na nossa igrejinha do mato, para segurar o barulho e não deixar o feitor nos escutar cantando e gritando. Eles não se importavam com o culto de dia, mas achavam que se a gente passasse metade da noite acordados, ninguém ia trabalhar tanto no outro dia. E era verdade".

DOUGLAS DORSEY, NARRATIVAS DA FLÓRIDA, PÁGINAS 97–98

"Ocasionalmente, os escravos recebiam a ordem de ir à igreja escutar o sermão de um pastor branco. Eles se sentavam nos bancos da frente da igreja dos senhores, enquanto os brancos sentavam-se ao fundo. O pastor os advertia que era preciso honrar seus senhores e senhoras e não guardar nenhum Deus além deles, pois 'não temos como ver o outro Deus, mas vocês veem seus senhores e senhoras'. Após o culto, a esposa do cocheiro, que sabia ler e escrever um pouco, explicava para eles que aquilo que o pastor dissera 'era tudo mentira'".

MINERVA EDWARDS, NARRATIVAS DO TEXAS,
PARTE II, PÁGINAS 6–7

"Não trabalhávamos no eito aos domingos, mas tinha tanto gado para cuidar que a gente ficava ocupado. A senhora era religiosa e sempre nos levava para a igreja quando podia. Quando a gente rezava por conta, ninguém tinha coragem de deixar os brancos saberem, então se virava uma tina para o chão para prender as vozes. A gente rezou muito para ser livres, e o Senhor nos escutou. Não tinha nenhum hinário, mas o Senhor nos deu nossas canções. Quando a gente cantava elas à noite, era cochichando, para ninguém nos escutar. Uma delas era assim:

My knee bones am aching,
My body's rackin' with pain,
I 'lieve I'm a chile of God,
And this ain't my home,
'Cause Heaven's my aim.[3]

Anderson e Minerva Edwards

WILLIAM MOORE, NARRATIVAS DO TEXAS, PARTE III, PÁGINA 133

"Alguns domingos, nós íamos a alguma igreja. Sempre gostamos de ir para algum lugar diferente. O pastor branco sempre nos mandava obedecer nossos senhores e trabalhar duro e cantar, então quando morrêssemos iríamos para o Céu. O senhor Tom não se importava quando cantávamos nas nossas choupanas à noite, mas não dava para ele nos pegar rezando.

---

3. Tradução: "Meus ossos do joelho doem,/ Meu corpo é assolado pela dor,/ Acredito que sou filho de Deus,/ E este não é meu lar,/ Pois minha meta é o Paraíso."

Parece que os negros têm sempre que rezar. Rezei metade da minha vida. Algum negro ficava de vigia para cuidar se o senhor Tom estava por perto, então os outros faziam um círculo no chão da choupana para rezar. Eles ficavam gemendo, bem baixinho: 'Um dia, um dia, um dia esse jugo será tirado dos nossos ombros'".

Comentário O conjuro reunia crenças e ideias de origem africana e/ou caribenha. Alguns entrevistados também mencionam "hoodoo" ou vodu. No Sul, os brancos usavam ervas para fazer remédios tradicionais e tinham muitas superstições, especialmente aquelas que envolviam fantasmas, e os escravizados conheciam muito bem essa cultura. Mas a natureza das suas crenças sobre conjuro era distinta das tradições brancas. Ao que parece, a maioria conhecia ou acreditava no poder dos conjuradores, ainda que, para alguns, a religião os levasse a rejeitar a ideia de conjuros ou feitiçaria.

EMMALINE HEARD, NARRATIVAS DA GEÓRGIA,
PARTE IV, PÁGINA 259

"Todas as noites, Tio Ned fazia uma enxerga no chão para o papai e fazia ele ir dormir. Quando ele ia para cama, Tio Ned ficava cuidando ele com o canto do olho, mas papai fingia que estava dormindo e ficava olhando o Tio Ned para ver o que ele ia fazer. Depois de um tempo, Tio Ned tirava uma vassoura e varria bem a lareira, então pegava um cesto e tirava vários pacotinhos enrolados em pano branco. Para cada pacotinho que tirava ele dizia 'gafanhotos', 'aranhas', 'escorpiões', 'cabeça de cobra', etc., depois pegava uma tenaz e virava eles na frente da chama para tostar bem. Noite após noite, ele fazia a mesma coisa até estarem sequinhos o suficiente, então moía tudo junto para fazer um pó, que ele colocava em uns saquinhos. Papai tinha medo de perguntar para o velho o que ele fazia com esses saquinhos, mas ouviu falar que conjurava gente com eles. Ele conjurou mesmo uma menina, porque ela não dava atenção nenhuma para ele. Essa menina era muito novinha e preferia conversar com os homens mais novos, mas Tio Ned ficava sempre arrodeando ela, ajudando a arar, mas ela sempre mandava ele ir cuidar do próprio trabalho que o dela ela sabia fazer. Um dia ele disse para ela: 'Muito bem, madame, nos vemos depois. Você não está me vendo agora, mas depois vai se arrepender'. Quando chegou o almoço, eles saíram do eito e deixaram as enxadas de pé para saberem onde começar quando voltassem. Quando aquela menina voltou para a plantação, no instante que encostou na enxada, ela caiu morta. Dizem que viram Tio Ned esfregando a enxada com conjuro.

Lizzie, minha irmã, foi pega de verdade, e precisou um conjurador velho para desenfeitiçar ela. Foi assim, menina: Lizzie tinha um pessegueiro bem bonito, com um galho esticado sobre a trilha, e assim que passava embaixo desse galho ela ficava o tempo todo doente. O engraçado é que quando estava na casa dos outros, ela se sentia muito bem, mas no instante que passava embaixo desse galho, ela começava a passar mal. Um dia, ela mandou chamar um conjurador. Ele olhou embaixo da casa e, ora, achou a coisa presa no batente. Parecia um amontoado de panos, flanela vermelha espetada com agulhas e tudo mais. O conjurador velho disse para ela que a árvore tinha sido encantada para ela e que o melhor seria derrubá-la. Era uma árvore bonita e ela odiou ter que derrubá-la daquele jeito, mas ela fez o que ele mandou. Sim, minha filha, não sei se já me conjuraram ou não, mas às vezes minha cabeça dói e eu fico na dúvida".

"TIO WILLIS", NARRATIVAS DA GEÓRGIA, PARTE IV, PÁGINAS 173, 174

"Willis foi questionado sobre superstições e respondeu com absoluta seriedade: 'Toda a gente neste mundo tem um espírito que anda atrás de si e enxerga coisas diferentes. Tive uma visão enquanto dormia (...)'

Perguntou-se a Tio Willis se alguma vez vira alguém ser conjurado. Sua resposta: 'Tem gente no mundo que sabe como se mata o conjuro em qualquer um, mas ninguém nunca me conjurou. Ouvi dizer que se alguém conjura você, você pega uma coisa que pode acabar em morte'".

SUSAN SMITH, NARRATIVAS DO TEXAS, PARTE IV, PÁGINA 46

"Espíritos? Eu costumava ver eles. Tinha medo deles. Às vezes, eles parecem naturais, mas outras vezes parecem sombras. Se parecem uma sombra, então você tem que ficar olhando para eles até ficarem naturais. Se seguir caminhando, eles se juntam no seu lado. Dá para ver eles quando se olha por cima do ombro esquerdo. Eles deixam o ar morno e arrepiam os seus cabelos, mas outras vezes eles dão calafrios. Dá para sentir quando eles estão com você. Estava sentada aqui e vi eles parados naquele portão. Eles andam por aí igual a quando estavam vivos. Tem quem diga que não podem cruzar a água.

Eu ouvi falar da boca ruim. Uma velha jogava a boca ruim em você e chacoalhava a mão e você sofria um acidente antes do fim do dia".

"TIA IRENE", NARRATIVAS DO ALABAMA, PÁGINA 322

"Tia Irene, você lembra alguma coisa dos conjuradores de antigamente? 'Eu não dou muita confiança para aquela gente. Costumavam dar uma mão para você agradar a senhora e vendiam água de quieto em garrafão. Água de quieto era só água normal, mas mexiam nela para que quem bebesse ficasse calmo e paciente. Os homens arranjavam para dar para as suas mulheres e fazer elas se aquietarem. Imagino que alguns homens iam gostar de arranjar um pouco de água de quieto hoje em dia, porque essas meninas de hoje em dia são muito desbocadas'".

WASHINGTON DOZIER, NARRATIVAS DA CAROLINA DO SUL, PARTE I, PÁGINA 334

"Essas coisas que as pessoas chamam de fantasmas, elas são é coisa ruim. Isso eu sei, o espírito do corpo viaja, e isso é verdade, juro que é. É claro que nunca vi nada disso e também não tenho medo de nada dessas coisas. Não dou bola nenhuma para gato preto nem nada disso. Também não me incomodo com nenhum desses amuletos. As pessoas tinham seus livros de médico e procuravam nele e usavam o que dizia ali. Não usavam remédio nenhum que não fosse calomelano e óleo de rícino e terebintina".

GEORGE LEONARD, NARRATIVAS DA GEÓRGIA,
PARTE IV, PÁGINA 261

"Naqueles tempos, os mais velhos acreditavam em bruxaria e conjuro e essas coisas. Eles acreditavam que um velho podia castigar qualquer um só pegando uma lasca de madeira, cuspindo nela e então atirando na pessoa. Eles diziam que em duas semanas os vermes iam estar no corpo.

Vi pegarem um gato preto e ensacarem e então levarem o saco e jogarem numa panela de água fervente com ele ainda vivo. Ai, mas o gato quase destruía aquela panela tentando fugir. Depois que cozinharem até toda a carne cair do gato, levavam um dos ossos (não sei qual deles) e colocavam cruzado em cima dos dentes enquanto murmuravam alguma coisa baixinho, depois pegavam esse osso e atiravam por cima do ombro direito. Quando juntavam ele do chão e colocavam no bolso, era para isso dar a melhor sorte do mundo. Podiam dizer ou fazer tudo que quisessem e o senhor não tinha como encostar a mão neles".

JASPER MILLIGAN, NARRATIVAS DA GEÓRGIA, PARTE IV, PÁGINA 252

"Muitos anos atrás, vi uma senhora que foi conjurada nos pés; alguém colocou alguma coisa no chão para ela caminhar por cima. Bem, ela ficou com os pés de tal jeito que não conseguia ir da cama até a cadeira. Ela chamou um velho médico do conjuro para vir tratá-la e ele esfregou um remédio nos pés dela, e um pouco depois ele disse para ela que tinha alguma coisa saindo dos pés dela. Pois, eu vi com os meus próprios olhos as larvas saindo dos pés dela; mas ela melhorou".

ADDIE VINSON, NARRATIVAS DA GEÓRGIA, PARTE IV, PÁGINA 110

"'Não lhe contei antes, mas um pedaço desse pátio aqui é conjurado. Um homem vem todos os dias no começo da manhã e espalha um conjuro no pátio. Assim que sentei aqui para conversarmos, comecei a sentir uma dor nas pernas e agora ela já se espalhou por tudo. Eu quis voltar para dentro de casa. Vem. Vamos sair desse quintal agora mesmo. Rápido!' Assim que chegou à cozinha, Addie se apressou até o pimenteiro e espalhou seu conteúdo sobre cada um dos ombros e a cabeça, dizendo: 'Uma coisa quente dessas sempre expulsa o feitiço'".

"TIO HENRY" BARNES, NARRATIVAS DO ALABAMA, PÁGINA 23

"A senhora me pergunta se a gente sabia alguma coisa de hoodoo? Sim, senhora, tinha mesmo gente que sabia jogar feitiços nas pessoas. Eu tinha muito medo deles, sabe? Quando eu estava quase crescido, tinha uma moça de nome Penny que ficou doente um tempão. Tinha um doutor de conjuro que fazia uns óleos para tentar curar ela, mas ela não simpatizava, então ele deixou ela morrer. Depois, um menino de nome Ed tinha uma coisa ruim no pé que subiu pela perna e deixou ele aleijado. Tinha um doutor de hoodoo nas bifurcações do rio Tombigbee que vinha cuidar do menino, e ele mandou todo mundo sair da casa menos ele, Ed e o Diabo. Ele curou Ed para lá de bem.

Mamãe diz que eu nasci com um olho afiado para ver espíritos e eu enxerguei alguma coisa que parecia uma vaca sem cabeça. Então mamãe me fez mexer a banha fresca enquanto derretia, porque isso cura você de ver os espíritos. Depois que eu mexi a banha, não vi mais eles".

ROSANNA FRAZIER, NARRATIVAS DO TEXAS, PARTE II, PÁGINAS 64–65

"Sou cega assim há mais de 40 anos. Um domingo, passei a noite inteira com um homem e a esposa dele. Eu estava trabalhando de lenhadora na estrada de Santa Fé em Beaumont, até o Condado de Tyler. Depois que a gente se levantou e eu fui embora, não andei nem 15, 16 metros quando ouvi alguém dizendo 'Rose, você fez algo que não devia'. 'Não, Senhor, não', eu respondi. E então a voz disse: 'Algo vai acontecer com você', e na manhã seguinte eu estava cega feito um morcego, nunca mais enxerguei nada.

Tem quem me diga que o motivo foi a neve ou o suor ou a fumaça. Não foi esse o motivo. Foi esse pé-virado velho, bem velho, da Luisiana, dizem que é um conjurador, um desses negros velhos do hoodoo. Ele ficou brabo comigo na última colheita da ameixa, então fez um pó de cascavel e passou no meu cabelo, é por isso que eu não enxergo mais nada.

Essa não é a coisa mais malvada que os velhos dos conjuros fazem. Eles fazem um pó do guizo da cobra e amarram um saquinho de pano com ele para fazer sortilégios com ele. Pegam um escorpião velho para fazer poção. Tiram terra do cemitério e então eles falam com a terra, isso deixa você maluco.

Quando querem botar um conjuro, eles vão escondidos e roubam o cabelo do pente, ou uma unha da mão ou do pé, ou qualquer coisa natural do seu corpo, e fazem o hoodoo nela.

Eles fazem um homem de palha ou de barro e enfiam uma agulha na perna, daí a sua perna dói ou se machuca bem onde deram a agulhada. Se colocam a agulha no coração, você morre, e não tem como se salvar.

Eles fazem o amuleto para usar em volta do pescoço ou do tornozelo e fazem o pó do amor também, com cuscuta, a videira do amor que cresce no mato. Eles fervem as folhas e depois moem. Funciona mesmo, eu já experimentei".

AMANDA STYLES, NARRATIVAS DA GEÓRGIA,
PARTE III, PÁGINA 344

"Minha mãe diz que a senhorinha dela era uma bruxa e que se casou, mas que o marido não sabia que ela era bruxa e que ela saía a cavalo de noite, transformando o leite das vacas em sangue. Dizem que ninguém sabia o que fazer, mas em vez de leite elas davam sangue. Então um dia, uma velha apareceu e disse que uma bruxa estava andando na vaca, e que para desfazer o feitiço eles tinham que pegar uma ferradura e botar no fundo da desnatadeira, então o sangue ia virar em leite e manteiga de volta. Pois bem, foi o que fizeram, e o leite voltou.

Outro homem tinha uma mulher que foi acusada de ser uma bruxa, então ele cortou a perna dela fora e era uma perna de gato, e quando a mulher voltou a perna dela tinha sumido.

Dizem que tinha muito conjuro também, ouvi falar muito disso. Meu marido me contou que uma vez foi ver uma mulher que tinha escorpiões no corpo. Foi obra do conjurador, que botou sangue de escorpião no corpo dela, e isso criava mais escorpiões dentro dela. Tiveram que arranjar outro conjurador para desfazer o feitiço.

Tinha outra família que morava perto da gente que tinha uma filha. Quando ela morreu, dizem que tinha uma cobra dentro do corpo.

Meu marido diz que foi conjurado quando era menino e tinha que falar com os braços bem abertos porque não conseguia baixar eles nadinha, não conseguia nem mexer os braços. Um dia ele encontrou um velho que disse: 'Meu filho, o que é que houve com você?' 'Não sei', ele respondeu. 'Então porque não baixa os braços?' 'Não consigo'. Então o velho tirou uma garrafa do bolso e esfregou os braços de cima a baixo até eles ficarem bem".

WILLIS EASTER, NARRATIVAS DO TEXAS, PARTE II, PÁGINAS 3–4

"Nunca estudei conjuro, mas sei que escorpiões e as coisas que se conjura com eles são um remédio poderoso. Usam cabelo e unha, percevejos e insetos secos, minhoca e asa de morcego e coisas assim. Mamãe sempre amarrava uma tirinha de couro ao redor do pescoço dos bebês quando os dentes estavam nascendo, assim ficava mais fácil para eles. Ela também usava um sapo seco ou uma lasca de noz-moscada.

Mamãe sempre me disse que para não levar conjuro, eu tinha que cantar:

> 'Keep 'way from me, hoodoo and witch,
> lead my path from de porehouse gate;
> I pines for golden harps and sich,
> Lawd, I'll jes' set down and wait.
> Old Satan am a liar and conjurer, too
> If you don't watch out, he'll cunjure you.[4]

4. Tradução: "Longe de mim, hoodoo e bruxa,/ Desvia meu caminho do asilo dos pobres;/ Eu anseio pelas harpas douradas,/ Senhor, vou só descansar e esperar./ O Velho Satã é mentiroso e conjurador também,/ Se não tomar cuidado, ele conjura você."

Os conjuradores tinham coragem, ah, se tinham. Eles davam pneumonia e furúnculo e azar. Eu levo um talismã comigo o tempo todo. É um amuleto enrolado em flanela vermelha. Não sei o que tem dentro. Foi um chefe que fez para mim.

Eu sei direitinho encontrar água para o poço. Eu pego um galhinho de árvore que parece um V, daí coloco um prego em cada ponta da forquilha e na bifurcação. Pego cada uma das pontas e então, se caminho sobre a água embaixo da terra, o galho vira na minha mão até apontar para o chão. Se tiver dinheiro enterrado, eu acho do mesmo jeito.

Se você encher um sapato de sal e queimar, isso chama a sorte. Eu uso uma moeda de dez centavos em um cordão em volta do pescoço e outro em volta do tornozelo. Isso me protege de qualquer conjurador que quiser me enganar. A moeda brilha se meus amigos são leais, mas escurece bem quando me fazem mal.

Para fazer um talismã dos bons, pega serpentária e sassafrás, uma pedra-imã pequeninha e enxofre e assafétida, resina e pedra-lipes, goma arábica e uma vagem ou duas de pimenta vermelha. Bota em um saco de flanela vermelha, à meia-noite na Lua Nova, que funciona sempre".

COMPILAÇÃO DE ENTREVISTAS COM EX-ESCRAVIZADOS DE LOUISE OLIPHANT, NARRATIVAS DA GEÓRGIA, PARTE IV, PÁGINAS 270–72

"A primeira vez que ouvi falar em conjuro foi quando uma mulher chama Lucinda machucou a minha irmã. Ela sempre se achou grande coisa e que os filhos dela eram melhores que os de todo mundo. Bem, a mais velha dela engravidou, e a Lucinda quase morreu de preocupação. Ela achava que todo mundo que via estava falando da filha. Um dia, ela passou pela minha irmã e outra mulher, que estavam rindo e conversando na rua. Lucinda estava tão preocupada com a filha que achou que estavam rindo dela. Ela ficou tão braba que amaldiçoou as duas ali mesmo e disse que a vez dela estava chegando. Minha irmã foi para a casa da outra mulher e fechou a porta para não ter que escutar a Lucinda. Isso só piorou tudo.

Umas três semanas depois, minha irmã começou a reclamar. Chamamos dois ou três médicos para ela, mas nenhum deles adiantou nada. Quanto mais médico a gente chamava, pior ela ficava. Finalmente, todos os médicos desistiram dela e disseram que não tinham nada que pudessem fazer. Depois que estava doente fazia dois meses, ela nos contou de um homem estranho que visitara a sua casa alguns dias antes dela adoecer. Ela disse que ele visitou três ou quatro vezes. Ela lembrou que quando visitou depois dela adoecer, ele se ofereceu para ajudá-la. Os médicos não tinham adiantado nada e ela estava quase deixando ele cuidar dela quando a mulher que estava com ela no dia que a Lucinda amaldiçoou as duas disse que ele era tio-avô da Lucinda. Ela disse que todo mundo chamava ele de maior raizeiro da Carolina do Sul. Então minha irmã lembrou que esse homem tinha pedido água todas as vezes que fizera uma visita. Ele nunca deixava ela pegar água para ele, sempre ia até a bomba e pegava ele mesmo. Depois que bombeava uma água bem fresquinha, ele sempre se oferecia para buscar um balde cheio para ela. Minha irmã não via nada de errado e deixava ele encher o balde. Foi assim que pegaram ela.

Ela continuou doente um tempão e mamãe ficou no lado do leito até ela morrer. Notei que mamãe limpava a boca dela de cinco em cinco minutos, então um dia perguntei por que ela vivia limpando a boca da minha irmã. Ela me disse que não era nada, só cuspe. Mas fiquei muito ansiosa por saber, então eu mesma fui para a cabeceira dela. Finalmente vi o que era. Umas aranhazinhas estavam saindo pela boca e pelo nariz. Mamãe achou que isso ia me assustar, é por isso que não queria me deixar ver.

Isso foi na terça-feira. Naquela sexta, quando ela morreu, uma cobrinha saiu da testa dela, se empertigou bem reta e pôs a língua para fora para nós. Um velho que estava sentado ali com a gente pegou a cobra, enfiou ela em uma garrafa e guardou ela consigo por uma duas semanas, até ela morrer.

Não ache que Lucinda não conjurou minha pobre mamãe também. Mamãe adoeceu passado um mês que minha irmã morreu. Depois que descobriu que os médicos não tinham o que fazer por ela, mamãe arranjou um raizeiro para cuidar dela. Ele tirou ela da cama e deixou ela firme quase um ano até Lucinda dobrar a dose. Pobre mamãe, dessa vez ela não conseguiu se erguer. Ela sofreu e sofreu até morrer. Mas a Lucinda pagou por tudo isso.

Quando mamãe morreu, Lucinda veio ver ela e disse: 'tem gente que está melhor morto mesmo'. A filha de mamãe quis pular em cima dela, mas alguns dos mais velhos não deixaram.

Lucinda durou um tempão, mas quando caiu, caiu forte. Ela quase enlouqueceu, ficou doente tanto tempo quanto minha irmã e mamãe juntas. Ficou tão mal que ninguém nem conseguia entrar na casa dela, todo mundo dizia que estava colhendo o que tinha plantado. Ela não deixava nem os próprios filhos entrar na casa. Depois que ficou tão doente que não conseguia sair da cama, ela gritava e berrava com eles o mais alto que podia, até eles irem embora. Ninguém teve pena dela, porque todo mundo sabia toda a maldade que ela tinha feito.

Logo antes de morrer, Lucinda ficou tão mal que todo mundo começou a dizer que era uma pena ela ter que ficar lá sozinha, então a filha mais nova e o marido foram morar com ela. A filha tinha medo de ir sozinha. Quando ela morreu, dava para escutar ela berrando e praguejando até no lado de fora. Ela repetia: 'Tira eles de mim, não fiz nada com eles. Diz que não machuquei eles, não deixa eles me matarem'. E de repente ela começava a praguejar contra Deus e todo mundo que conseguia lembrar. Quando morreu, precisou quatro homens para segurar ela na cama".

"TIA" MILLIE BATES, NARRATIVAS DA CAROLINA DO SUL, PARTE I, PÁGINA 47

[Após descrever atos de violência, ela conta:] "Não demorou muito depois disso para os espíritos aparecerem por tudo. Quando você saía de noite, algo começava a assombrá-lo. Você ficava com tanto medo que quase corria em disparada sempre que saía de casa no escuro, mesmo se não fizesse nada. Meu filho, não me pergunte o que eu vi. Depois daquela matança toda e daquele fogo, você sabe que ia acabar vendo coisas com todos aqueles espíritos atormentados rondando pela terra. Pois veja, é assim, quando um homem é morto antes de fazer tudo que o Bom Senhor pretendia que fizesse, ele volta para cá e tenta encontrar quem lhe fez mal. Quer dizer, ele não volta ele mesmo, mas o espírito, esse volta e começa a vagar. É claro que ele não pode fazer nada, então ele só assusta e assombra as pessoas".

HARRIET COLLINS, NARRATIVAS DO TEXAS, PARTE I, PÁGINAS 244–45

"Teve umas coisas esquisitas que os brancos não têm como entender. Tem gente que vê os espíritos, mas eu não consigo. Mamãe aprendeu muito sobre a cura, tudo que aprendeu com os velhos vindos da África, e também um pouco do que os índios ensinaram. [Quando a Guerra Civil começou, quase todos os índios já haviam sido removidos para os territórios a oeste do rio Mississippi. Oklahoma tinha muitos índios, incluindo alguns que possuíam escravizados afro-americanos.] Se você tinha reumatismo, era só ferver raiz de canela-de-sassafrás e beber o chá. Para fazer o unguento, você ferve o verbasco e a uva-de-rato com alume e sal. Bote pimenta vermelha no sapato para espantar o resfriado ou enrola sarça em volta do pescoço. Para curar febre e malária, tem que fazer chá de erva-de-são-cristóvão, mas tem que colher a raiz na primavera, quando a seiva está forte.

Quando os dentes começam a nascer nos bebês, tem que pendurar guizo de cascavel ao redor do pescoço, mas dente de jacará também é bom. Mostra o dinheiro para a Lua Nova e você tem dinheiro pelo resto do mês. Manda cinco beijos e mostra o dinheiro e então faz cinco desejos que todos se realizam. Se comer feijão-miúdo no Ano Novo, você tem sorte o ano inteiro.

> Dose black-eyed peas is lucky,
> When et on Hew Year's Day;
> You'll allus have sweet taters
> And possum come you way.[5]

Quando alguém se corta, eu sempre queimo uns trapos de lã e defumo a ferida, ou então queimo uma lenha de pinho e pingo o alcatrão na lã queimada e amarro na ferida. Para dor de cabeça, eu coloco um cataplasma de raiz-forte na cabeça, ou um cordão de noz-moscada em volta do pescoço.

---

5. Tradução: "O tal feijão-miúdo dá sorte,/ Come ele no dia de Ano Novo;/ Você sempre vai ter batata-doce/ E os gambás vão vir para você."

Se você mata a primeira cobra que vê na primavera, os seus inimigos não conseguem ganhar nada de você naquele ano. Para uma torção, pega o ninho de uma vespa-cavadora e mistura o barro com argila e depois amarra em volta da torção. Um cordão com moedinha em volta do tornozelo não deixa a minha perna ficar com cãibra, e chá de raiz-vermelha é bom também. Todas essas coisas de cura vieram direto da África, e sempre funcionaram para mamãe e para mim também".

SILVIA KING, NARRATIVAS DO TEXAS, PARTE II, PÁGINAS 294–95

"O velho Tom tinha uma garrafinha com raízes de feitiço e água com enxofre. Ele sempre sabia quando um negro ia ser açoitado. Ele enrolava um cordão em volta dela e dizia: 'Por São Pedro, por São Paulo, pelo Senhor que fez todos nós, não me conte mentiras, talismã, me conte se o senhor vai açoitar a Mary'. Pois certo como você está aqui, se o talismã virava para a esquerda, a negra ia ser açoitada, mas se o senhor não tinha decidido se ia açoitar ou não, o talismã ficava parado e tremia.

Vocês brancos andam pelo mato e sem saber de nada. Você tira as lascas do lado norte de um pinheiro velho que levou um raio e esquenta eles bem numa frigideira e queima até só sobrar cinza, então enfia elas em um saco de papel pardo. Se um oficial lhe pega e você tem que aparecer na frente do juiz, você pega o saco e sai à meia-noite e olha para a Lua com o saco de cinzas nas mãos, mas não pode abrir a boca. No dia seguinte, você acorda cedo, vai até o tribunal e espalha as cinzas na porta de entrada. A incomodação com a lei, ora, ela se desfaz igual aquele raio desfez aquela árvore.

O cogumelo-do-mel é forte como poucos. Se você mastiga ele e cospe em volta da pessoa de quem quer alguma coisa, você consegue. Dá para conseguir mais dinheiro, um emprego, quase tudo. Eu tinha um osso de gato preto também, mas não sei onde foi parar".

WASH WILSON, NARRATIVAS DO TEXAS, PARTE IV, PÁGINA 198

"Não tinha instrumento musical. A gente pegava pedaços de costela de ovelha ou queixo de vaca ou um pedaço de ferro, com uma chaleira velha, ou uma cabaça oca e uma crina de cavalo para fazer o tambor. Às vezes, pegavam um pedaço de tronco de árvore, escavavam ele e esticavam uma pele de carneiro ou de bode para ser o tambor. Eles tinham de menos de meio metro até quase um metro e meio de altura, e de meio metro até quase dois de largura".

Wash Wilson

THOMAS COLE was born in Jackson Co., Alabama, on the 8th of August, 1845, a slave of Robert Cole. He ran away in 1861 to join the Union Army. He fought at Chickamauga, under Gen. Rosecran and at Chattanooga, Look Out Mt. and Orchard Knob, under Gen. Thomas. After the war he worked as switchman in Chattanooga until his health failed due to old age. He then came to Texas and lives with his daughter, in Corsicana. Thomas is blind.

"I might as well begin far back as I remember and tell you all about myself. I was born over in Jackson County, in Alabama, on August 8, 1845. My mother was Elizabeth Cole, her bein' a slave of Robert Cole, and my father was Alex Gerrand, 'cause he was John Gerrand's slave. I was sposed to take my father's name, but he was sech a bad, ornery, no-count sech a human, I jes' taken my old massa's name. My mother was brung from Virginny by Massa Dr. Cole, and she nussed all his six chillen. My sister's name was Sarah and my brother's name was Ben and we lived in one room of the big house, and allus had a good bed to sleep in and good things to eat at the same table, after de white folks gits through.

"I played with Massa Cole's chillen all de time, and when I got older he started me workin' by totin' wood and sech odd jobs, and feedin' de hawgs. Us chillen had to pick cotton every fall. De big baskets weigh about seventy-five to a hundred pounds, but us chillen put our pickin's in some growed slave's basket. De growed slaves was jes' like a mule. He work for grub and clothes, and some of dem didn't have as easier a time as a mule, for mules was fed good and slaves was sometimes half starved.

Thomas Cole, narrativas do Texas, Parte I, página 225

Resistência

THOMAS COLE, NARRATIVAS DO TEXAS, PARTE I, PÁGINAS 228–30

[Viveu em situação de escravidão no Condado de Jackson, Alabama. Ele elogia seu senhor por não praticar o açoite, mas depois que seu senhor morreu:] "Pensei comigo mesmo, aquele Sr. Anderson, o feitor, ele vai me lascar com o bacalhau na primeira chance que tiver, mas decidi que ele não ia ter chance nenhuma, porque eu ia fugir na primeira chance que eu tivesse. Não sabia como sair de lá, mas ia para o Norte, onde não havia senhores de escravos. (...)" [As rações foram reduzidas durante a guerra, então:] "Um dia, ele [o feitor] me chamou e disse para não me afastar muito da fazenda, mas mandou trazer alguma carne. Essa era a chance que eu estava esperando, então quando chegamos na zona de caça e o líder nos dispersou, disse para ele que eu e mais outro homem iríamos para o Norte e daríamos a volta em torno do rio, para nos encontrarmos de novo lá pelo pôr-do-sol. Atravessei o rio e fui para o Norte, estava indo para a terra livre onde não tem escravos. Viajei o dia inteiro e a noite inteira também rio acima, seguindo a estrela polar. Várias vezes achei que os cães de caça estavam na minha pista e comecei a me apressar. Estava tão cansado que mal conseguia me mexer, mas deu para apertar o passo.

Passei o tempo todo torcendo e rezando para encontrar com aquela tal de Harriet Tubman, a negra que levava os escravos para o Canadá. Ela sempre viajava na ferrovia subterrânea [*underground railroad*], é assim que chamavam, viajava de noite e se escondia de dia. Ela tirava eles do Sul às escondidas e eu acho que ela era uma mulher muito corajosa.

Comi nozes e matei uns coelhos-do-pântano e peguei alguns peixes. Eu fiz uma fogueira, caminhei quase um quilômetro e me escondi no mato até sobrar só o carvão, então assei o peixe e o coelho. Passei o tempo todo tremendo, com medo de me pegarem, mas estava quase morrendo de fome. Coloquei o resto do peixe na minha boina e segui a estrela polar naquela noite, então me escondi no matagal no dia seguinte. No fim da tarde, escutei uns tiros. Dessa vez fiquei assustado, ah, se fiquei. Estava com medo de entrar e com medo de sair, mas parado ali ouvi dois homens chamarem: 'Mãos para cima, menino. O que você está fazendo?' Eu respondi: 'Hã, hã, não sei. Vocês não vão me levar de volta para a fazenda, vão?' E eles: 'Não. Você quer lutar pelo Norte?' E eu disse que lutava, porque eles falavam feito nortistas. A gente caminhou noite e dia e chegou ao acampamento do General Rosencrans. Acharam que eu era espião do Sul. Me fizeram tudo que foi pergunta e disseram que iam me açoitar se não contasse o que eu estava espiando. Finalmente acreditaram em mim e me botaram para ajudar com os canhões. Eu me senti importante, mas não sabia o que [o perigo] tinha pela frente, pois acho que teria fugido de novo".

Comentário Thomas Cole praticou formas de resistências particularmente dramáticas e eficazes, mas ele não estava sozinho. Os escravizados ocasionalmente atacavam ou matavam feitores ou proprietários e a violência irrompia nas fazendas isoladas comuns no interior do sul dos Estados Unidos. Durante a Guerra Civil, controlar os negros tornou-se mais difícil, especialmente quando elementos do Exército da União invadiam ou ocupavam áreas próximas. Cerca de 150 mil pessoas que fugiram do cativeiro se juntaram ao Exército da União, lutando para destruir a escravidão e a Confederação sulista rebelde.

Mas a maior parte da resistência não era tão visível nem tão dramática. A chance de uma rebelião ter sucesso no Sul era mínima, e a maioria dos escravizados resistia de modo que pudessem melhorar seus cotidianos e aumentar sua força e sua coragem para continuar a viver. Resistir à propaganda dos senhores e ao sistema escravocrata na própria mente não eram questões triviais. A resistência mental e emocional era essencial para a sobrevivência e formou a base para o desenvolvimento de outras esperanças. Boa parte da resistência também se manifestava em roubos, reuniões e comunicações secretas ou diversos tipos de embuste.

WASH WILSON, NARRATIVAS DO TEXAS, PARTE IV, PÁGINA 198

"Quando os negros começam a cantar *Steal Away to Jesus* [Fuja para Jesus], isso significa que vai ter um culto religioso naquela noite. Esse é o significado do culto. Antes e depois da liberdade, os senhores não gostavam dos cultos religiosos, então naturalmente a gente se escapulia de noite, lá nas baixadas ou onde fosse. Às vezes, a gente cantava e rezava a noite inteira".

MARY REYNOLDS, NARRATIVAS DO TEXAS,
PARTE III, PÁGINAS 240–41

"Uma vez, minha mãe e meu pai levaram eu e Katherine às escondidas, de noite, para rezar e cantar em outra fazenda. Um negro de barba branca nos disse que chegaria um dia em que os negros seriam escravos só de Deus. Nós rezamos pelo fim da Tribulação e o fim das surras e para os sapatos caberem nos nossos pés. Rezamos que os negros tivessem tudo que quisessem comer, especialmente carne fresca. Alguns dos mais velhos disseram que a gente tinha que aguentar, porque era tudo que dava para fazer. Alguns disseram que ficariam contentes em morrer, porque preferiam apodrecer embaixo da terra do que apanhar. O que eu mais odiava era quando me batiam e eu não sabia por que estavam me batendo, e eu odiava que me tiravam a roupa e me deixavam pelada como no dia em que nasci.

Na volta daquela reza, achei que tinha escutado os cães de caça e alguém a cavalo. 'Mãe, acho que são os cães', eu disse. 'E eles vão nos comer'. Dava para ouvir as cadelas e os cachorros velhos uivando. Mamãe prestou atenção. 'É mesmo, os cachorros estão correndo, Deus nos acuda!', ela disse, então ela e papai conversaram e nos levaram até um canto da cerca, onde nos colocaram contra o cercado e disseram para não se mexer, e que se alguém chegasse perto, não era para respirar alto. Eu e Katherine ficamos lá paradas, de mãos dadas, tremendo tanto que mal se aguentava de perto. Ouvimos os cães se aproximando, mas não nos mexemos. Eles foram atrás dos meus pais, mas eles deram a volta nas choupanas e entraram. Mamãe diz que foi a graça de Deus".

ELLEN BUTLER, NARRATIVAS DO TEXAS, PARTE I, PÁGINA 177

"O senhor nunca nos deixava ir à igreja, mas tinha uns buracões no campo onde os escravos se abaixavam para rezar. Eles faziam assim porque os brancos não queriam que eles rezassem. Eles costumavam rezar pela liberdade.

Quando os brancos saíam, eles escreviam na farinha grossa e na fina com os dedos. Assim, eles sabiam se a gente roubava a farinha. Às vezes, eles pegavam um pau e escreviam na frente da porta, então se alguém saía e pisava na escrita, o senhor sabia. Foi assim que a gente aprendeu a escrever".

WILLIAM MCWHORTER, NARRATIVAS DA GEÓRGIA, PARTE III, PÁGINAS 97, 98

"Nenhum dos nossos negros nunca soube o suficiente sobre o Norte para fugir tão longe. Como eu lhe contei, alguns fugiam depois de uma surra muito ruim, mas eles

Ellen Butler

só se escondiam no mato. Alguns voltavam em seguida, outros não. Ninguém sabia onde foram parar os que não voltaram".

KITTY HILL, NARRATIVAS DA CAROLINA DO NORTE, PARTE I, PÁGINAS 424-45

"Quando a gente era criança, mamãe contava para nós histórias de patrulheiros pegando negros e surrando eles e como alguns dos homens conseguiam correr e fugir dos patrulheiros. Tinha uma canção que cantavam, era assim: Sim, senhor! Rá! Rá! Eu quero lhe contar a canção, lá vai: 'Tem quem diga que negro não rouba, peguei dois no meu milharal. Um tinha um alqueire, um tinha um celamim, um tinha espigas penduradas do pescoço. Corre, negro, corre, o patrulheiro vai pegar. Corre, negro, corre, como correu no outro dia'.

Minha mãe diz que sempre foi bem tratada. Sim, ela disse que eram bons para ela na Virgínia. Mamãe diz que os escravos na fazenda dos Jefferson, na Virgínia, roubavam os cavalos para ir aos bailes de noite. Uma vez, um cavalo que eles roubaram para ir ao baile caiu morto e tiveram que carregar ele de volta. Mamãe ria muito disso. (...)

Mamãe diz que os escravos eram proibidos de fazer cultos onde ela morava na Virgínia. Viravam as panelas para matar o barulho e faziam os cultos à noite. Colocavam uns negros de vigia para soar o alarme se vissem os brancos chegando. Eles estavam sempre cuidando os patrulheiros. Eles não podiam ter nada de educação, minha mãe não sabia ler nem escrever nada".

GEORGE WOMBLE, NARRATIVAS DA GEÓRGIA,
PARTE IV, PÁGINA 185

[Eles nunca recebiam comida o suficiente.] "Se a comida acabava antes da próxima ração, eles esperavam até a noite e então um ou dois iam até a casa de farinha, onde guardavam a grossa e a fina. Depois que conseguiam entrar, eles pegavam uma broca e faziam um furo no barril de farinha grossa. Um segurava o saco enquanto o outro pegava um pedaço de pau e mexia no buraco aberto pela broca para fazer a farinha correr livre. Depois que os sacos enchiam, a gente tapava o furo e executava uma fuga às pressas. Às vezes, quando queriam carne, eles iam até o defumadouro e roubavam um presunto ou então iam até o chiqueiro, onde os porcos ficavam, e levavam um leitão. Quando chegavam à floresta com o animal, eles o esfolavam e limpavam (ele era morto com um golpe na cabeça antes de saírem do chiqueiro). Todas as partes que não desejavam eram enterradas ou então atiradas em um riacho próximo. Após voltarem para casa, toda essa carne era cozinhada e escondida. Como havia o risco de serem pegos, nada dessa carne roubada podia ser frita, pois o risco era maior. O odor de carne frita iria mais longe do que o odor produzido por cozinhar a carne.

Nesse momento, o Sr. Womble afirmou que os escravos foram ensinados a roubar pelos seus senhores. Às vezes, eles eram mandados às fazendas vizinhas para roubar galinhas, porcos e outras coisas que pudessem ser transportadas facilmente. Às vezes, o senhor lhes dizia que não iria maltratá-los e que não permitiria que ninguém mais os maltratasse, e que ao roubar os itens mencionados acima, estariam ajudando-o a conseguir cuidar melhor deles".

ISAAC GREEN, NARRATIVAS DA GEÓRGIA, PARTE II, PÁGINA 59

"Meu padrasto era o sapateiro da fazenda e nós sempre tínhamos bons sapatos. Ele roubou do velho senhor uns bons quinze anos de trabalho. Quando não queria trabalhar, ele se fingia de doente e o velho senhor chamava o médico para ele".

JENNY PROCTOR, NARRATIVAS DO TEXAS,
PARTE III, PÁGINAS 210, 213–14

"Nosso senhor não nos deixava ir pescar, ele dizia que isso era moleza demais para um negro, e não nos deixava caçar também, mas às vezes a gente fugia de noite para pegar gambás. (...) Nenhum de nós podia ver um livro nem tentar aprender. Eles diziam que a gente ia ficar mais esperto que eles se aprendesse alguma coisa, mas a gente se escapulia, arranjava uma cartilha Webster's velha de capa azul e a escondia até de noite. Daí a gente acendia uma tochazinha de pinho e estudava aquela cartilha. E a gente aprendia. Hoje eu sei ler um pouco, e escrever também...".

JOHN WILLIAMS, NARRATIVAS DO ARKANSAS, PARTE VII, PÁGINA 174

"Não era para terem nada de comida em casa, a menos que saíssem à cata. Às vezes, era como arranjavam. Saíam e roubavam as batatas-doces do senhor e assavam na lareira. Roubavam um porco e matavam. Era tudo deles, eram eles que criavam. Não estavam roubando, só saíam e pegavam. Se o velho senhor os pegava, ele dava uns tapas, se achava que eles não iam fugir. Várias vezes eles fugiam, e se achava que tinham fugido porque foram açoitados, ele demorava um pouco para pegá-los de volta. Se um fugia, ele dizia para o resto: 'Se ver fulano, diz para ele voltar. Não vou açoitar ele'. Se não podia fazer nada com eles, ele vendia".

RICHARD CARRUTHERS, NARRATIVAS DO TEXAS, PARTE I, PÁGINA 198

"Se não lhe davam mantimentos o suficiente, você tinha que se escapulir e pegar uma galinha. Isso é fácil de fazer, mas agarrar um porco é um problemão. Você tem que pegar pelo focinho para ele não grunhir, e pisar bem forte enquanto passa a faca. Isso não é roubar, né? Você tem que seguir trabalhando no eito, se não tiver ganhado mantimentos, e negro nenhum vai trabalhar com a barriga roncando".

TOM HOLLAND, NARRATIVAS DO TEXAS, PARTE II, PÁGINAS 145–46

"Quando saíamos sem passe, sempre íamos de dois em dois. Dávamos uma escapada sempre que aparecia a chance de ver os jovens em alguma outra fazenda. Os patrulheiros me pegaram uma noite e, Deus tenha piedade, eles me estiraram em cima de um tronco e me deram trinta e nove chibatadas com um relho cheio de pedra. Cada vez que me acertavam, voava sangue e couro. Me tocaram de volta para a casa do senhor e contaram para ele, então ele me chamou uma negra velha para cuidar das minhas costas e eu não consegui trabalhar quatro dias seguidos. Isso nunca me impediu de fugir de novo, mas tomei mais cuidado na vez seguinte.

A gente caía porta adentro da senzala de noite, então o senhor e os patrulheiros achavam que a gente estava bem cansado e nos deixavam em paz, sem nos vigiar. Na mesma noite a gente planejava escapar para ver uma negra ou a esposa, ou fazer uma festa, especialmente quando a Lua brilhava a noite inteira, para poder enxergar. Acender uma tocha não ia dar certo. Eram as únicas luzes que se tinha naquela época. Quando a gente acendia uma luz, o senhor aparecia para ver o que a gente estava fazendo, e coitado do negro que não estivesse no lugar!".

SRA. ESTHER EASTER, NARRATIVAS DO OKLAHOMA, PÁGINAS 88–90

"Jim Demônio, era assim que eu chamava ele quando ele não estava por perto, mas quando estava em casa era sempre senhor Jim, porque ele não economizava o chicote. (...)

A mulher do senhor Jim era um demônio igual ao marido. Usava o chicote o tempo todo, e sempre que o senhor Jim chegava em casa ele me açoitava porque a senhora dizia que eu tinha sido má. Uma vez eu disse 'é melhor me botar no bolso (me vender), senhor Jim, ou então eu vou fugir'. Ele não deu bola, e eu não tentei fugir por causa do chicote. (...)

Enquanto o senhor Jim estava lutando contra os yankees, a senhora estava de brincadeira com um homem da vizinhança, o Sr. Headsmith. Eu era jovem, mas sabia muito bem que o senhor Jim ia ficar fulo quando ouvisse falar disso. A senhora não sabia que eu sabia o segredo dela, e que eu estava louco de vontade de me vingar de algumas daquelas chibatadas que ela me dera. Foi por isso que contei ao senhor Jim na próxima vez que ele voltou para casa. Está vendo aquela fenda na parede? O senhor Jim disse que sim, e eu respondi, ela é igual a uma porta aberta quando os olhos encostam na parede. Ele espiou e viu o quarto. Foi assim que descobri sobre a senhora e o Sr. Headsmith, eu conto para ele, e vejo que ele está se embrabecendo. Como assim? E o senhor Jim me agarrou pelo braço, como se eu estivesse tentando fugir. Eu vi eles na cama. Foi tudo que eu disse. O senhor Jim ficou possesso, saiu correndo da sala atrás da senhora. Então comecei a ouvir uma conversa bem alta, e logo a senhora estava berrando e chamando por ajuda, e se o velho senhor Ben não tivesse aparecido bem naquela hora para acabar com a briga, ora, mas acho que ele quase teria matado ela com aquela surra, de tão fulo que estava o senhor".

PHYLLIS PETITE, NARRATIVAS DO OKLAHOMA, PÁGINA 239

"Acho que a gente costumava ler as notícias de uma fazenda para a outra, porque mamãe contava coisas que estavam acontecendo em alguma outra fazenda que eu sei que ela nunca tinha visitado".

ANNA BAKER, NARRATIVAS DO MISSISSIPPI, PÁGINA 12

"Um motivo que o senhor Morgan gostava tanto de mim é que dizem que eu era uma jovem bem esperta, que aprendia tudo rapidinho. O senhor me dizia: 'Loosanna, se ficar de ouvido aberto e me contar o que os crioulos estão falando, vai ter algo de bom para você' (ele queria que eu escutasse quando conversavam sobre fugir e coisas assim). Eu ficava entre os mais velhos e fingia que brincava, mas estava sempre escutando. Depois eu ia contar para o senhor o que tinha ouvido. Mas eu devo ter tido uma cabeça muito esperta, porque ficava brincando perto dos brancos e escutava o que eles diziam, então ia contar para os negros. Acho que o senhor nunca imaginou que eu fosse fazer isso".

William Moore

CATO CARTER, NARRATIVAS DO TEXAS, PARTE I, PÁGINA 203

"Algumas fazendas quase matavam os seus negros de fome e racionavam a comida até eles não prestarem mais para trabalhar. Eles tinham que ir escondido atrás dos negros nas outras fazendas para arranjar o que comer. Eles tinham chamados no campo, e outros tipos de gritos e berros com significados especiais".

Comentário A violência que ocorria era prova da crueldade opressora da escravidão. Quando chegavam ao seu limite e não podiam mais suportar maus-tratos ou injustiças, os cativos reagiam até isoladamente com violência. Muitas vezes, a violência irrompia porque saíam em defesa de um familiar. O Sul pré-guerra era uma região bastante violenta, mas dada a determinação da comunidade branca de reprimir qualquer demonstração séria de resistência escrava, é incrível que os cativos tenham recorrido à violência tanto quanto o fizeram.

WILLIAM MOORE, NARRATIVAS DO TEXAS,
PARTE III, PÁGINAS 133–37

"O senhor Tom está morto há muitos anos. Creio que está no inferno. Acho que é o lugar dele. Era um homem terrível de mau, com uma mulher antipática. Mas ele teve os melhores, mais gentis filhos que o Senhor jamais deixou viver e respirar nesta terra. Eles eram tão bondosos, tinham tanta pena de nós escravos. (...)

Um dia, eu estava no chiqueiro quando escutei um grito de agonia horrível vindo da casa. Quando cheguei mais perto, vi que o senhor Tom tinha amarrado mamãe a uma árvore e arrancado as roupas dela e agora estava descendo o relho, com o sangue correndo pelos olhos e as costas dela. Fiquei maluco. 'Para, senhor Tom', eu disse, e ele virou o chicote em mim. Não me acertou bem, mas me cortou igual. Vi a senhora Mary parada na porta da cozinha, então corri feito louco e vi uma pedra bem grande, que peguei e atirei no senhor Tom. Eu acertei na cabeça e ele caiu feito um boi macetado. A senhora Mary veio, levantou o pai e levou ele para dentro de casa, depois saiu e me ajudou a desatar mamãe. Mamãe e eu nos escondemos no mato dois, três meses, acho. Minhas irmãs nos encontravam para trazer mantimentos e passar graxa nas costas de mamãe. Logo, logo elas disseram que seria seguro voltar para a choupana para comer à noite e ficavam de olho no senhor Tom.

Um dia, a mulher do senhor Tom estava no pátio e me chamou, dizendo que tinha alguma coisa para mim. Ela estava com a mão embaixo do avental, pedindo para eu ir até ela. 'Me dá a sua mão', ela disse. Eu estiquei minha mão, que ela agarrou e passou uma corda com nó corrediço. Eu vi que era isso que ela tinha embaixo do avental, com a outra ponta amarrada em um arbustozinho. Tentei me soltar e sair correndo, fiz ela tropeçar e cair, então ela quebrou o braço. Tirei a corda do braço e fugi.

Mamãe e eu ficamos escondidos no mato depois disso. Vimos Sam e Billie e eles nos contaram que estava brigando por causa dos negros. Depois eles nos contaram que os negros declararam para o senhor Tom que as surras tinham que terminar e que a gente poderia voltar e ficar na nossa choupana, que eles iam garantir que o senhor Tom não ia fazer mais nada. E foi isso que mamãe e eu fizemos. Sam e Billie eram os dois maiores negros da fazenda, e eles deram um jeito de tirar as espingardas da casa. Um dia, o senhor Tom estava na cadeira de balanço na varanda e Sam e Billie estavam com a arma. Todos vimos cinco brancos chegarem a cavalo. Quando chegaram perto, Sam disse para o senhor Tom: 'O primeiro branco que passar pela cerca leva um tiro'. O senhor Tom abanou para os brancos recuarem, mas eles foram galopando até a cerca e saltaram dos cavalos.

'Fiquem no lado de fora, por favor, cavalheiros, eu mudei de ideia', o senhor Tom disse. 'O que é que houve aqui? Viemos surrar os negros, foi o que você nos contratou para fazer', eles disseram. 'Pois mudei de ideia, mas se ficarem aí no lado de fora eu lhes levo o dinheiro', o senhor Tom disse.

Eles ficaram discutindo que queriam entrar, mas o senhor Tom convenceu eles a não entrar, então eles disseram que iriam se ele lhes trouxesse seus três dólares cada. Ele levou o dinheiro e eles foram embora.

O senhor Tom praguejou e gritou, mas os negros ficaram no mato, matando tempo. Eles diziam que não adiantava trabalhar por nada todos os dias". [Após a emancipação, eles foram para o lar de um dos filhos do senhor.]

FANNY MOORE, NARRATIVAS DA CAROLINA DO NORTE, PARTE II, PÁGINAS 132–33

"Lembro que uma vez teve um baile em uma das casas da senzala. Todos os negros estavam lá, rindo e sapateando e cantando, mas alguns não. Os patrulheiros arrombaram a porta e começaram a nos agarrar. O filho do Tio Joe decidiu que era hora de alguém morrer e começou a brigar. Ele disse que estava cansado de aguentar tantas surras, que não aguentava mais. Os patrulheiros começaram a bater nele e ele foi revidando. Ah, meu Deus, foi um problema. Surraram ele com um chicote de couro por um tempão, depois um deles pegou um pau e bateu na cabeça dele, a cabeça se abriu toda. O coitado do menino caiu no chão, gemendo. Os patrulheiros açoitaram mais outra meia dúzia de negros e mandaram eles embora e nos deixaram com o menino morto".

MINNIE FULKES, NARRATIVAS DA VIRGÍNIA, PÁGINAS 11–12

"E ela [sua mãe] disse que eles costumavam fazer cultos e cantar e rezar, e que os velhos patrulheiros escutavam, então para não deixar o som ir longe, os escravos colocavam um panelão de ferro enorme na porta. Mas às vezes eles esqueciam de colocar a panela e os patrulheiros chegavam e açoitavam todo mundo, sem esquecer ninguém, só porque as pobres almas estavam rezando para Deus libertá-los daquele cativeiro horrível.

Rá, rá, rá! Tinha esse irmão que estava estudando com eles um dia e que contou para todos os escravos como se vingar. Ele disse para amarrarem parreiras e outras trepadeiras na estrada, então quando os patrulheiros viessem galopando os cavalos iam estar correndo tão rápido que as videiras iam se emaranhar com eles, e isso ia fazer os cavalos tropeçarem e caírem. E várias vezes, eles caíam tão feio que quebravam as pernas, e as dos cavalos também. Uma vez, um pobre diabo se emaranhou bem e o cavalo seguiu em frente até ele cair do cavalo. No dia seguinte, um coitado foi achado na estrada com as trepadeiras enroladas no pescoço, tantas voltas que tinha se estrangulado, é o que dizem. Estava totalmente morto. Bem feito, porque aqueles brancos nos tratavam muito mal.

Ora, às vezes, pois é o que faziam, os outros seguiam até descobrir onde estava acontecendo a reunião. Eles entravam e começavam a açoitar e a bater nos escravos sem dó nem piedade. Tudo isso para não deixar eles servirem a Deus, e saiba que alguns daqueles diabos eram pecadores e malvados o suficiente para dizer isso mesmo. 'Se eu pegar vocês servindo a Deus, vão apanhar. Vocês não têm tempo para servir a Deus. Compramos vocês foi para servir a nós'. Arrã. (...)

Sabe, os escravos eram espancados e maltratados; alguns tinham começado a se juntar e matado os brancos quando levavam eles para o eito para trabalhar. Deus está castigando aqueles diabos velhos e os filhos deles agora mesmo pelo jeito que tratavam os pobres coitados dos negros".

SOL WALTON, NARRATIVAS DO TEXAS, PARTE IV, PÁGINA 129

"O senhor só teve um feitor branco, que morreu em uma briga. Os escravos estavam queimando toras e lixo e o feitor derrubou um velho e fez alguns dos outros negros segurarem ele enquanto era açoitado. O velho se levantou e acertou o feitor na cabeça com um pedaço de pau, então pegou um machado e cortou os pés e as mãos dele fora. O senhor disse que não queria nunca mais ter um feitor branco, então meu primo virou capataz depois disso".

WILLIE WILLIAMS, NARRATIVAS DO TEXAS, PARTE IV, PÁGINA 188

"Uma vez, os negros engambelaram os patrulheiros. Nesse baile, alguns dos negros não tinham passes, e os patrulheiros estavam vindo. Os negros decidiram dar uma lição neles, então alguém pegou uma panela de cinzas quentes e, quando os patrulheiros entraram pela porta, as cinzas voaram nas caras deles. Os negros saíram correndo e derrubaram os patrulheiros, então sumiram. Foi uma vez que os negros surpreenderam os patrulheiros".

Willie Williams

GEORGE WOMBLE, NARRATIVAS DA GEÓRGIA, PARTE IV, PÁGINA 182

"Os escravos sabiam que sempre que o Sr. Womble contratava um novo feitor, ele informava o candidato que se não pudesse lidar com os escravos, seus serviços não seriam necessários. A cozinheira ouviu o senhor dizer isso a um possível feitor, então sempre que um novo era contratado, os escravos tentavam ver até onde podiam ir com ele. O Sr. Womble diz que o feitor precisava ser muito competente para manter seu emprego na fazenda dos Womble, pois se descobriam que ele tinha medo que brigassem com ele (o que faziam, de tempos em tempos), os escravos tiravam tanta vantagem dele que a produção decaía e o feitor era forçado a prestar explicações ao seu empregador ou então a procurar um novo emprego. O senhor nunca castigava um escravo por atacar um feitor usando seus punhos, afirmou o Sr. Womble".

ELLEN CRAGIN, NARRATIVAS DO ARKANSAS, PARTE II, PÁGINA 42

"Ela [minha mãe] não trabalhava no eito. Ela trabalhava no tear, por tanto tempo e tantas vezes que uma vez pegou no sono no tear. O filho do senhor viu e contou para a mãe. A mãe mandou ele pegar um chicote e lhe dar uma lição. Ele pegou um pedaço de pau e foi acordá-la a pancadas. Ele bateu na minha mãe até ela acordar. Quando acordou, ela puxou uma vara do tear e bateu nele de volta até quase matá-lo. 'Não me bate mais, eu não vou deixar eles açoitarem você', ele gritava. E ela respondeu: 'Eu vou te matar. Mamou nessas tetas negras e agora vem aqui bater em mim'. E quando ela saiu, ele não conseguia mais caminhar.

E foi a última vez que a vi até após a liberdade. Ela saiu e subiu em uma vaca velha que costumava ordenhar. Dolly, era assim que chamava. Ela foi-se embora da fazenda, porque sabia que iriam matá-la se ficasse".

CAMPBELL ARMSTRONG, NARRATIVAS DO ARKANSAS, PARTE I, PÁGINA 70

"Uma noite, eu estava em um baile. Tinha madeira de cerca na lareira. O patrulheiro bateu à porta, entrou e fechou ela atrás de si. Um negro puxou um pau da lareira e acertou no patrulheiro, então o patrulheiro deu licença e deixou o negro passar. Os negros costumavam atravessar cordas na estrada para fazer os cavalos dos patrulheiros tropeçarem".

THOMAS LEWIS, NARRATIVAS DO INDIANA, PÁGINA 126

"Não existia isso de ser bom para os escravos. Muitas pessoas eram melhores do que as outras, mas o escravo pertencia ao seu senhor e não havia como fugir disso. Era difícil fazer um homem forte trabalhar. Ele brigava tanto que os brancos tentando segurá-lo ficavam sem fôlego. Aí não havia o que fazer além de matá-lo. Se um escravo resistia e o seu senhor o matava, era o mesmo que autodefesa hoje em dia. Se um senhor cruel açoitava um escravo até a morte, isso amedrontava os outros escravos".

ISAAM MORGAN, NARRATIVAS DO ALABAMA, PÁGINA 283

"Nenhum dos nossos escravos jamais tentou fugir. Todos sabiam que estavam bem de vida. A gente só teve feitor uma vez. Um homem malvado. Ele tentou brigar e bater nos escravos, mas uma noite seis negros bem grandes se juntaram e quase mataram ele de susto. Depois disso, o senhor nunca mais quis ter feitores. Ele mesmo cuidava disso".

SUSAN HAMILTON, NARRATIVAS DA CAROLINA DO SUL, PARTE II, PÁGINA 234

"Nunca esqueço de Clory, a lavadeira. Ela era muito esquentada. Era uma mulata com um cabelo lindo, tão grande que podia sentar nele. Clory não aceitava besteira de ninguém. Um dia, nossa senhora foi à lavanderia e encontrou defeitos nas roupas. Clory não fez nada, só pegou a senhora e atirou ela porta afora. Tiveram que chamar um doutor, porque ela estava grávida e o bebê nasceu menos de duas horas depois. Depois disso ela implorou para ser vendida, porque não [queria] matar a senhora, mas nosso senhor nunca queria vender os seus escravos. Mas isso não impediu Clory de ser açoitada, e foi brutal. Açoitaram até não sobrar um pedaço branco que fosse no corpo dela. Foi o pior que já vi um ser humano ser surrado. Achei que ela ia morrer, mas ela melhorou e não se adoçou nada, só ficou mais braba até o nosso senhor decidir que era melhor alugá-la. Ela concordou na mesma hora, porque assim não ficava por perto da senhora. Ela odiava e detestava os dois e toda a família".

SRA. JOSIE JORDAN, NARRATIVAS DO OKLAHOMA, PÁGINAS 160–61

"Salina era o nome da minha mãe, e ela pertenciam a um tal Sr. Clark, que vendeu ela e papai para Mark Lowery porque ela era uma mulher brigona e cabeçuda.

Não era culpa dela, ser de briga. O senhor que era dono dela antes do Sr. Clark era um desses brancos que estão sempre açoitando e batendo nos seus escravos, e mamãe não aguentava mais.

Foi assim que ela me contou. Ela decidiu que era melhor morrer e acabar com essa desgraça do que ser açoitada o tempo inteiro, então um dia o senhor disse que havia algo de errado com o trabalho e foi erguer o chicote, mas mamãe revidou. Quando a confusão terminou, o senhor estava caído no chão, tão parado que acharam que ele estava morto, de tanto que apanhou.

Mamãe diz que ele não morreu, e que logo depois ela foi vendida para esse Sr. Clark de que eu estava lhe falando. E mamãe sofreu uma miséria por muito tempo depois de ser levada para a fazenda de Mark Lowery, onde eu nasci durante a guerra".

Comentário Uma opção para os escravizados era fugir. Alguns conseguiam escapar para os estados livres ou para o Canadá. Estima-se que 100 mil podem ter conquistado sua liberdade dessa maneira durante todo o período pré-guerra, e até

1000 por ano na década de 1850, apesar de o Congresso ter aprovado a Lei do Escravo Fugitivo em 1850, que dificultava a prática. Mas as fugas eram arriscadas, mesmo para os que começavam a jornada em um dos estados que faziam fronteira com os estados livres do Norte. Havia uma rede informal de negros e brancos simpatizantes, chamada de "Ferrovia Subterrânea", que era útil, mas a maior parte do esforço e dos riscos dependiam da iniciativa individual. Aqueles em cativeiro mais ao Sul tinham uma distância muito maior a percorrer, através de territórios nos quais todos os brancos estavam alertas e eram hostis, de modo que a fuga era praticamente impossível.

As Narrativas de Escravos do FWP revelam que era muito mais comum fugir para a floresta, ausentando-se da fazenda e se escondendo nos arredores. Lá, eles escapavam da vigilância fácil possibilitada pelo terreno desmatado das fazendas, e podiam caçar, procurar abrigo e se deslocar para não ser pegos. Ao fugir para a floresta, muitos começavam um processo de barganha com os seus proprietários. O senhor queria e precisava da mão de obra escrava, então sua "propriedade" não rendia quando não estava presente. Às vezes, o escravizado conseguia, através de intermediários, acertar o seu retorno após a solução de alguma queixa ou mudanças no tratamento dado. Isso nem sempre tinha êxito, mas fica evidente que os senhores de escravos tinham muita dificuldade para capturar quem se escondia, mesmo quando usavam cães de caça para procurar os fugitivos.

ANNIE HUFF, NARRATIVAS DA GEÓRGIA, PARTE II, PÁGINAS 235–36

"Aquele que buscavam escapar de um senhor cruel costumavam esfregar terebintina nas solas dos pés para impedir sua captura. Outros coletavam quantidades de solo de um cemitério e o polvilhavam sobre seus rastros até uma determinada distância. Ambas as precauções eram usadas para desviar os cães farejadores. Os escravos refugiados muitas vezes se abrigavam nas terras do Sr. Huff, onde eram auxiliados pelos negros da família Huff na parte subsequente da fuga. Aqueles que permaneciam na floresta eram alimentados regularmente. (...) Os escravos comemoravam todas as notícias, por menores que fossem, que recebiam sobre a probabilidade de serem libertados pelos yankees".

GUS SMITH, NARRATIVAS DO MISSOURI, PÁGINA 332

"Nabo selvagem cresce aos milhares nos matos daqui. Uns campos cheios, parecem nabos, crescem às pencas, bem vermelhos. Os negros usavam nabo selvagem nos tempos da escravidão. Eles colhiam, secavam, pulverizavam e amarravam em quantidade ao redor dos pés para os cães de caça não pegarem o rastro. Cão nenhum ia longe depois de sentir o cheiro. É forte feito pimenta vermelha e queima feito nada, os negros sempre usavam para fugir".

CHARLES CRAWLEY, NARRATIVAS DA VIRGÍNIA, PÁGINA 8

"Quando os escravos fugiam, eles eram levados de volta para os seus senhores e senhoras; quando não conseguiam pegá-los de volta, eles deixavam isso para lá. Às vezes, os escravos saíam e iam morar em outros lugares; alguns moravam no mato, vivendo do que roubavam: porcos, milho e verduras das fazendas dos outros".

ELISABETH SPARKS, NARRATIVAS DA VIRGÍNIA, PÁGINA 51

"Bater em mulheres? Mas claro que batia em mulheres. Batia nas mulheres igual batia nos homens. Batia nas mulheres peladas e lavava com salmoura. Às vezes, batia tanto que elas não se aguentavam e fugiam para o mato. Se você entrava no mato, eles não tinham como te pegar. Podia se esconder, e as pessoas traziam de comer para você. Então ele chamava por você todos os dias. Depois de um tempo, ele dizia para um dos capatazes negros dizer para você voltar. Não vai mais bater em você. Eles tinham um capataz negro, mas sempre com um feitor branco. O capataz a convencia a voltar e então ele matava você a pancadas de novo".

HENRY WRIGHT, NARRATIVAS DA GEÓRGIA, PARTE IV, PÁGINA 202

"Sempre que um escravo tentava fugir, colocavam os cães para rastreá-los. O Sr. Wright foi pego e encurralado pelos cães diversas vezes, mas posteriormente descobriu uma maneira de evadi-los. Para tanto, ele esfregava nos pés os dejetos do quintal ou do pasto e então cobria as pernas com alcatrão de pinheiro. Em uma ocasião, ele conseguiu manter-se seis meses afastado da fazenda antes de voltar por conta própria. Ele fugiu após atacar seu senhor, que tentara açoitá-lo. Quando voltou por conta própria, o senhor não fez nada, pois ficou contente em saber que ele não se perdera para sempre, o que levaria à perda de uma soma considerável. (...) Quando fugitivo, ele dormiu na floresta, comeu frutas silvestres, etc. Às vezes, ele fugia para a fazenda da sua mãe ou a do seu pai, onde conseguia obter alimentos".

ESSEX HENRY, NARRATIVAS DA CAROLINA DO NORTE, PARTE I, PÁGINA 397

"Tinha um homem em Raleigh com dois cães de caça que ganhava a vida caçando negros fujões. O nome dele era Beaver, nunca deixava ninguém escapar, exceto uma vez. Pat Norwood levou uma foice bem comprida quando fugiu, e quando o primeiro cão apareceu ele cortou o rabo dele fora, do segundo ele cortou a orelha, e os cachorros pararam de correr atrás dele".

JEFFERSON FRANKLIN HENRY, NARRATIVAS DA GEÓRGIA, PARTE II, PÁGINAS 185, 187

"Teve um escravo em quem ele nunca encostou. (...) Aquele encarregado dele, Robert Scott, fugiu e ficou fora uns dias uma vez. O senhor Robert tinha começado a açoitar a esposa dele, então ele pulou entre os dois. Isso deixou o senhor Robert tão brabo que correu para casa para buscar a arma, então o encarregado sumiu de vista um dia ou dois para não levar tiro. Quando voltou, o senhor Robert ficou tão contente em ter ele de volta que nunca disse uma palavra para ele sobre ter ido embora".

LEAH GARRETT, NARRATIVAS DA GEÓRGIA, PARTE II, PÁGINA 14

"Um dos escravos se casou com uma menina e botaram ela para trabalhar na casa grande. Um dia, a senhora atacou ela por causa de alguma coisa e a menina revidou. A senhora disse que ia pedir para o senhor colocá-la no tronco e bater nela quando chegasse em casa. Quando a menina foi para o eito e contou para o marido, ele disse aonde ela deveria ir e para ficar lá até ele chegar. Naquela noite, ele levou a própria janta para ela, depois levou a menina até uma caverna, carregou uma palha e arrumou tudo para ela dormir. Ele arrumou aquela caverna como se fosse uma casa, colocou um fogão e correu um cano pela terra até um pântano. Todo mundo sempre se perguntou como ele arrumou aquele cano, mas é claro que eles não cozinhavam até de noite, quando ninguém ia enxergar a fumaça. Ele fez um forro de toras de pinheiro, fez camas e mesas com troncos de pinheiro. Eles moraram sete anos nessa caverna. Tiveram três filhos nesse tempo. Ninguém estava com ela quando esses filhos nasceram, só o marido. Ele cuidou dela com cada filho. As crianças não vestiam nada de roupa, só um pano amarrado na cintura. Eles eram peludos e cabeludos feito gente do mato, e é o que eram. Quando saíam daquela caverna, eles fugiam sempre que enxergavam alguém.

Durante os sete anos que ela morou naquela caverna, várias pessoas ajudaram eles a ter comida. O marido levava até um certo lugar e ela ia buscar. Muita gente passou na frente dessa caverna, várias e várias vezes, mas ninguém nunca soube que tinha gente morando lá. Nosso senhor não sabia onde ela estava, e foi só depois da liberdade que ela saiu de vez da caverna".

MARTHA JACKSON, NARRATIVAS DO ALABAMA, PÁGINA 220

"Então eles não deixavam ninguém ir a lugar nenhum, nem quando as duas fazendas eram vizinhas encostadas. Buscavam eles de lá e surravam de novo, e é exatamente por isso que vários e vários fugiram. Conheço um negro que ficou fora quase um ano, e ele não tinha ido muito longe, só subido a estrada um pouco. Ficou morando em uma caverna que escavou em uma encosta de argila. E a senhora Betty disse: 'Marty, onde você acha que está o Dan?' E eu nunca disse nada. Os patrulheiros não achavam ele nem ninguém, e ele nunca aparecia à luz do dia até aparecer depois da rendição".

HARRIET ROBINSON, NARRATIVAS DO OKLAHOMA, PÁGINA 272

"Por falar em negros que fugiram, meu padrasto não fugiu? Meu tio Gabe não fugiu? O gelo só comia os dedos dos pés deles enquanto estavam fugidos. Jogaram Tio Isom (meu padrasto) na cadeia e, enquanto estava lá, ele matou um guarda branco. Colocaram no jornal, 'Um negro a matar', e nosso senhor viu e comprou ele. Era um homem com a força de dois, de tão forte que era. Quando fugia, Deus lhe acuda. Uma vez, botaram os cachorros atrás dele, mas ele pegou o líder da matilha e bateu no resto dos cachorros. Os brancos pegaram ele de surpresa e fizeram os cachorros comerem a orelha dele todinha. Mas, você não sabe, ele ainda conseguiu fugir. Uma manhã, eu estava varrendo a sala da casa grande e alguém bateu à porta da frente, então fui atender. Lá estava Tio Isom, com a cabeça cheia de farrapos. 'Vai dizer para o velho senhor que eu voltei', ele me disse. Bati à porta do senhor e disse: 'Senhor coronel Sam, Tio Isom disse que voltou'. 'Vá até a cozinha e diz para a mãe negra lhe dar café da manhã', ele me respondeu. Quando ele terminou de comer, deram 300 chibatadas nele. Deus me abençoe, ele foi e fugiu de novo".

LOUISA GAUSE, NARRATIVAS DA CAROLINA DO SUL, PARTE II, PÁGINA 110

"Às vezes, quando não queriam fazer o que mandavam, os negros se escondiam no mato e ficavam lá até o feitor ir atrás deles. Ah, eles achavam com os cachorros. Quando o feitor encontrava quem tinha fugido, ele botava o cachorro a caçar. Meu Deus, minha filha, mas aqueles cachorros sempre achavam. Às vezes, eles corriam até você escalar uma árvore, mas outras eles pegavam onde não tinha árvore para escalar".

EASTER WELLS, NARRATIVAS DO OKLAHOMA, PÁGINA 317

"Mamãe era a cozinheira. Lembro que o velho senhor tinha umas regras bem estritas, e uma delas era que se queimava o pão, você tinha que comê-lo. Um dia, mamãe queimou o pão. Ela estava ocupada demais e esqueceu e ele queimou feio. Ela sabia que o velho senhor ia ficar furioso e que seria castigada, então arrebanhou um pouco de comida e o seu toucado e saiu em disparada. Ela se escondeu no mato e nos canaviais por duas semanas e ninguém achava ela. Uma das mulheres levava comida para ela às escondidas. Finalmente, ela voltou para casa e o velho senhor desceu a chibata, mas não machucou ela. Ele ficou feliz de ter ela de volta. Ela nos contou que podia ter fugido para o Norte, mas não queria deixar os filhos para trás. Ela tinha medo de o senhorzinho ficar brabo e nos vender para uma vida difícil, então voltou".

Comentário Em comparação com os fugitivos, um número menor de entrevistados descreveu ações que havia realizado durante a Guerra Civil para auxiliar os exércitos do Norte. Esse número menor provavelmente se deve ao fato de que a maioria dos entrevistados era relativamente jovem durante a guerra. Contudo, não há dúvida nenhuma de que a população escrava do Sul foi um ativo essencial para a causa da União. Os generais de ambos os exércitos afirmaram que os escravizados ajudaram o Norte de inúmeras maneiras, atuando como espiões, fornecendo informações locais valiosas ou auxiliando prisioneiros da União fugitivos. Eles também foram soldados e trabalhadores no exército da União.

Antes do verão de 1863, os exércitos do Norte haviam avançado relativamente pouco no território sulista ao longo da costa do Atlântico, do rio Mississippi e da fronteira norte da Confederação. Após a queda de Vicksburg, Mississippi, em julho de 1863, no entanto, milhares de escravizados do Vale do Mississippi atravessaram as linhas da União. Os generais nortistas William Tecumseh Sherman e Ulysses S. Grant começaram a planejar uma invasão mais profunda, atacando o interior do estado da Geórgia. Essa invasão, a chamada "Marcha ao Mar" de Sherman, ocorreu em 1864. No ano seguinte, seu exército avançou para o Norte, através das Carolinas, enquanto Grant atacava a massa do exército sulista na Virgínia. Essas ações levaram ao fim da guerra.

No total, aproximadamente 500 mil escravizados atravessaram as linhas da União durante o conflito. As mulheres, homens idosos e crianças moravam em acampamentos de "contrabando" ou em fazendas abandonadas, trabalhando como fazendeiros ou trabalhadores braçais para ajudar o Norte. Enquanto isso, dezenas de milhares de homens jovens se tornaram soldados. A União se beneficiou enormemente dos 180 mil soldados negros, que lutaram bravamente em muitas batalhas. A maioria desses homens era oriunda da população escrava, de modo que estavam ao mesmo tempo ajudando o Norte e negando ao Sul o acesso à sua mão de obra. Esses libertos contribuíram em muito para dar ao Norte sua margem de vitória.

MINGO WHITE, NARRATIVAS DO ALABAMA, PÁGINAS 417–18

"Depois que o velho Ned levou uma surra tão terrível por rezar por Liberdade, ele fugiu e foi para o Norte se juntar ao Exército da União. Depois que entrou para o exército, ele escreveu para o senhor Tom. Na carta, ele dizia 'estou deitando, senhor, e acordando, senhor', querendo dizer que ia para cama quando sentia vontade e levantava quando bem entendia. Ele disse a Tom White que se o queria, ele estava no exército e que poderia vir atrás dele. Depois que o velho Ned foi para o Norte, os outros começaram a procurar uma chance para fugirem. Vários foram pegos e trazidos de volta. Eles sabiam o preço que iam ter que pagar, e isso fez com que alguns se desesperassem. Em vez de levar uma surra, eles escolhiam revidar até conseguirem escapar ou então morrer antes que levassem a surra".

MARY BARBOUR, NARRATIVAS DA CAROLINA DO NORTE, PARTE I, PÁGINAS 80–81

"A gente tinha medo dos yankees no começo, mas quanto mais pensava em fugir dos nossos senhores, mais tinha medo dos rebeldes. Seja como for, papai disse que a gente ia se juntar aos yankees.

Viajamos a noite inteira e nos escondemos no mato o dia inteiro por um tempão, mas finalmente chegamos na fazenda do Dr. Billard, no Condado de Chowan [na Carolina do Norte], acho que ficamos lá por vários dias.

Os yankees tomaram essa fazenda então nós paramos por lá, nos divertimos à beça dançando e tudo mais até sairmos. Os yankees disseram a papai para ir para New Bern [uma cidade litorânea ocupada pelo exército do Norte] e que lá cuidariam dele, então é para New Bern que fomos".

Felix' youngest sister, who had known only seven years of slavery. After a timid " How-do-you-do, " and a comment on the great heat of the June day, she went back in the house. Then the old Negro began searching his 92 years of reminiscences, intermixing his findings with philosophy, poetry and prognostications.

"It's a funny thing how folks always want to know about the War. The war weren't so great as folks suppose. Sometimes you didn't knowed it was goin' on. It was the endin' of it that made the difference. That's when we all wakes up that somethin' had happened. Oh, we knowed what was goin' on in it all the time, 'cause old man Gudlow went to the post office every day and we knowed. We had papers in them days jus' like now.

"But the War didn't change nothin'. We saw guns and we saw soldiers, and one member of master's family, Colmin Gudlow, was gone fightin' - somewhere. But he didn't get shot no place but one - that was in the big toe. Then there was neighbors went off to fight. Some of 'em didn't wat to go. They was took away(conscription). I'm thinkin' lots of 'em pretended to want to go as soon as they had to go.

"The ranch went on jus' like it always had before the war. Church went on. Old Mew Johnson, the preacher, seen to it church went on. The kids didn't know War was happenin'. They played marbles, see-saw and rode. I had old Buster, a ox, and he took me about plenty good as a horse. Nothin' was different. We got layed-onto(whipped) time on time, but gen'rally life was good -- just as good as a sweet potato. The only misery I had was when a black spider bit me on the ear. It swelled up my head and stuff came out. I was plenty sick and Dr. Brennen, he took good care of me. The whites always took good care of people when they was sick. Hospitals couldn't do

Emancipação

FELIX HAYWOOD, NARRATIVAS DO TEXAS, PARTE II, PÁGINA 131

"É engraçado como todo mundo sempre quer saber da guerra. (...) ah, a gente sempre sabia o que estava acontecendo, porque o velho Gudlow ia até o correio todos os dias, então a gente sabia. Tinha jornal naquele tempo, igual tem hoje. (...)

'Como vocês souberam que a guerra terminara?', perguntam os entrevistadores.

Como a gente soube? Estourou um Aleluia:

Abe Lincoln freed the nigger
With the gun and the trigger
And I ain't goin' to get whipped any more
I got my ticket
Leavin' the thicket
And I'm a-headin' for the Golden Shore.[1]

---

1. Tradução: "Abe Lincoln libertou os negros/ Com a arma e o gatilho/ E eu não vou mais ser açoitado/ Ganhei meu bilhete/ Estou deixando o mato/ E partindo para a Costa Dourada."

De repente, os soldados estavam por toda parte, chegando aos montes, cruzando e caminhando e cavalgando. Todo mundo estava cantando, caminhando em nuvens douradas. Aleluia!

Union forever
Hurrah, boys, hurrah
Although I may be poor
I'll never be a slave—
Shoutin' the battle cry of freedom.[2]

Todo mundo foi à loucura. Nós nos sentíamos como os cavalos, e ninguém nos deixara daquele jeito, só nós mesmos. Éramos livres. Simples assim, éramos livres. Os brancos nem pareciam brabos. Eles continuaram a nos dar comida, igual a antes. Ninguém tomou nossas casas, mas logo de início os negros começaram a se mudar. Eles pareciam querer chegar mais perto da liberdade, para saberem como ela era, como se fosse uma fazenda ou uma cidade".

Comentário Como lembra Felix Haywood, a emancipação foi motivo para rejubilação entre os escravizados. Uma minoria (talvez 500 mil de cerca de 4 milhões) conquistaram sua liberdade antes do fim da guerra, quando os exércitos da União invadiram partes do Sul. Muitos serviram ou trabalharam para o exército da União, mas muitos dos seus familiares adoeceram

---

2. Tradução: "União para sempre/ Viva, rapazes, viva/ Eu posso ser pobre/ Mas nunca vou ser escravo/ Com o grito de guerra da liberdade."

ou morreram em acampamentos de "contrabando" mal aprovisionados. A maioria sabia que estava livre após o fim da guerra, em abril de 1865, mas senhores de escravos recalcitrantes chegaram a atrasar a emancipação em dois meses em partes isoladas do Sul, até a chegada das tropas federais.

Durante quatro anos, os escravizados acompanharam o desenrolar da guerra de perto. Na verdade, alguns brancos se espantavam ao descobrir que os cativos muitas vezes sabiam sobre batalhas importantes antes de essas informações chegarem aos seus senhores. Naturalmente, os escravizados observavam seus senhores em busca de notícias sobre eventos e de informações sobre as atitudes dos brancos. O modo como os proprietários reagiam era um prenúncio das atitudes que teriam a respeito dos negros depois do fim da escravidão.

Os negros do Sul descobriram que a possível derrota da Confederação iria apenas enfurecer alguns dos brancos e os deixaria ainda mais hostis à chegada da liberdade. Os brancos que tinham dinheiro suficiente muitas vezes levavam suas escravarias para regiões que, eles imaginavam, estariam seguras das tropas yankees, pois estavam decididos a sustentar a escravidão. Outros aceitaram as mudanças da guerra, ainda que a maioria o tenha feito com tristeza ou relutância. Relativamente poucos senhores procuraram suas antigas "propriedades" com o espírito de cooperação.

J. W. TERRILL, NARRATIVAS DO TEXAS, PARTE IV, PÁGINA 82

"Quando ouvimos falar que a guerra tinha acabado e a gente estava livre, todo mundo pulou e gritou e dançou. A senhora chorou e chorou e nos disse que a gente estava

Felix Haywood

livre e que queria que morressem todos de fome, que ia ficar feliz, porque nos perder ia arruiná-la. Havia um montão de negros na cidade e a gente estavam em um zunzunzum, feito abelhas entrando e saindo da colmeia. É como a gente era. Eu fui à loucura, e no primeiro ano fui para o Norte, mas depois voltei para o Texas".

ED MCCREE, NARRATIVAS DA GEÓRGIA, PARTE III, PÁGINA 64

"Foi um dia feliz para nós escravos quando chegou a notícia que a guerra acabara e os brancos tinham que nos soltar. O senhor chamou seus negros até o pátio da casa grande, mas eu não fiquei por lá para ver o que ele tinha a dizer. Saí correndo daquele lugar, gritando o mais alto que podia".

REVERENDO LAFAYETTE PRICE, NARRATIVAS DO TEXAS, PARTE III, PÁGINA 204

"Quando a notícia da rendição chegou, muitos negros começaram a festejar e a cantar 'sou livre, sou livre feito um sapo', porque o sapo tem a liberdade de saltar em cima de uma tora e saltar para fora quando bem entende".

MILLY HENRY, NARRATIVAS DA CAROLINA DO NORTE, PARTE II, PÁGINAS 400–404

"Nasci escrava do Sr. Buck Boylan, em Yazoo City, Mississippi. Eu não sei nada da minha família, só da minha avó, e ela morreu no Mississippi durante a guerra.

O senhor Buck tinha três fazendas lá, a Mosley, a Middle e a Hill. Eu e minha avó morávamos na fazenda Mosley. Um dia, o senhor Buck chegou e nós vimos que ele estava morrendo de preocupação; depois de um tempo, ele tomou coragem e nos disse? 'Os yankees estão chegando para levar os meus escravos e eu não vou deixar. Por esse motivo, estamos partindo para a Carolina do Norte depois de amanhã e eu não quero ver ninguém abrindo a boca para reclamar'.

Naquele dia, ele repassou os escravos e escolheu uns quinhentos para ir. Ele me escolheu, mas minha avó ele disse que ia ficar para trás, porque estava velha e fraca demais. Eu odiei aquilo, mas não disse nada.

Partimos de casa em carroças cobertas, com muita caminhada, e acho que umas três semanas depois chegamos a Raleigh. Você devia ter ido junto naquela viagem, querida. Quando acampava na beira da estrada, a gente dormia no chão e cozinhava nossas rações na fogueira. Acho que foi uma primavera antes da rendição, que foi na seguinte. (...)

Eu estava tirando água do poço no fim da Rua Fayetteville quando os yankees chegaram. Vi eles descendo a rua a cavalo, os casacos azuis reluzindo e os cavalos se empinando. Eu sabia que devia ter medo, mas não tive, então fiquei ali parado, olhando. (...)

Os yankees foram bons para mim, mas foi muito difícil arranjar um emprego, então eu não me dei tão bem quanto me dava antes da guerra.

Sim, senhor, eu fico contente que a escravidão acabou".

WILLIAM MOORE, NARRATIVAS DO TEXAS, PARTE III, PÁGINA 132

"O senhor Tom ouviu falar que iam emancipar os escravos em Selma, [Alabama] então ele juntou as suas e os negros e veio para o Texas. Mamãe disse que vieram em carroças cobertas, mas eu não tenho idade para lembrar nada disso".

VAN MOORE, NARRATIVAS DO TEXAS, PARTE III, PÁGINA 129

"Mamãe me contou assim como foi que os Cunningham e os McKinney vieram para o Texas. Quando a guerra começou, a maior parte de quem tinha escravos lá na Virgínia se mudou mais para o Sul, e vários para a Luisiana e o Texas, porque diziam que os yankees nunca iam chegar tão longe e não iam ter que libertar os escravos se chegassem até aqui. Além do mais, tinha muitos escravos fugindo para o Norte naquelas bandas. Mamãe diz que quando partiram para cá nas carroças, os brancos disseram para os coitados dos negros, que eram tão ignorantes que acreditavam em tudo que os brancos diziam, que eles estavam indo para onde os lagos eram cheios de xarope e cobertos de bolo de massa mole e onde não teriam que trabalhar tanto. Eles diziam isso para ninguém fugir. (...)

Quando a guerra estourou, os soldados da União tinham um acampamento não muito longe de nós e eu me escapulia para lá quando a velha senhora estava distraída, pois os soldados me davam café preto e açúcar para levar para mamãe. Eu tinha que caminhar com areia pelos jo-

Van Moore

elhos para chegar naquele acampamento. Várias outras crianças iam também, mas nunca vi crueldade dos soldados. Eles estendiam o balde de açúcar e quando você colocava a mão lá dentro, dava para sentir a água, porque não era açúcar refinado como se tem agora. Mas o gosto era bom, bom mesmo".

ELISABETH SPARKS, NARRATIVAS DA VIRGÍNIA, PÁGINA 52

"Shep foi para a guerra, mas não por muito tempo. Ele não viu nada dela, mas os escravos sabiam qual era o motivo da guerra. Depois que ela terminou, tentaram enganar os escravos e queriam manter eles trabalhando, mas os yankees contaram que eles estavam livres. Mandaram alguns escravos para a Carolina do Sul quando os yankees chegaram perto, para não deixar os yankees pegarem eles. Mandaram meu primo James para a Carolina do Sul. Nunca vou esquecer de quando os yankees passaram. Eles foram levando todo o gado e todos os escravos homens para Norfolk consigo para acabar com o sistema, os brancos por aqui iam só continuar a ter escravos. Os escravos queriam liberdade, mas tinham medo de dizer isso para os brancos. Bem, os yankees estavam dando tudo para os escravos".

ANNIE ROW, NARRATIVAS DO TEXAS, PARTE III, PÁGINA 260

[Quando a guerra começou:] "O senhor Charlie xingou tudo e todo mundo e nós abrimos o olho e ficamos longe dele. Dois anos depois, ele recebeu uma carta do senhor Billy dizendo que ia voltar para casa em breve e que

Johnny tinha sido morto [ambos eram filhos de Charlie]. A senhora começou a chorar e o senhor deu um pulo e começou a praguejar contra a guerra, então ele pegou um atiçador em brava e disse: 'Libertar os negros, é isso que querem? Deixa que eu liberto'. E ele bateu na minha mãe no pescoço. Ela começou a chorar e a gemer e caiu no chão. Lá estavam, a senhora de luto, mamãe de luto e o senhor berrando o mais alto que podia. Ele tirou a arma da parede e saiu em direção ao eito onde os negros estavam trabalhando. Minha irmã e eu vimos isso e saímos correndo e gritando, porque a gente tinha irmãos e irmãs no eito. Mas o Bom Deus se fez sentir nessa confusão e o senhor não tinha ido longe campo adentro quando caiu de repente. A morte caiu sobre ele e os negros vieram correndo. Ele não conseguia falar nem se mexer, então carregaram ele de volta para a casa. O doutor veio e no dia seguinte o senhor morreu".

KATIE ROWE, NARRATIVAS DO OKLAHOMA,
PÁGINAS 275–76, 281–83

"[O senhor] chegou a cavalo e disse para o velho Saunders, o feitor, que era para reunir todos nós ao redor do líder da linha, que era meu próprio Tio Sandy, e então passou o sermão!

'Crioulos, vocês andam vendo os soldados confederados passando por aqui esfarrapados e machucados e cansados', ele disse, 'mas isso não quer dizer que foram derrotados!'

'Os yankees não vão chegar tão longe, mas se chegarem eles não vão libertar nenhum de vocês, porque eu mesmo vou libertar todo mundo antes disso. Quando chegarem aqui, todo mundo já vai estar livre, porque eu vou enfileirar vocês na margem do rio Bois d'Arc e libertar todos com a minha espingarda! Quem deixar para trás um golpe de enxada ou um passo da linha ou um repique do sino ou um toque da corneta vai estar livre e conversando com o diabo muito antes de avistar um par de calça azul que seja!'

Era assim que ele falava com a gente e assim que agia com a gente o tempo todo".

LOUISA E SAM EVERETT, NARRATIVAS DA FLÓRIDA, PÁGINA 130

"Louisa e Sam ouviram esse sino tocar pela última vez no outono de 1865. Todos os escravos se reuniram em frente à casa grande, onde foram informados que estavam livres, por ora. Eles haviam ouvido boatos sobre a guerra, mas não entendiam o significado de tudo aquilo. Agora 'Big Jim' estava chorando na varanda, amaldiçoando o destino que lhe fora tão cruel e lhe roubara todos os seus 'crioulos'. Ele indagou se alguém queria permanecer até a colheita terminar e, quando ninguém consentiu com isso, teve um acesso de fúria; ele sacou sua pistola e começou a disparar contra a multidão de negros amedrontados. Alguns morreram na hora, outros ficaram aleijados pelo resto da vida. Por fim, ele foi convencido a parar, mas então tentou tirar a própria vida. Alguns escravos assustados prometeram ficar com ele por mais um ano, o que o acalmou. Foi necessário que soldados da União visitassem a fazenda mais uma vez antes que 'Big Jim' permitisse a partida de seus ex-escravos".

ELLA WASHINGTON, NARRATIVAS DO TEXAS,
PARTE IV, PÁGINAS 132–33

"Ouvi todo mundo dizer que tinha uma guerra e meu tio e meu primo fugiram para o escritório central, onde estavam os yankees. Mamãe diz que era em Milligan, Texas. Quando a liberdade estava chegando na Luisiana, eles nos refugiaram para o Texas, nas carroças. Viajamos o dia inteiro e metade da noite e dormimos no chão. Não demorou muito para chegar em Calvert, lá no meio do Texas, e eles nos botaram na fazenda dos Barton. Estávamos escavando batatas por lá quando os yankees chegaram em duas carroças enormes e nos mandaram sair da plantação e nos libertaram. Não teve comemoração nenhuma. O senhor disse que todo mundo podia ficar uns dias até decidir o que queria fazer.

Mas daí aconteceu uma coisa esquisita. Os escravos bebiam de um poço velho. Eles bebiam a água de manhã, tinham umas dores de barriga horríveis na hora do almoço e de noite estavam mortos. Morreram feito moscas, tão rápido que não deu para fazer caixão para todos, só costuraram uns sacos e enterraram assim mesmo. Alguns escravos dizem que o senhor jogou veneno no poço. Não sei do que eles morreram, mas que foi esquisito, foi".

DOUGLAS DORSEY, NARRATIVAS DA FLÓRIDA, PÁGINA 98

"Douglas diz que nunca vai se esquecer uma noite quando tinha 14 anos de idade, quando lhe mandaram dizer ao capataz para levar todos os escravos até a casa. Logo, todo a escravaria de cerca de 85 escravos estava reunida, alguns sentados em cepos, outros de pé. O filho do coronel ficou visivelmente comovido ao anunciar que estavam todos livres. Ele disse que poderiam ir aonde quisessem, pois ele não tinha mais relação alguma com eles, ou que poderiam permanecer e ter para si metade de tudo que fosse cultivado na fazenda. Os escravos ficaram contentes com a notícia, pois mal sabiam que uma guerra estava sendo travada.

Ninguém aceitou a oferta do coronel de permanecer, pois todos ficaram muito contentes com a oportunidade de abandonar as crueldades da fazenda dos Matair".

IRELLA BATTLE WALKER, NARRATIVAS DO TEXAS, PARTE IV, PÁGINA 124

"Uma manhã, o senhor Washington nos chamou e leu do jornalzão. Ele disse: 'Vocês estão livres para viver e livres para morrer e livres para irem para o diabo, se quiserem'. Ele disse que fizéssemos a sua colheita, receberíamos pelo serviço, então deu as costas e foi embora, chorando. Todas as famílias ficaram, exceto um homem".

SINEY BONNER, NARRATIVAS DO ALABAMA, PÁGINAS 40–41

"Mamãe diz que eu tinha quinze anos na época da rendição. Lembro muito bem. O senhor John chamou todos os negros da fazenda em volta dele na casa grande e disse para eles: 'Agora vocês são livres como eu, não sou mais o senhor de ninguém. Tentei ser bom para você e tomar conta de todos vocês. Todos que quiserem ficar são bem-vindos, vamos todos trabalhar juntos e ganhar a vida. Se não quiser ficar, quem for embora vai ter que se virar feito porco no mato'. Alguns ficaram e alguns foram embora".

RANDOLPH JOHNSON, NARRATIVAS DO ALABAMA, PÁGINA 231

"Então veio a guerra, e todas as roupas boas que a gente fez no tear viraram farrapos. A comida escasseou; alguns dos escravos fugiram, algumas das nossas casas os yankees botaram fogo. Depois da guerra, o senhor voltou e nos disse que os negros não eram mais escravos. Disse que a gente podia ir, mas que quem quisesse ficar também podia. Ele deu a cada família que ficou uma mula, uma vaca, umas ferramentas e dinheiro, o suficiente para cuidar delas até a colheita terminar. Nunca negro nenhum teve senhor melhor que ele".

JANIE GALLMAN, NARRATIVAS DA CAROLINA DO SUL, PARTE II, PÁGINA 97

"Seu pai e mãe eram ambos propriedade de Bill Keenan, que era um bom senhor. Ela nunca viu nenhum dos escravos ser açoitado e jamais viu qualquer escravo acorrentado. Quando ela, o pai e a mãe foram libertados, ela afirma: 'Meu senhor deu para o meu pai um barril de farinha grossa, uma vaca e um bezerro e um vagão de milho quando nos soltou. Ele deu o mesmo para cada um dos seus escravos. Ele tinha uma fazenda grande. Não sei quantos hectares de terra era, mas era bem grande'".

TEMPIE HERNDON DURHAM, NARRATIVAS DA CAROLINA DO NORTE, PARTE I, PÁGINAS 289–90

"Fiquei feliz quando a guerra terminou, porque daí eu e o Exter podíamos ficar juntos o tempo inteiro, em vez de só sábado e domingo. Depois de livres, moramos um tempão lá mesmo na fazenda do senhor George. Alugamos a terra por um quarto do que fazíamos, e depois de um tempo compramos uma fazenda. Pagamos 300 dólares que tínhamos economizado. Tínhamos um cavalo, um boi, uma vaca e dois porcos, além de algumas galinhas e quatro gansos. A senhora Betty foi até o sótão e nos deu uma cama e uma capa de colchão e pena de ganso o suficiente para fazer dois travesseiros, além de uma mesa e algumas cadeiras. Ela também nos deu uns pratos. O senhor George deu para o Exter um alqueire de semente de milho e um pouco de semente de trigo, depois mandou ele ir até o celeiro e pegar um saco de semente de algodão. Pegamos tudo isso e então arrumamos a carroça, arrebanhamos a criançada e se mudamos para a nossa nova fazenda. As crianças foram colocadas para trabalhar no campo; elas cresceram no eito, porque eram colocadas para trabalhar desde que aprendiam a caminhar direito.

Não tem nada de errado com a liberdade, mas os negros estavam melhores antes da rendição, porque cuidavam deles e não se metiam em confusão, brigando e matando como fazem hoje em dia. (...) Pode ser que o senhor e a senhora de todo mundo não fosse bom igual o senhor George e a senhora Betsy, mas eles eram iguais a pai e mãe para os negros deles".

MACK MULLEN, NARRATIVAS DA FLÓRIDA, PÁGINAS 238–39

"Liberdade: Mullen lembra vividamente do dia em que ouviram a notícia da sua emancipação; os disparos das armas ecoaram pelas florestas e fazendas; após algum tempo, os soldados 'yankees' vieram e informaram que estavam livres. O Sr. Snellings não resistiu e não foi molestado. Os escravos, ao ouvirem as boas novas sobre a liberdade, começaram a cantar e rezar a Deus espontaneamente. Foi um dia de festa. Ninguém trabalhou por uma semana, o tempo foi gasto com comemorações. O senhor disse aos seus escravos que estavam livres e poderiam ir aonde quisessem, ou que poderiam permanecer com ele se assim o desejassem. A maioria dos seus 200 escravos se recusou a abandoná-lo, pois ele era considerado um bom senhor".

JERRY BOYKINS, NARRATIVAS DO TEXAS, PARTE I, PÁGINA 122

"Lembro bem de quando meu senhor [um rico proprietário no Condado de Troupe, Geórgia] foi para a guerra. Ele chamou todos nós na cozinha e disse que ia para lá dar uma sova naqueles filhos da puta e que ia voltar antes do café da manhã. Ele não voltou por dois anos. 'Senhor, o seu café da manhã ia ter demorado', eu disse. 'Sim, eles são os filhos da puta mais difíceis de surrar que já vi na vida', ele respondeu.

Quando a guerra terminou, ele nos reuniu e anunciou que a gente estava livre. 'Agora eu vou dar para vocês um dia de festa', ele disse. 'Depois, vocês podem ficar e trabalhar por salário ou podem ir embora'. Então nós puxamos dois barris de uísque e matamos uns porcos e armamos um festão". [Jerry Boykins partiu pouco depois, tendo recebido uma oferta de emprego no Kentucky.]

WILLIS WINN, NARRATIVAS DO TEXAS, PARTE IV, PÁGINA 205

"Depois da rendição, o senhor libertou os homens e a senhora libertou as mulheres, mas ele não nos soltou quando devia. Não teve fazenda nenhuma dividida com os negros que eu tenha ouvido falar. Os negros da Luisiana dizem que a Rainha Elizabeth mandou um barco cheio de ouro para a América, para dar para os libertos, mas eu nunca vi nada disso. O senhor deu para cada um de nós um barril de farinha grossa, um barril de farinha fina, uma costela de carne e 40 litros de melaço e nos mandou trabalhar para quem a gente quisesse. Papai comprou duas vacas, um cavalo, oito porcos e um bode do senhor, a crédito, e nós nos mudamos e plantamos três safras diferentes.

Os yankees ficaram na Luisiana por bastante tempo depois da rendição. Eles foram até as casas dos brancos que não libertaram seus escravos e arrebentaram os barris de farinha e queimaram a carne. 'Se a gente tiver que ver vocês de novo, vamos acabar com todo mundo, do berço para cima', eles diziam".

Comentário A decisão mais importante que os escravizados enfrentaram ao conquistar sua liberdade era se deveriam abandonar a fazenda e buscar trabalho em outro lugar ou ficar com um senhor conhecido. Dado o histórico da escravidão e a realidade do racismo, não era uma decisão simples. Os libertos sabiam que a sociedade do pós-guerra não estaria disposta a apoiá-los ou ansiosa para ajudá-los. Eles precisavam estimar se teriam um destino melhor com a pessoa branca que conheciam ou com um desconhecido. Em ambos os casos, eles não esperavam sempre receber tratamento justo. Em geral, os senhores mais cruéis perderam a maior parte da sua mão de obra assim que a guerra acabou.

Para alguns emancipados, seria preciso enfrentar uma última batalha antes de descartarem os grilhões da escravidão. Em muitos estados sulistas, os ex-senhores usaram os tribunais locais para transformar as crianças negras em "aprendizes". Ao se converterem nos seus tutores legais, eles tentavam retcr as crianças e os seus pais. Tendo perdido seus escravizados, os fazendeiros usavam todos os meios que pudessem inventar para manter a mão de obra nas suas terras. Assim, alguns cativos precisaram da presença do exército da União para conquistar sua liberdade ou qualquer uma das suas vantagens.

BERT STRONG, NARRATIVAS DO TEXAS, PARTE IV, PÁGINAS 71–72

"Quando o senhorzinho foi para a guerra, chamaram todos os escravos para se despedirem dele. (...) Quando a guerra terminou, ele voltou para casa e disse para o velho senhor: 'Você não leu a proclamação para os seus negros ainda?' O senhor disse que não, então o senhorzinho tocou o berrante e nos chamou, então disse que a gente era livre igual a ele e podia trabalhar para quem quisesse, mas que gostaria que ficássemos até o fim da colheita. Ele disse que ia nos contratar e assinar um contrato. Eu e mamãe ficamos dez anos, porque eles eram tão bons que não adiantava nada ir embora".

ALICE GREEN, NARRATIVAS DA GEÓRGIA, PARTE II, PÁGINA 45

"Um dia, nós as crianças estávamos brincando no montinho de areia e olhamos para cima e enxergamos um bando de yankees vindo para nós. Tinha tantos deles que parecia uma revoada de passarinho azulão. Antes de irem embora, tinha gente que achava que estavam mais para diabos azuis. Mamãe estava na cozinha e a velha senhora disse: 'Olhe pela janela, Milly; os yankees estavam vindo e vão libertar vocês e roubar você e seus filhos de mim. Não me deixe! Por favor, Milly, não me deixe!' Os yankees invadiram o pátio. Eles abriram o defumadouro, o galinheiro, a tulha de milho e tudo mais naquela fazenda. Eles levaram o que quiseram e nos disseram que o resto era nosso para fazer o que a gente bem entendesse. Disseram que a gente era livre e que tudo que tinha na fazenda pertencia a nós, então foram embora e a gente nunca mais viu eles.

Quando a guerra terminou, a velha senhora chorou e chorou e implorou para a gente não ir embora, mas nós fomos".

DELIA GARLIC, NARRATIVAS DO ALABAMA, PÁGINA 132

"Sim, senhora, o senhor Garlic tinha dois meninos na guerra. Quando eles partiram, o senhor e a senhora choraram, mas a gente ficou feliz de ver eles chorarem. Eles nos faziam chorar tanto.

Quando a gente soube que estava livre, todo mundo quis ir embora".

GEORGE LEWIS, NARRATIVAS DA GEÓRGIA, PARTE III, PÁGINA 50

[Viveu em situação de escravidão em Pensacola, Flórida.] "Quando a guerra estourou, o Sr. Lewis afirma que costumava escutar os mais velhos cochichando entre si à noite. (...) Todos os escravos na fazenda ficaram muito contentes ao ser informados de que eram livres, mas não houve nenhuma grande demonstração, pois tinham certo receio do que o seu senhor poderia fazer. Alguns permaneceram na fazenda, enquanto outros partiram assim que foram informados de que eram livres".

GEORGE WOMBLE, NARRATIVAS DA GEÓRGIA, PARTE IV, PÁGINA 192

"Depois que os escravos foram libertados, diversos deles foram postos sob obrigação de permanecer, afirma o Sr. Womble. Ele próprio teve que permanecer com a família Womble até atingir 21 anos de idade. Quando o dia chegou, o Sr. Womble se recusou a deixá-lo partir. Contudo, a Sra. Womble ajudou-o a fugir, mas ele foi visto e pego uma noite, na casa de uma senhora branca idosa com quem fizera amizade. Uma corda foi presa ao redor do seu pescoço e ele foi forçado a correr todo o caminho de volta à fazenda, enquanto os outros cavalgavam. Após mais alguns meses de maus-tratos, ele fugiu novamente. Desta vez, ele foi bem-sucedido (...)"

SRA. ANNIE PRICE, NARRATIVAS DA GEÓRGIA, PARTE III, PÁGINAS 182–83

"Seu pai fugiu uma vez para escapar de um açoite (isso ocorreu durante a Guerra Civil). Ele conseguiu escapar dos cães, além dos perseguidores humanos. Quando questionada sobre o resultado final dessa fuga, a Sra. Price respondeu que seu pai permaneceu oculto até a guerra terminar e ele poder apresentar-se sem nada a temer. (...) Quando a Sra. Kennon os informou que estavam livres para partirem ou ficarem, como quisessem, seu pai, que acabara de voltar do esconderijo, disse à Sra. Kennon que não gostaria de permanecer na fazenda por mais tempo do que fosse necessário para reunir sua família. Ele afirmou que desejava sair por conta e sentir como era ser livre. A Sra. Price diz que, jovem como era, sentiu-se muito feliz, pois o jugo do cativeiro desaparecera e ela sabia que poderia ter privilégios como qualquer outra pessoa. Assim, ela e sua família se mudaram e seu pai começou a lavrar a terra por conta própria".

JOHN VAN HOOK, NARRATIVAS DA GEÓRGIA, PARTE IV, PÁGINA 90

"Quando a guerra terminou, o Sr. Love reuniu seus escravos e disse que eles haviam sido libertados. Ele lhes explicou tudo com muito cuidado e disse que poderia arranjar para que todos os que quisessem permanecer com ele trabalhar na fazenda. Muitos dos negros foram embora depois que ouviram falar de gente enriquecendo com o trabalho nas ferrovias do Tennessee e sobre os altos salários sendo pagos nas grandes fazendas do Mississippi. Alguns desses agentes de mão de obra eram incrivelmente espertos quando se tratava de exagerar a verdade".

FANNY RANDOLPH, NARRATIVAS DA GEÓRGIA,
PARTE III, PÁGINA 196

"A guerra veio chegando de pouco em pouco, e todos os homens foram embora para lutar contra os yankees, então as mulheres e as crianças tiveram uma vida difícil, porque todos nós tínhamos que cuidar dos animais e trabalhar no eito. Depois a gente ouviu como os yankees estavam por todo lado, matando as mulheres de susto dentro de casa e fazendo elas cozinharem para eles comerem, depois destruindo e bagunçando as casas e então indo embora.

Quando a velha Mistie ouviu dizer que os yankees estavam vindo, ela chamou os negros para levar toda a louça, a prataria e as joias que pertenciam à velha senhora e sua família e cavar uns buracões atrás do defumadouro e embaixo da casa grande e deixar tudo enterrado até os yankees passarem.

Foram dias sombrios, mas um tempão depois que a guerra terminou e disseram que a gente era livre, eu não quis deixar meus brancos, então fiquei com eles algum tempo (...)".

ANNA PARKES, NARRATIVAS DA GEÓRGIA, PARTE III, PÁGINA 162

"Eu tenho estudado sobre os tempos da guerra e lembro que o velho senhor ficou muito preocupado com os seus negros quando ouviu falar que uma multidão de soldados yankees estava vindo para Athens [na Geórgia]. Diziam que os yankees iam escolher os melhores negros para levar consigo e havia muita falação sobre o jeito escandaloso como os soldados yankees estavam tratando as negras, mulheres e meninas. Antes de chegarem aqui, o velho senhor mandou a maioria dos seus melhores negros para Augusta [a 150 quilômetros de Athens], para não correrem o risco de serem pegos pelos federais. Contudo, os negros que ele manteve não foram nada incomodados, porque os federais respeitavam o juiz e não fizeram nada de mal nas suas terras. (...) O velho senhor mandou nos chamar depois que a guerra acabou, e a gente ficou muito orgulhoso de voltar para casa".

SHADE RICHARDS, NARRATIVAS DA GEÓRGIA,
PARTE III, PÁGINA 204

"O Sr. Jimmy levou Shade para a guerra consigo. Shade precisou atuar como seu criado pessoal e também cuidar dos dois cavalos. As balas perfuraram o casaco e o chapéu de Shade muitas vezes, mas 'o Senhor estava tomando conta' dele e ele nunca se machucou. Eles estavam na batalha de Appomatox e 'na rendição' em 8 de abril de 1865, mas 'as evidências não foram compromissadas até 29 de maio, então esse é o dia em que os negros comemoram a emancipação'.

O irmão de Shade ajudou a construir a ferrovia de Atlanta a Macon para que os soldados e a munição dos confederados pudesse ser transportada com mais rapidez.

Naquele tempo, um negro não era adulto até fazer 21 anos, por maior que fosse. Shade estava 'praticamente' crescido quando a guerra terminou, mas trabalhou para o Sr. Neal por quatro anos. Seus pais alugaram um terreno, mula e arado do Sr. Neal e a família ficou reunida. No início, eles davam aos negros apenas um décimo do que plantavam, mas isso não era o suficiente para sobreviver e após 'muito bate-boca sobre o assunto', eles passaram a receber um terço. Isso também não bastava para sobreviver, então o 'bate-boca' continuou até darem a metade, 'e é isso que se ganha até hoje'".

ADELINE WILLIS, NARRATIVAS DA GEÓRGIA, PARTE IV, PÁGINA 166

"Quando questionada sobre a guerra, Tia Adeline diz que a vida era muito mais difícil naquela época. 'Ora, a gente não tinha sal, nem sal, e não se arranjava naqueles tempos. A gente tinha que recolher a terra do defumadouro onde a carne pingava e fazer correr feito barrela para poder salgar as coisas. Sim, senhora, a vida era difícil e nosso senhor passou na guerra todos os quatro anos e a gente tinha que fazer o melhor que podia. Nós não íamos saber nada se não por uma negrinha velha e desbocada na senzala que vivia falando em 'liberdade'. Ela incomodou muito os nossos brancos, era muito desbocada com eles, mas não venderam e ela foi libertada junto com a gente. Quando todos voltaram para casa da guerra e o senhor nos chamou e disse que a gente estava livre, alguns ficaram tão felizes que gritaram, mas outros não; ficaram tristes. Lewis [seu marido] veio correndo, ele queria que eu e as crianças fôssemos morar na fazenda dos brancos dele com ele, mas eu não quis. Não, senhora, eu não queria deixar os meus brancos para trás. Mandei o Lewis seguir em frente e me deixar em paz, eu conhecia meus brancos e eles eram bons para mim, mas não conhecia os brancos dele. Então a gente continuou a viver como vivia na escravidão, mas ele vinha me ver todos os dias. Depois de alguns anos, ele finalmente me convenceu a ir até a fazenda dos Willis para morar com ele, e os brancos dele foram muito bons para mim'".

SARAH GUDGER, NARRATIVAS DA CAROLINA DO NORTE, PARTE I, PÁGINAS 357, 358

"Na fazenda tinha uma velha que o chefe comprara de um bando da Virgínia. O chefe comprou ela de um dos especuladores. Ela riu e nos disse: 'Qualquer dia desses você vão todos ser livres, igual aos brancos', mas todos rimos dela. Não, nós somos só escravos, sempre temos que trabalhar e nunca vamos ser livres. Quando a liberdade chegou, ela disse: 'Eu disse, agora vocês não aprenderam nada, não têm nada, não têm casa; o que é vão fazer? Eu não disse?' (...)

Quando a guerra terminou, o senhor William disse: 'Vocês sabem que são livres? Pois são livres agora'. Eu dei uma risadinha, lembrando do que a velha nos dissera sobre liberdade sem ter aprendido nada. Vários homens queriam que eu fosse para o estrangeiro, mas eu respondi que ia morar com meu pai enquanto ele vivesse. Fiquei com os brancos uns doze meses, depois fiquei com papai enquanto ele viveu".

MOLLY HARRELL, NARRATIVAS DO TEXAS, PARTE II, PÁGINAS 116-17

"Todo mundo falava em liberdade e rezava para ser livre antes de morrer. Lembro da primeira vez que os yankees passaram, minha mãe me pôs em cima da cerca. Eles costumavam passar com sacolas nas mulas que enchiam com coisas das casas. Eles entravam no celeiro e se serviam. Entravam nos estábulos e soltavam os cavalos dos brancos e espantavam tudo que não levavam para eles.

Uma noite, lembro muito bem, eu e minha mãe estávamos sentadas na choupana, prontas para ir dormir, quando ouvimos alguém chamando ela. Escutamos o feitor cochichar por baixo da porta e dizer para mamãe que ela era livre, mas para não contar para ninguém. Não sei por que ele fez isso. Ele sempre gostou de mamãe, então acho que fez por ela. O senhor nos leu os papéis logo depois disso e falou que estávamos livres.

Mamãe e eu partimos na mesma hora [da fazenda, no Texas] para Palestine [uma cidade próxima da fazenda]. Quase todo mundo foi com a gente. Todos caminhamos estrada afora, cantando e gritando ao som da música. Meu pai veio no dia seguinte e se juntou a nós. Minha irmã nasceu lá. Depois fomos para Houston e Luisiana por um tempo e eu fui trabalhar de cozinheira. Trabalhei até virmos para Galveston, uns dez anos atrás".

MARTIN RUFFIN, NARRATIVAS DO TEXAS, PARTE III, PÁGINA 267

"O senhor não contou que a gente estava livre por três ou quatro dias depois da liberdade, então disse: 'Vocês estão livres; não vão embora, eu vou pagar vocês'. Primeiro os negros não entenderam o que ele queria dizer, então alguém falou: 'Estamos livres, acabou o chicote e as surras'. Você devia ter visto eles pulando e batendo palmas e dançando.

Mamãe e papai foram embora trabalhar para si mesmos em uma fazenda, mas eu fiquei para trás até estar quase crescido". [Nesse caso, o senhor de escravos provavelmente foi aos tribunais para obter a tutela legal do escravo menor de idade.]

ADELINE WHITE, NARRATIVAS DO TEXAS, PARTE IV, PÁGINA 154

"O velho senhor não foi para a guerra e os meninos dele eram pequenos demais. Só ouvimos falar da guerra e que ela ia nos libertar. De noite, a gente escapulia para o mato e fazia um culto, rezando para a liberdade chegar rápido. A gente tomava bastante cuidado, porque o senhor ia açoitar todo mundo se descobrisse. Ficávamos fora quase toda a noite, dormindo e rezando, dormindo e rezando. Quando finalmente chegou a notícia da liberdade, o senhor disse que todo mundo estava livre para ir embora, mas para quem ficasse ele ia pagar. A maioria se foi, porque o senhor era bem malvado e se a gente não precisa ficar, não fica, não com aquele senhor".

SRA. BETTY GUWN, NARRATIVAS DO INDIANA, PÁGINA 99

"Quando a Guerra Civil começou, houve uma grande agitação entre nós escravos [numa fazenda perto Canton, Kentucky]. Estávamos sob vigília cerrada, especialmente como soldados para os dois exércitos. Meu marido fugiu cedo e ajudou Grant a tomar o Forte Donaldson. Ele disse

Adeline White

que libertaria a si mesmo, o que fez; mas quando finalmente fomos libertados, toda nossa família se preparou para partir. O senhor nos implorou para ficar e ofereceu dois quilos de farinha grossa e um quilo de faceira de porco toda semana se ficássemos para trabalhar. Nós fomos todos morar em Burgard, Kentucky".

JOE HIGGERSON, NARRATIVAS DO MISSOURI, PÁGINA 178

"Quando disseram que os negros eram livres, o chefe veio e leu os papéis para eles dizendo que eram livres. E eu fui para Boonville [Missouri] e me alistei no Exército da União, em 23 de novembro de 1863. Servi no 25º Corpo de Exército, Segunda Divisão, sob o General Whitsell. Eu lutei na última batalha da guerra, em Palmetto Ranch, Texas, no rio Grande, a apenas 58 quilômetros do Golfo. Quando recebi baixa do exército e voltei para casa, pensei: ora, eu não tenho casa, para onde vou? Então decidi voltar para Boonville. Minha família tinha toda se espalhado".

Comentário Nas últimas fases da guerra, a passagem das tropas do Norte por diversas plantações em 1864 e 1865 foi motivo para festa. A liberdade estava chegando. Mas a chegada das tropas também significava que os escravizados precisavam ser cautelosos e tomar muito cuidado para evitar riscos futuros. Por mais felizes que estivessem ao ver os soldados, também sabiam que as forças invasoras seguiriam em frente e que logo o proprietário voltaria a ser a força dominante na fazenda.

Isso significa que mesmo um ato de bondade das tropas podia colocar os escravizados em uma situação difícil. Se os soldados yankees abriam o defumadouro e davam carne ou comida para eles, estes podiam ter que enfrentar o senhor enfurecido um ou dois dias depois, depois que os soldados fossem embora. Infelizmente, os soldados nem sempre tratavam os cativos bem. Muitas tropas dos estados do Oeste eram famosos pelo racismo ferrenho, e além disso às vezes tinham fome e se ressentiam das privações sofridas durante a guerra. Esses soldados muitas vezes abatiam o gado ou roubavam tudo que pudesse dar algum conforto às suas vidas. Essas ações prejudicavam o bem-estar dos escravizados, apesar de a liberdade ser uma benção que todos desejavam ardentemente.

CALLIE WILLIAMS, NARRATIVAS DO ALABAMA, PÁGINAS 426–27

"Quando veio a rendição, ela diz que um regimento inteiro de soldados cavalgou até a casa, gritando para os negros que eles estavam livres. Depois, os soldados levaram a carne do defumadouro e distribuíram todo o melaço e a farinha entre os negros. Eles roubaram as abelhas e depois almoçaram e foram à próxima fazenda, levando os homens com eles, todos exceto os que eram velhos demais, papai entre eles".

ANDERSON EDWARDS, NARRATIVAS DO TEXAS, PARTE II, PÁGINA 8

"Lembro que quando a guerra começou, George, o filho do senhor, encilhou o velho Bob, seu pônei, e foi embora. Ele ficou fora seis meses. 'Como vai a guerra, George?', o senhor perguntou quando ele chegou de volta. 'É o inferno', o senhor George disse. 'Bob e eu estamos se batendo com os yankees desde o começo'. Antes da guerra, o senhor nunca falou nada sobre a escravidão, mas quando ouviu falar que estávamos livres, ele praguejou e disse: 'Deus nunca pretendeu libertar os negros', e seguiu praguejando até morrer. Mas ele não nos contou que estávamos livres até um ano inteiro depois da liberdade, mas um dia um bando de soldados yankees apareceram e o senhor e a senhora se esconderam. Os soldados entraram na cozinha, onde mamãe estava batendo leite, e um deles chutou a desnatadeira. 'Vai embora, você é livre igual a mim'. Então eles saquearam a fazenda e quebraram janelas. Quando foram embora, parecia que tinha passado uma tempestade naquela casa. O senhor saiu do esconderijo e foi quando começou a praguejar e a berrar e continuou até o dia em que morreu".

SAM WORD, NARRATIVAS DO ARKANSAS, PARTE VII, PÁGINA 240

"Minha mãe tinha muitas coisas bonitas, colchas e tudo mais, que guardava em um baú da sua cabaninha. Um dia, um soldado yankee escalou a janela dos fundos e levou algumas das colchas. Ele enrolou elas e estava saindo do pátio quando minha mãe enxergou ele. 'Seu salafrário de uma figa! Vocês dizem que vieram para cá lutar pelos negros, mas agora estão roubando deles'. 'Mentirosa maldita!', ele respondeu volta. 'Eu estou lutando por 14 dólares por mês e pela União'".

CAROLINA RICHARDSON, NARRATIVAS DA CAROLINA DO NORTE, PARTE II, PÁGINAS 199–201

"Não se ouviu muito sobre a guerra, não como se ouviu sobre a Guerra Mundial. Sei que ninguém da nossa fazenda foi para a guerra, porque o senhor Ransome era velho demais e o senhor George era patrulheiro, ou talvez fosse só jovem demais. Falava-se um pouquinho, mas da maioria não se ouviu. Eu cuidava dos bebês escravos, mas mamãe cozinhava na casa grande ouviu um pouco de conversa sobre a guerra e eu escutei ela falando com papai sobre o assunto. Quando me viu escutando, ela disse que ia cortar minha orelha fora se contasse para alguém. Eu tinha visto alguns dos escravos com as orelhas cortadas e queria ficar com as minhas, então não disse nada.

Um dia, a senhora Betsy veio no pátio e disse para as crianças: 'Vocês têm o hábito de correr até o portão para ver quem vai ser o primeiro a dizer oi para as nossas visitas, mas os yankees vão chegar hoje ou amanhã e eles não são nossas visitas. Na verdade, se correrem até o portão para recebê-los, eles vão atirar em vocês'.

No final da noite, eu ouvi música e corri até o portão para ver quem era. Descendo a estrada o mais rápido que podiam, vi um bando de homens em casacos cinzas, cavalgando feito o demônio. Eles não pararam na nossa casa, mas mais tarde ouvi dizer que eram a cavalaria do Wheeler, o pior de todos os rebeldes, se bem que dizem que em batalha eram corajosos.

Uma hora depois que o bando do Wheeler passou, avistou-se os yankees. Os tambores estavam rufando, as bandeiras tremulavam, os cavalos se empinavam bem alto. Os negros tinham sido ensinados que os yankees queriam nos matar, homem, mulher e criança. Todos nós, todos os cento e poucos, correram para se esconder.

Sim, senhora, eu lembro dos uniformes azuis e dos botões de latão, e lembro de como entraram pelo portão dizendo que a guerra estava quase vencida e que deviam enforcar os homens do Sul que não tinham ido para a guerra.

Acho que falaram bem grosso com o senhor Ransome. Bem, mamãe disse para o capitão yankee que ele devia ter vergonha de falar com um velho daquele jeito. Além do mais, ela disse que se era assim que iam lhe dar a liberdade, ela não queria nada disso. Com isso, mamãe levou a senhora Betsy para cima, onde os yankees não iam ficar de olho nela.

Um dos yankees me achou e perguntou quantos pares de sapato eu ganhava por ano. Eu disse que ganhava um par. Então ele me perguntou o que eu vestia no verão. Quando disse para ele que não vestia nada além de uma camisa, e que passava o verão descalça, ele soltou uns palavrões horríveis e xingou meu senhor.

Mamãe disse que falaram que ela e papai iam ganhar um pouco de terra e uma mula se nos libertasse. Pois veja, eles tentaram voltar os escravos contra os seus senhores.

Com a rendição, a maioria dos negros foi embora, mas eu e a minha família ficamos para ganhar salário".

HENRY LEWIS, NARRATIVAS DO TEXAS, PARTE III, PÁGINAS 11–12

"O velho senhor morreu antes da guerra, então o filho dele, John Cade, assumiu a fazenda, com a ajuda dos irmãos. Eles se chamavam Overton, Taylor e Bob Jr. Todos nós queríamos ser livres e conversávamos sobre isso entre nós na senzala, mas não se dizia nada onde os brancos fossem nos escutar.

Quando a guerra chegou, eu via soldados todos os dias. Eles estavam acampados em Liberty e eu ficava observando eles. Também ouvi as armas, talvez em Sabine Pass, mas não vi nada de luta. Foi um ano comprido para se esperar, aquele último ano da guerra. Mandaram os papéis em 5 de março, pelo que ouvi, mas não nos soltaram naquele dia. Este aqui foi o último estado a libertar os escravos. Quando não soltaram eles em março, os soldados yankees vieram em junho e fizeram eles nos soltar. Na manhã depois que os soldados vieram, o feitor leu os papéis e disse que a gente estava livre como ele e podia ir. Alguns ficaram na antiga fazenda um tempão, outros foram embora".

SPENCER BARNETT, NARRATIVAS DO ARKANSAS, PARTE I, PÁGINAS 117–18

"Os yankees queimaram a casa grande. Era uma casa bonita. A velha senhora se mudou para a casa do feitor.

Ele era um homem branco. Ele se mudou para outro lugar. Os yankees fizeram ataques, em um deles levaram 15 ou 20 bezerros de uma só vez. Botaram fogo no depósito de batatas. Levaram o milho. A velha senhora chorou mais de uma vez. Os yankees mataram de fome mais negros do que brancos com essa roubalheira. Depois da guerra, os escravos tinham dificuldade para arranjar abrigo e comida o suficiente no inverno. Morreram pilhas deles depois daquele agosto que lhe falei".

ANNE BELL, NARRATIVAS DA CAROLINA DO SUL, PARTE I, PÁGINA 53

"Eu tinha uns dez anos quando os yankees vieram. Eles estavam transbordando de maldade. Tiravam os vestidos dos armários e vestiam e davam risada. Antes de irem embora, eles pegavam tudo. Levaram a carne e os mantimentos do defumadouro e o melaço, o açúcar e a farinha fina e grossa da casa. Mataram os porcos e as vacas, botaram fogo no descaroçador e no algodão e roubaram o gado, os gansos, as galinhas e os perus".

VIOLET GUNTHARPE, NARRATIVAS DA CAROLINA DO SUL, PARTE II, PÁGINAS 216-17

"Os yankees nos atiraram no meio da sarça, mas a gente não nasceu e cresceu lá feito um coelho. A gente nasceu em uma bela casa de madeira. As vacas estavam lá no canavial para nos dar leite, os porcos estavam engordando com noz de hicória, bolotas e milho debulhado para nos dar carne e banha; os carneiros davam lã, o algodão no descaroçador estava lá para nos dar roupas. Os cavalos e as mulas estavam lá para ajudar com o milho e o algodão, mas quando os yankees vieram e levaram tudo embora, a gente só podia agradecer a eles era pela barriga vazia, e pela liberdade".

ANDERSON BATES, NARRATIVAS DA CAROLINA DO SUL, PARTE I, PÁGINA 43

"Eu tinha quinze anos quando os yankees passaram. Eles levaram tudo: cavalos, mulas, vacas, ovelhas, bodes, perus, gansos e galinhas. Porcos? Sim, senhor, eles mataram os porcos e levaram os pedaços que queriam, deixavam o resto sangrando no pátio. Quando foram embora, o velho senhor teve que ir até o Condado de Union para arranjar rações".

SAVILLA BURRELL, NARRATIVAS DA CAROLINA DO SUL, PARTE I, PÁGINA 151

"Naquela fazenda, a gente esperava os yankees como hoje se espera o Salvador e o exército dos anjos na segunda vinda. Eles chegaram em um dia de fevereiro. Levaram tudo que podia ser carregado da fazenda e queimaram a casa grande, os estábulos, os celeiros e o descaroçador, só deixaram a senzala".

WILL SHEETS, NARRATIVAS DA GEÓRGIA, PARTE III, PÁGINAS 242–43

"Mamãe disse que a gente ia ser livre. O senhor Jeff que não ia, e ele não nos disse o contrário até lá pelo Natal depois do abril em que a guerra terminou. Ele disse que a gente estava livre, mas que queria que ficasse com ele, e nenhum dos negros dele foi embora. Todos trabalharam igual trabalhavam antes de serem libertados, só que ele pagava salário depois da guerra.

Lembro dos yankees descendo a estrada, roubando pelo caminho. Eles trocavam os sacos de ossos deles pelos cavalos grandes e gordos dos brancos. Nunca vi tanto cavalo magro ao mesmo tempo na minha vida como eles tinham. Os yankees roubaram toda a carne, as galinhas e os lençóis bons e botaram fogo nas casas. Fizeram maldade à farta por onde passaram. Lembro que o senhor Jeff montou um dos seus negros no seu cavalo com um bule cheio de ouro e mandou para o meio do mato. Depois que os yankees foram embora, ele mandou buscar de volta o ouro e aquele cavalo bonito que tinha salvado dos soldados".

BARBARA HAYWOOD, NARRATIVAS DA CAROLINA DO NORTE, PARTE II, PÁGINA 386

"Os yankees levaram toda a carne do defumadouro e foram na senzala pegar toda a carne que os brancos tinham guardado lá. Foi a primeira vez que entrou presunto na casa dos negros. Bem, os yankees levaram todo o presunto, mas nos deram os ombros".

ELBERT HUNTER, NARRATIVAS DA CAROLINA DO NORTE, PARTE I, PÁGINAS 459-60

"Quando a gente ouviu falar que os yankees estavam vindo, o velho senhor e eu levamos o gado e os cavalos para o meio do pântano e ficou lá com eles por vários dias. Um dia, eu fui para casa e lá estavam eles, atirando nas galinhas e nos porcos e tudo mais. Eu vi eles cortarem o pernil de um porco vivo, ou de uma vaca e ir embora com o animal gemendo. O senhor abateu os bichos, mas foi horrível.

Naquela noite, eles foram embora, mas no outro dia apareceu um bando maior e mamãe cozinhou para eles o dia inteiro. Eles mataram e roubaram tudo, e finalmente o velho senhor foi até Raleigh e pediu uma guarda. Depois quc a guarda chegou, a bagunça acabou. Um dos oficiais que passou a noite lá perdeu a carteira com sete notas de dólar dentro, foi a primeira vez que vi aquilo.

A gente ficou feliz com a liberdade, apesar de os nossos brancos serem bons. O horário de trabalho era desde o sol nascer até a noite e as mulheres tinham que cardar e fiar um certo tanto todas as noites. A gente tinha as nossas galinhas e uma roça e dava para ganhar um pouco de dinheiro, mas não dava para se divertir".

MARGARET HUGHES, NARRATIVAS DA CAROLINA DO SUL, PARTE II, PÁGINAS 329–30

"Ora, moça, já lhe contei quase tudo que eu lembro, exceto sobre os yankees. Quando eu escutava os negros mais velhos falando sobre os yankees que estavam vindo, eu tinha medo, porque achava que estavam falando de algum tipo de animal. Minha tia velha ficava contente em ouvir que os yankees estavam vindo. Ela se botava a falar sobre como ia ser bom para a gente depois que os yankees chegassem. 'Minha filha', ela dizia, 'a gente vai se dar tão bem, sentando na mesa dos brancos, comendo na mesa dos brancos, se balançando naquela cadeirona de balanço'. Mas aconteceu uma coisa horrível com um dos escravos quando os yankees chegaram mesmo. Uma das meninas contou para os yankees onde a senhora tinha escondida a prataria, o dinheiro e as joias, e eles levaram tudo. O que você acha que aconteceu com a coitadinha? Ela fez errado, eu sei, mas eu odiei ver ela sofrer tanto por causa daquilo. Depois que os yankees se foram, o senhor e a senhora deixaram ela pendurada até morrer. Foi uma coisa horrível de se ver. Os yankees levaram tudo que a gente tinha, exceto um pouco de comida, mal o suficiente para nos manter vivos".

KATIE ROWE, NARRATIVAS DO OKLAHOMA, PÁGINA 281

[Os yankees] "vieram e levaram toda a carne, milho e batata que quiseram. 'Por que vocês não pegam toda a carne e o melaço que quiserem, seus crioulos pobres?', eles nos diziam. 'Vocês que fizeram tudo, é de vocês tanto quanto de qualquer outro'. Mas a gente sabia que eles iriam embora logo e que íamos apanhar se fizéssemos isso.

Alguns negros escaparam e fugiram com os yankees, mas eles tinham que trabalhar duro igual para eles, e não comiam tão bem nem tantas vezes com os soldados.

Nunca vou esquecer do dia em que fui libertada. (...) Sentado na galeria, em uma cadeira de assento de couro estava um homem que ninguém nunca tinha visto antes. Ele estava com um chapéu bem grande, de aba larga, como o que os yankees usavam, mas não tinha o cordão amarelo igual ao dos yankees, e ele estava vestindo roupa de loja que não era de fio cru nem brim, e ela era preta. (...)

O homem disse (...) 'Hoje é quatro de junho, e este é 1865, e quero que todos vocês lembrem da data, porque sempre vão lembrar do dia. Hoje vocês são livres, livres como eu, e como o Sr. Saunders e a sua senhora e todos nós brancos', o homem disse. (...)

Nós só ficamos vendo ele ir pela estrada, então fomos até o Sr. Saunders e perguntamos o que ele queria que fizéssemos. Ele só resmungou e disse que a gente podia fazer o que bem entendesse, até onde sabia, mas que era melhor ir embora da fazenda, a menos que alguém quisesse ficar e trabalhar no eito por metade do que se colhesse. (...) Mas fomos todos enganados naquela primeira rodada! Quando a colheita terminou, a gente não recebeu a metade!"

Comentário Durante a guerra, as lideranças negras e alguns políticos do Norte argumentaram que os libertos precisariam de terras, educação, o direito ao voto e proteção contra brancos derrotados hostis no Sul. Sem essas medidas, a liberdade seria uma ilusão, pois os negros continuariam a depender dos brancos mais poderosos. A maioria dessas medidas nunca foi integrada às políticas do Presidente Abraham Lincoln, entretanto, pois o seu plano de Reconstrução na época em que morreu envolvia apenas reconhecer a liberdade dos escravos e algumas disposições para a sua educação no futuro.

No final de 1864, a ideia de terras para os libertos conquistou um apoiador inusitado, o General William Tecumseh Sherman decretou uma ordem militar reservando vastas quantidades de terras abandonadas ao longo da costa do Oceano Atlântico, desde Port Royal, na Carolina do Sul, até o rio São João, no norte da Flórida, estendendo-se mais de 60 quilômetros a Oeste. Sherman estava planejando a sua última campanha militar, saindo de Savannah, Geórgia, em direção às Carolinas, e não queria ser onerado pelos milhares de escravizados fugitivos que seguiriam o seu exército, como aconteceu na Geórgia. A Ordem de Operações Especial #15 de Sherman foi a origem de "40 acres e uma mula". A ideia se disseminou rapidamente entre os escravizados, que ansiavam desesperadamente por terras, que por sua vez serviriam de base para a sua independência econômica e social. Não demorou para que 40 mil afro-americanos se estabelecessem nas terras demarcadas por Sherman.

Antes do final de 1865, entretanto, o presidente Andrew Johnson, sucessor de Abraham Lincoln após o assassinato, decidiu que essas terras seriam devolvidas aos seus proprietários brancos. A intransigência dos brancos do Sul forçou o Congresso nortista a conceder aos homens negros o direito ao voto, mas essas conquistas logo foram revertidas; os brancos sulistas retomaram o controle político e o Norte perdeu o interesse pelos assuntos do Sul. Assim, é compreensível que os ex-escravizados expressassem sentimentos conflitantes a respeito da emancipação quando refletiam sobre a história da sua raça.

WALTER CALLOWAY, NARRATIVAS DO ALABAMA, PÁGINA 53

"Não foi muito depois que eles nos contaram que estávamos livres. Mas, meu Deus, capitão, nós nunca fomos o que eu chamo de livre. Sim, claro, o velho senhor não era mais o nosso dono, e toda a gente logo se espalhou pelo mundo, mas se são todos como eu, eles ainda têm que trabalhar duro igual, e às vezes têm menos do que a gente costumava ter quando ficávamos na fazenda do senhor John".

JOHN N. DAVENPORT, NARRATIVAS DA CAROLINA DO SUL, PARTE I, PÁGINA 243

"Não, os escravos nunca esperaram nada quando a guerra terminou, os nossos da vizinhança não esperavam. Tem quem fale sobre ganhar 40 acres de terra e uma mula, mas nós nunca esperamos isso. Ninguém nunca ganhou nada, nenhum dinheiro dos antigos senhores nem de ninguém mais".

BERRY SMITH, NARRATIVAS DO MISSISSIPPI, PÁGINA 132

"Quase todos os negros que tinham donos bons ficaram com eles, mas os outros foram embora. Alguns voltaram, outros não.

Ouvi um falatório sobre como todos os negros iam ganhar quarenta acres e uma mula. Fizeram a gente acreditar direitinho, mas nunca vi ninguém ganhar nada".

FRANCES WILLINGHAM, NARRATIVAS DA GEÓRGIA, PARTE IV, PÁGINAS 159–60

"Meu Deus, mas eu vi muito daqueles yankees indo e vindo. Eles vinham até a casa do nosso senhor e roubavam as mulas boas. Levavam tudo que queriam de carne, galinhas, banha e xarope e depois derramavam o resto do xarope no chão mesmo. (...)

Eu fico muito contente que o Sr. Lincoln nos libertou. Se ainda fossem os tempos da escravidão, velha como sou, eu ainda ia ter que trabalhar igual, doente ou não. Agora eu não preciso perguntar para ninguém o que eu posso fazer. É por isso que fico feliz de ser livre".

GEORGE STRICKLAND, NARRATIVAS DO ALABAMA, PÁGINA 362

"Foi o plano de Deus libertar os negros, não de Abraham Lincoln".

WILLIAM PRATT, NARRATIVAS DA CAROLINA DO SUL, PARTE III, PÁGINA 279

"Acho que o que Abraham Lincoln fez não foi bem certo, porque ele soltou todos os negros no mundo sem eles terem como se arranjar. Eles ficaram desamparados. Ele devia ter feito aquilo gradualmente e dado a eles a chance de se sustentarem".

Os entrevistados

As informações a seguir foram coletadas das entrevistas originais da coleção *Born in Slavery: Slave Narratives from the Federal Writers' Project, 1936 to 1938*. Quando não informadas diretamente, as idades foram inferidas do texto, assim como os locais onde os indivíduos viveram como escravos. Devido à idade avançada dos entrevistados e aos costumes do sul dos Estados Unidos no século XIX, algumas informações são de difícil verificação.

AARONS, CHARLIE: Viveu em situação de escravidão no estado do Texas, foi entrevistado em Oak Grove, Alabama, aproximadamente aos 90 anos. (p. 120 e 210)

ADAMS, WILL: Viveu em situação de escravidão no estado do Texas, foi entrevistado em Marshall, Texas, aos 80 anos. Will Adams nasceu em 1857. (p. 190)

ADAMS, WILLIAM M.: Viveu em situação de escravidão no estado da Carolina do Sul, foi entrevistado em Fort Worth, Texas, aproximadamente aos 93 anos. (p. 185)

ADAMSON, FRANK: Viveu em situação de escravidão no estado da Carolina do Norte, foi entrevistado em Winnsboro, Carolina do Sul, aos 82 anos. (p. 158)

ALLEN, MARTHA: Viveu em situação de escravidão no estado da Carolina do Norte, foi entrevistada em Raleigh, Carolina do Norte, aos 78 anos. (p. 50)

ANDREWS, CORNELIA: Viveu em situação de escravidão no estado da Geórgia, foi entrevistada em Smithfield, Carolina do Norte, aos 87 anos. (p. 125, 130 e 179)

ARMSTRONG, CAMPBELL: Viveu em situação de escravidão no estado do Alabama, foi entrevistado em Little Rock, Arkansas, aproximadamente aos 86 anos. (p. 81, 130 e 259)

BAKER, ANNA: Viveu em situação de escravidão no estado da Carolina do Sul, foi entrevistada em Aberdeen, Mississippi aos 80 anos. (p. 249)

BARBER, MILLIE: Viveu em situação de escravidão no estado da Carolina do Norte, foi entrevistada em Winnsboro, Carolina do Sul, aos 82 anos. (p. 144)

BARBOUR, MARY: Viveu em situação de escravidão no estado do Alabama, foi entrevistada em Raleigh, Carolina do Norte, aos 81 anos. (p. 271)

BARNES, HENRY: Viveu em situação de escravidão no estado do Alabama, foi entrevistado em Mobile, Alabama, aos 89 anos. Henry Barnes nasceu em 1858. (p. 222)

BARNETT, SPENCER: Viveu em situação de escravidão no estado da Carolina do Sul, foi entrevistado em Holly Grove, Arkansas, aos 81 anos. Spencer Barnett nasceu em 30 de abril de 1856. (p. 88, 115 e 307)

BATES, ANDERSON: Viveu em situação de escravidão no estado da Carolina do Sul, foi entrevistado em Winnsboro, Carolina do Sul, aos 87 anos. Anderson Bates nasceu em 1850. (p. 309)

BATES, MILLIE: Viveu em situação de escravidão no estado da Carolina do Sul, foi entrevistada em Union, Carolina do Sul. (p. 231)

BELL, ANNE: Viveu em situação de escravidão no estado do Alabama, foi entrevistada em Winnsboro, Carolina do Sul, aos 83 anos. (p. 197 e 308)

BELL, OLIVER: Viveu em situação de escravidão no estado da Luisiana foi entrevistado no Alabama, aproximadamente aos 75 anos. (p. 81)

BETTS, ELLEN: Viveu em situação de escravidão no estado da Carolina do Sul, foi entrevistada em Houston, Texas, aos 84 anos. (p. 56)

BLACK, MAGGIE: Viveu em situação de escravidão no estado da Carolina do Norte, foi entrevistada em Marion, Carolina do Sul, aos 79 anos. (p. 56)

BOBBITT, CLAY: Viveu em situação de escravidão no estado do Texas, foi entrevistado em Raleigh, Carolina do Norte, aos 100 anos. Clay Bobbitt nasceu em 2 de maio de 1837. (p. 105)

BONNER, LEWIS: Viveu em situação de escravidão no estado do Alabama, foi entrevistado em Oklahoma City,

Oklahoma, aos 87 anos. Lewis Bonner nasceu em 1850. (p. 93)

BONNER, SINEY: Viveu em situação de escravidão no estado da Geórgia, foi entrevistada em Birmingham, Alabama. (p. 286)

BOYKINS, JERRY: Viveu em situação de escravidão no estado do Texas, foi entrevistado em Abilene, Texas, aos 92 anos. (p. 288)

BRADY, WES: Viveu em situação de escravidão no estado da Luisiana foi entrevistado em Long's Camp Road, Texas, aos 88 anos. (p. 43 e 210)

BRIM, CLARA: Viveu em situação de escravidão no estado da Carolina do Sul, foi entrevistada em Beaumont, Jefferson County, Texas, aproximadamente aos 101 anos. (p. 53)

BRISTOW, JOSEPHINE: Viveu em situação de escravidão no estado da Luisiana, foi entrevistada em Marion, Carolina do Sul, aos 73 anos. (p. 68)

BROWN, FRED: Viveu em situação de escravidão no estado da Carolina do Norte, foi entrevistado em Fort Worth, Texas, aos 84 anos. Fred Brown nasceu em 16 de novembro de 1853. (p. 40 e 164)

BROWN, LUCY: Viveu em situação de escravidão no estado da Carolina do Sul, foi entrevistada em Durham, Carolina do Norte. (p. 124 e 207)

BURRELL, SAVILLA: Viveu em situação de escravidão no estado da Luisiana, foi entrevistada em Winnsboro, Carolina do Sul, aos 83 anos. (p. 160 e 309)

BUTLER, ELLEN: Viveu em situação de escravidão no estado da Carolina do Norte, foi entrevistada em Beaumont, Jefferson County, Texas, aos 78 anos. (p. 241)

CAIN, LOUIS: Viveu em situação de escravidão no estado da Virgínia, foi entrevistado em Madisonville, Texas, aos 88 anos. Louis Cain nasceu em 1849. (p. 32)

CALLOWAY, WALTER: Viveu em situação de escravidão no estado do Texas, foi entrevistado em Birmingham, Alabama, aos 89 anos. Walter Calloway nasceu em 1848. (p. 315)

CAMPBELL, SIMP: Viveu em situação de escravidão no estado da Carolina do Sul, foi entrevistado em Gregg Addition, Marshall, Texas, aos 77 anos. Simp Campbell nasceu em janeiro de 1860. (p. 33)

CANNON, SYLVIA: Viveu em situação de escravidão no estado do Tennessee, foi entrevistada em Marion, Carolina do Sul, aproximadamente aos 85 anos. (p. 96 e 155)

CARDER, SALLIE: Viveu em situação de escravidão no estado do Texas, foi entrevistada em Burwin, Oklahoma, aos 83 anos. (p. 36 e 67)

CARRUTHERS, RICHARD: Viveu em situação de escravidão no estado do Alabama, foi entrevistado em Houston, Texas, aos 100 anos. (p. 86 e 246)

CARTER, CATO: Viveu em situação de escravidão no estado do Mississippi, foi entrevistado em Dallas, Texas, aproximadamente aos 100 anos. Cato Carter nasceu em 1836-1837. (p. 55, 158 e 251)

CHEATAM, HENRY: Viveu em situação de escravidão no estado do Alabama, foi entrevistado em Mobile, Alabama, aos 87 anos. Henry Cheatam nasceu em 1850. (p. 88)

COLE, THOMAS: Viveu em situação de escravidão no estado do Texas, foi entrevistado em Corsicana, Texas, aos 92 anos. Thomas Cole nasceu em 8 de agosto de 1845. (p. 33, 150 e 237)

COLLINS, HARRIET: Foi entrevistada em Houston, Texas, aos 67 anos. Harriet Collins nasceu em 10 de janeiro de 1870. (p. 231)

CRAGIN, ELLEN: Viveu em situação de escravidão no estado da Carolina do Sul, foi entrevistada em Little Rock, Arkansas, aproximadamente aos 80 anos. (p. 258)

CRAIG, CALEB: Viveu em situação de escravidão no estado da Virgínia, foi entrevistado em Winnsboro, Carolina do Sul, aos 86 anos. Caleb Craig nasceu em 24 de dezembro de 1851. (p. 145)

CRAWLEY, CHARLES: Viveu em situação de escravidão no estado da Carolina do Norte, foi entrevistado em Petersburg, Virgínia. (p. 128 e 264)

CRUMP, CHARLIE: Viveu em situação de escravidão no estado do Texas, foi entrevistado em Cary, Carolina do Norte, aos 82 anos. (p. 181)

CUMMINS, TEMPIE: Viveu em situação de escravidão no estado do Texas, foi entrevistada em Jasper, Texas. (p. 85)

DARLING, KATIE: Viveu em situação de escravidão no estado da Carolina do Sul, foi entrevistada em Marshall, Texas, aproximadamente aos 88 anos. Katie Darling nasceu em 1849. (p. 40)

DAVENPORT, JOHN N.: Viveu em situação de escravidão no estado do Texas, foi entrevistado em Newberry, Carolina do Sul, aos 89 anos. (p. 167 e 315)

DAVIS, CAMPBELL: Viveu em situação de escravidão no estado da Virgínia Ocidental e do Texas, foi entrevistado em Karnack, Texas, aos 85 anos. (p. 90)

DAVISON, ELI: Viveu em situação de escravidão no estado da Carolina do Norte, foi entrevistado em Madisonville, Texas, aos 93 anos. Eli Davison nasceu em 1844. (p. 97)

DAWSON, ANTHONY: Viveu em situação de escravidão no estado da Flórida, foi entrevistado em Tulsa, Oklahoma, aos 105 anos. Anthony Dawson nasceu em 25 de julho de 1832. (p. 213)

DORSEY, DOUGLAS: Viveu em situação de escravidão no estado do Tennessee, foi entrevistado em Jacksonville, Flórida, aos 85 anos. Douglas Dorsey nasceu em 1851. (p. 215 e 285)

DOUGLASS, ALICE: Viveu em situação de escravidão no estado do Missouri, foi entrevistada em Oklahoma City, Oklahoma, aos 77 anos. Alice Douglass nasceu em 22 de dezembro de 1860. (p. 98 e 197)

DOUTHIT, CHARLES, [ESPOSA DE]: Viveu em situação de escravidão no estado da Carolina do Sul, foi entrevistada em Farmington, Missouri. (p. 199)

DOZIER, WASHINGTON: Viveu em situação de escravidão no estado da Carolina do Norte, foi entrevistado em Marion, Carolina do Sul, aos 90 anos. Washington Dozier nasceu em 18 de dezembro de 1847. (p. 220)

DURHAM, TEMPIE HERNDON: Viveu em situação de escravidão no estado do Missouri, foi entrevistada em Durham, Carolina do Norte, aos 103 anos. (p. 287)

EASTER, ESTHER: Viveu em situação de escravidão no estado do Texas, foi entrevistada em Tulsa, Oklahoma, aos 85 anos. (p. 248)

EASTER, WILLIS: Viveu em situação de escravidão no estado do Texas, foi entrevistado em Waco, Texas, aos 85 anos. Willis Easter nasceu em 19 de março de 1852. (p. 226)

EDWARDS, ANDERSON: Viveu em situação de escravidão no estado do Texas, foi entrevistado em Marshall, Texas, aproximadamente aos 93 anos. Anderson Edwards nasceu em 12 de março de 1844. (p. 214 e 303)

EDWARDS, MINERVA: Viveu em situação de escravidão no estado do Kentucky, foi entrevistada em Marshall, Texas, aproximadamente aos 87 anos. Minerva Edwards nasceu em 2 de fevereiro de 1850. (p. 215)

EUBANKS, JOHN: Viveu em situação de escravidão no estado da Virgínia, foi entrevistado em Gary, Indiana, aos 98 anos. John Eubanks nasceu em 6 de junho de 1839. (p. 82 e 116)

EVERETT, LOUISA: Viveu em situação de escravidão no estado da Virgínia, foi entrevistada em Mulberry, Flórida, aos 90 anos. (p. 283)

EVERETT, SAM: Viveu em situação de escravidão no estado da Carolina do Sul, foi entrevistado em Mulberry, Flórida, aos 86 anos. (p. 283)

EZELL, LORENZA: Viveu em situação de escravidão no estado da Carolina do Norte, foi entrevistado em Beaumont, Jefferson County, Texas, aos 87 anos. Lorenza Ezell nasceu em 29 de julho de 1850. (p. 91)

FALLS, ROBERT: Viveu em situação de escravidão no estado do Kentucky, foi entrevistado em Knoxville, Tennessee, aproximadamente aos 97 anos. Robert Falls nasceu em 14 de dezembro de 1840. (p. 155 e 184)

FIELDS, JOHN W.: Viveu em situação de escravidão no estado do Arkansas, foi entrevistado em Lafayette, Indiana, aos 89 anos. John W. Fields nasceu em 27 de março de 1848. (p. 38, 153 e 184)

FORD, WASH: Viveu em situação de escravidão no estado do Texas, foi entrevistado em Des Arc, Arkansas, aproximadamente aos 74 anos. (p. 49)

FRAZIER, ROSANNA: Viveu em situação de escravidão no estado da Virgínia, foi entrevistada em Beaumont, Jefferson County, Texas, aproximadamente aos 90 anos. (p. 223)

FULKES, MINNIE: Viveu em situação de escravidão no estado da Carolina do Sul, foi entrevistada em Petersburg, Virgínia, aos 77 anos. Minnie Fulkes nasceu em 25 de dezembro de 1859. (p. 107, 194 e 254)

GALLMAN, JANIE: Viveu em situação de escravidão no estado da Carolina do Sul, foi entrevistada em Spartanburg, Carolina do Sul, aos 84 anos. (p. 286)

GALLMAN, LUCY: Viveu em situação de escravidão no estado da Geórgia, foi entrevistada em Newberry, Carolina do Sul, aos 80 anos. Lucy Gallman nasceu em 1857. (p. 98)

GANTLING, CLAYBORN: Viveu em situação de escravidão no estado da Geórgia, foi entrevistado em Jacksonville, Flórida, aos 89 anos. Clayborn Gantling nasceu em 20 de janeiro de 1848. (p. 119)

GAREY, ELISHA DOC: Viveu em situação de escravidão no estado da Virgínia e da Geórgia, foi entrevistado em Athens, Geórgia, aos 76 anos. (p. 208)

GARLIC, DELIA: Viveu em situação de escravidão no estado da Geórgia, foi entrevistada em Montgomery, Alabama, aos 100 anos. (p. 292)

GARRETT, LEAH: Viveu em situação de escravidão no estado da Carolina do Sul, foi entrevistada em Richmond County, Geórgia. (p. 266)

GAUSE, LOUISA: Viveu em situação de escravidão no estado da Luisiana foi entrevistada em Brittons Neck, Carolina do Sul, aos 70-75 anos. (p. 188 e 268)

GEORGE, OCTAVIA: Viveu em situação de escravidão no estado da Geórgia, foi entrevistada em Oklahoma City, Oklahoma, aos 85 anos. Octavia George nasceu em 1852. (p. 196)

GLADDY, MARY: Viveu em situação de escravidão no estado da Carolina do Sul, foi entrevistada em Columbus, Geórgia, aproximadamente aos 83 anos. Mary Gladdy nasceu em 1853. (p. 203)

GLASGOW, EMOLINE: Viveu em situação de escravidão no estado da Geórgia, foi entrevistada em Newberry, Carolina do Sul, aos 78 anos. (p. 212)

GREEN, ALICE: Viveu em situação de escravidão no estado da Carolina do Sul, foi entrevistada em Athens, Geórgia, aos 76 anos. (p. 87, 110 e 291)

GREEN, ELIJAH: Viveu em situação de escravidão no estado da Geórgia, foi entrevistado em Charleston, Carolina do Sul, aos 94 anos. Elijah Green nasceu em 25 de dezembro de 1843. (p. 195)

GREEN, ISAAC: Viveu em situação de escravidão no estado da Carolina do Norte, foi entrevistado na Geórgia, aos 81 anos. (p. 49 e 245)

GUDGER, SARAH: Viveu em situação de escravidão no estado do Kentucky, foi entrevistada em Asheville, Carolina do Norte, supostamente aos 121 anos. Sarah Gudger teria nascido em 15 de setembro de 1821. (p. 39, 147 e 298)

GUWN, BETTY: Viveu em situação de escravidão no estado da Carolina do Norte, foi entrevistada em Muncie, Indiana, aos 105 anos. Betty Guwn nasceu em 25 de março de 1832. (p. 300)

HALL, THOMAS: Viveu em situação de escravidão no estado da Carolina do Sul, foi entrevistado em Raleigh, Carolina do Norte, aos 81 anos. (p. 169)

HAMILTON, SUSAN: Viveu em situação de escravidão no estado do Texas, foi entrevistada em Charleston, Carolina do Sul, aproximadamente aos 104 anos. (p. 118, 193 e 260)

HARRELL, MOLLY: Viveu em situação de escravidão no estado da Geórgia e do Texas, foi entrevistada em Galveston, Texas, aproximadamente aos 79 anos. (p. 298)

HAWKINS, ANNIE: Viveu em situação de escravidão no estado da Carolina do Sul, foi entrevistada em Colbert, Oklahoma, aproximadamente aos 90 anos. (p. 180)

HAWKINS, TOM: Viveu em situação de escravidão no estado do Texas, foi entrevistado em Athens, Geórgia, aos 75 anos. (p. 77, 109, 123, 150 e 209)

HAYES, JAMES: Viveu em situação de escravidão no estado da Carolina do Norte, foi entrevistado em Fort Worth, Texas, aos 101 anos. James Hayes nasceu em 28 de dezembro de 1835. (p. 99 e 157)

HAYWOOD, BARBARA: Viveu em situação de escravidão no estado do Texas, foi entrevistada em Raleigh, Carolina do Norte, aos 85 anos. (p. 141, 193 e 310)

HAYWOOD, FELIX: Viveu em situação de escravidão no estado da Geórgia, foi entrevistado em San Antonio, Texas, aos 92 anos. (p. 273)

HEARD, EMMALINE: Viveu em situação de escravidão no estado da Carolina do Norte, foi entrevistada em Atlanta, Geórgia, aproximadamente aos 77 anos. (p. 217)

HENRY, ESSEX: Viveu em situação de escravidão no estado da Geórgia, foi entrevistado em Raleigh, Carolina do Norte, aos 83 anos. (p. 114, 208 e 265)

HENRY, JEFFERSON FRANKLIN: Viveu em situação de escravidão no estado do Mississippi, foi entrevistado em Athens, Geórgia, aos 78 anos. (p. 110 e 265)

HENRY, MILLY: Viveu em situação de escravidão no estado do Mississippi, foi entrevistada em Raleigh, Carolina do Norte, aos 82 anos. (p. 277)

HENRY, NETTIE: Viveu em situação de escravidão no estado do Missouri, foi entrevistada em Meridian, Mississippi, aos 82 anos. (p. 165)

HIGGERSON, JOE: Viveu em situação de escravidão no estado da Carolina do Sul, foi entrevistado em Sedalia, Missouri, aos 92 anos. Joe Higgerson nasceu em 1845. (p. 156 e 302)

HILL, JERRY: Viveu em situação de escravidão no estado da Virgínia e da Carolina do Norte, foi entrevistado em Spartanburg, Carolina do Sul, aos 85 anos. Jerry Hill nasceu em 12 de janeiro de 1852. (p. 83)

HILL, KITTY: Viveu em situação de escravidão no estado do Texas, foi entrevistada em Raleigh, Carolina do Norte, aos 77 anos. Kitty Hill nasceu em abril de 1860. (p. 243)

HOLLAND, TOM: Viveu em situação de escravidão no estado da Geórgia, foi entrevistado em Madisonville, Texas, aproximadamente aos 97 anos. (p. 70 e 247)

HUDSON, CHARLIE: Viveu em situação de escravidão no estado da Geórgia, foi entrevistado em Athens, Geórgia, aos 80 anos. Charlie Hudson nasceu em 27 de março de 1858. (p. 77)

HUFF, ANNIE: Viveu em situação de escravidão no estado da Geórgia, foi entrevistada em Macon, Geórgia, aproximadamente aos 100 anos. (p. 263)

HUFF, BRYANT: Viveu em situação de escravidão no estado da Carolina do Sul, foi entrevistado na Geórgia, aproximadamente aos 87 anos. (p. 79 e 149)

HUGHES, MARGARET: Viveu em situação de escravidão no estado da Carolina do Norte, foi entrevistada em Columbia, Carolina do Sul, aos 82 anos. (p. 97, 212 e 312)

HUNTER, ELBERT: Viveu em situação de escravidão no estado da Geórgia, foi entrevistado em Method, Carolina do Norte, aos 93 anos. Elbert Hunter nasceu em 1844. (p. 311)

HURLEY, EMMA: Viveu em situação de escravidão no estado do Alabama, foi entrevistada em Washington-Wilkes, Geórgia, aproximadamente aos 85 anos. (p. 36, 146 e 187)

JACKSON, MARTHA: Viveu em situação de escravidão no estado do Texas, foi entrevistada em Livingston, Alabama, aos 87 anos. Martha Jackson nasceu em 1850. (p. 267)

JACKSON, MARTIN: Viveu em situação de escravidão no estado do Texas, foi entrevistado em San Antonio, Texas, aos 90 anos. Martin Jackson nasceu em 1847. (p. 172)

JACKSON, RICHARD: Viveu em situação de escravidão no estado da Carolina do Norte, foi entrevistado em Woodlawn, Texas, aos 78 anos. Richard Jackson nasceu em 1859. (p. 95)

JOHNSON, LIZZIE: Viveu em situação de escravidão no estado do Alabama, foi entrevistada em Indianapolis, Indiana. (p. 125)

JOHNSON, RANDOLPH: Viveu em situação de escravidão no estado do Tennessee, foi entrevistado em Birmingham, Alabama, aos 84 anos. (p. 286)

JORDAN, JOSIE: Viveu em situação de escravidão no estado do Texas, foi entrevistada em Tulsa, Oklahoma, aos 75 anos. (p. 261)

KING, SILVIA: Viveu em situação de escravidão no estado da Carolina do Sul, foi entrevistada em Marlin, Texas, aproximadamente aos 100 anos. (p. 207 e 233)

LANCE, GABE: Viveu em situação de escravidão no estado da Geórgia, foi entrevistado em Sandy Island, Carolina do Sul, aos 77 anos. (p. 55)

LEONARD, GEORGE: Viveu em situação de escravidão no estado do Alabama, foi entrevistado em Atlanta, Geórgia. (p. 221)

LEWIS, DELLIE: Viveu em situação de escravidão no estado da Flórida e da Geórgia, foi entrevistada no Alabama. (p. 96)

LEWIS, GEORGE: Viveu em situação de escravidão no estado do Texas, foi entrevistado na Geórgia, aos 87 anos. George Lewis nasceu em 17 de dezembro de 1849. (p. 52, 146, 165, 184 e 292)

LEWIS, HENRY: Viveu em situação de escravidão no estado do Kentucky, foi entrevistado em Beaumont, Jefferson County, Texas, supostamente aos 101 anos. Henry Lewis teria nascido em dezembro de 1835. (p. 74 e 307)

LEWIS, THOMAS: Viveu em situação de escravidão no estado da Virgínia e do Alabama, foi entrevistado em Bloomington, Indiana, aos 80 anos. Thomas Lewis nasceu em 1857. (p. 259)

MADDOX, ANNE: Viveu em situação de escravidão no estado da Carolina do Norte, foi entrevistada em Opelika, Alabama, supostamente aos 113 anos. Anne Maddox teria nascido em 1824. (p. 82 e 179)

MANSON, JACOB: Viveu em situação de escravidão no estado da Carolina do Sul, foi entrevistado em Raleigh, Carolina do Norte, aos 86 anos. (p. 190)

MARION, ANDY: Viveu em situação de escravidão no estado da Geórgia, foi entrevistado em Winnsboro, Carolina do Sul, aos 92 anos. Andy Marion nasceu em 1844. (p. 144)

MASON, CARRIE: Viveu em situação de escravidão no estado do Tennessee, foi entrevistada em Milledgeville, Geórgia, aproximadamente aos 74 anos. Carrie Mason nasceu em 1863. (p. 192)

MATTHEWS, ANN: Viveu em situação de escravidão no estado da Flórida, foi entrevistada em Nashville, Tennessee. (p. 207)

MCCRAY, AMANDA: Viveu em situação de escravidão no estado da Geórgia, foi entrevistada em Madison, Flórida, aproximadamente aos 90 anos. (p. 210)

MCCREE, ED: Viveu em situação de escravidão no estado da Geórgia, foi entrevistado em Athens, Geórgia, aos 76 anos. (p. 59 e 277)

MCWHORTER, WILLIAM: Viveu em situação de escravidão no estado da Geórgia, foi entrevistado em Athens, Geórgia, aos 78 anos. (p. 37, 121, 177, 198 e 241)

MILLIGAN, JASPER: Viveu em situação de escravidão no estado da Carolina do Sul, foi entrevistado em Atlanta, Geórgia. (p. 222)

MOORE, FANNY: Viveu em situação de escravidão no estado do Texas, foi entrevistada em Asheville, Carolina do Norte, aos 88 anos. Fanny Moore nasceu em 1º de setembro de 1849. (p. 135 e 254)

MOORE, VAN: Viveu em situação de escravidão no estado do Alabama e do Texas, foi entrevistado em Houston, Texas, aproximadamente aos 80 anos. Van Moore nasceu em setembro de 1857. (p. 279)

MOORE, WILLIAM: Viveu em situação de escravidão no estado do Alabama, foi entrevistado em Dallas, Texas, aos 82 anos. William Moore nasceu em 1855. (p. 216, 251 e 279)

MORGAN, ISAAM: Viveu em situação de escravidão no estado da Geórgia, foi entrevistado em Mobile, Alabama, aos 84 anos. Isaam Morgan nasceu em 1853. (p. 83 e 260)

MOSS, ANDREW: Viveu em situação de escravidão no estado da Geórgia, foi entrevistado em Knoxville, Tennessee, aproximadamente aos 85 anos. Andrew Moss nasceu em 1852. (p. 201)

MOSS, CLAIBORNE: Viveu em situação de escravidão no estado da Geórgia, foi entrevistado em Little Rock, Arkansas, aos 81 anos. Claiborne Moss nasceu em 18 de junho de 1857. (p. 103)

MULLEN, MACK: Viveu em situação de escravidão no estado do Texas, foi entrevistado em Jacksonville, Flórida, aos 80 anos. Mack Mullen nasceu em 1857. (p. 288)

NEALY, SALLY: Viveu em situação de escravidão no estado do Alabama, foi entrevistada em Pine Bluff, Arkansas, aos 91 anos. (p. 104)

OWENS, WADE: Foi entrevistado em Opelika, Alabama, aos 74 anos. Rev. Wade Owens nasceu em 1863. (p. 88 e 124)

PARKES, ANNA: Viveu em situação de escravidão no estado da Carolina do Sul, foi entrevistada em Athens, Geórgia, aos 86 anos. (p. 178 e 295)

PERRY, VICTORIA: Viveu em situação de escravidão no estado do Texas, foi entrevistada em Spartanburg, Carolina do Sul, aos 80 anos. Victoria Perry nasceu em 1857. (p. 106)

PETITE, PHYLLIS: Viveu em situação de escravidão no estado do Texas, foi entrevistada em Fort Gibson, Oklahoma, aos 83 anos. (p. 249)

POWERS, BETTY: Viveu em situação de escravidão no estado da Carolina do Sul, foi entrevistada em Fort Worth, Texas, aos 80 anos. (p. 161)

PRATT, WILLIAM: Viveu em situação de escravidão no estado da Geórgia, foi entrevistado em Newberry, Carolina do Sul, aos 77 anos. William Pratt nasceu em abril de 1860. (p. 317)

PRICE, ANNIE: Viveu em situação de escravidão no estado do Alabama e da Luisiana, foi entrevistada na Geórgia, aos 82 anos. Annie Price nasceu em 12 de outubro de 1855. (p. 293)

PRICE, REVERENDO LAFAYETTE: Viveu em situação de escravidão no estado do Alabama, foi entrevistado em Beaumont, Jefferson County, Texas, aproximadamente aos 85 anos. Reverendo Lafayette Price nasceu em 1852. (p. 277)

PROCTOR, JENNY: Viveu em situação de escravidão no estado da Carolina do Sul, foi entrevistada em San Angelo, Texas, aos 87 anos. Jenny Proctor nasceu em 1850. (p. 58, 109, 148 e 245)

QUATTLEBAUM, JUNIUS: Viveu em situação de escravidão no estado da Geórgia, foi entrevistado em New Brookland, Carolina do Sul, aos 84 anos. (p. 175)

RANDOLPH, FANNY: Viveu em situação de escravidão no estado da Luisiana, foi entrevistada em Jefferson, Geórgia, aproximadamente aos 100 anos. (p. 294)

REYNOLDS, MARY: Viveu em situação de escravidão no estado da Geórgia, foi entrevistada em Dallas County Convalescent Home, Texas, aos 105 anos. (p. 45 e 240)

RICHARDS, SHADE: Viveu em situação de escravidão no estado da Carolina do Norte, foi entrevistado em Griffin, Geórgia, aos 91 anos. Shade Richards nasceu em 13 de janeiro de 1846. (p. 296)

RICHARDSON, CAROLINA: Viveu em situação de escravidão no estado do Texas, foi entrevistada em Selma, Carolina do Norte. (p. 305)

ROBINSON, HARRIET: Viveu em situação de escravidão no estado da Geórgia, foi entrevistada em Oklahoma City, Oklahoma, aos 95 anos. Harriet Robinson nasceu em 1º de setembro de 1842. (p. 105 e 267)

ROGERS, FEREBE: Viveu em situação de escravidão no estado do Texas, foi entrevistada em Milledgeville, Geórgia, aproximadamente aos 105 anos. (p. 198)

ROW, ANNIE: Viveu em situação de escravidão no estado do Arkansas, foi entrevistada em Fort Worth, Texas, aproximadamente aos 86 anos. (p. 81, 106 e 281)

ROWE, KATIE: Viveu em situação de escravidão no estado do Texas, foi entrevistada em Tulsa, Oklahoma, aos 88 anos. (p. 282 e 312)

RUFFIN, MARTIN: Viveu em situação de escravidão no estado do Texas, foi entrevistado em Marshall, Texas, aos 83 anos. (p. 299)

SELMAN, GEORGE: Viveu em situação de escravidão no estado do Alabama, foi entrevistado em Jacksonville, Texas, aos 85 anos. George Selman nasceu em 1852. (p. 78)

SEWELL, ALICE: Viveu em situação de escravidão no estado da Geórgia, foi entrevistada em St. Louis, Missouri, aos 86 anos. Alice Sewell nasceu em 13 de novembro de 1851. (p. 186)

SHEETS, WILL: Viveu em situação de escravidão no estado do Alabama e do Texas, foi entrevistado em Athens, Geórgia, aos 76 anos. (p. 95 e 310)

SIMMONS, GEORGE: Viveu em situação de escravidão no estado da Geórgia e do Texas, foi entrevistado em Beaumont, Jefferson County, Texas, aos 83 anos. George Simmons nasceu em 1854. (p. 79)

SIMPSON, BEN: Viveu em situação de escravidão no estado do Alabama, foi entrevistado em Madisonville, Texas, aos 90 anos. (p. 113)

SIMS, VIRGINIA: Viveu em situação de escravidão no estado do Alabama, foi entrevistada em Helena, Arkansas, aos 76 anos. (p. 194)

SMITH, BERRY: Viveu em situação de escravidão no estado do Missouri, foi entrevistado em Forest, Mississippi, supostamente aos 116 anos. (p. 316)

SMITH, GUS: Viveu em situação de escravidão no estado da Geórgia, foi entrevistado em Rolla, Missouri, aos 92 anos. Gus Smith nasceu em 4 de julho de 1845. (p. 263)

SMITH, JORDON: Viveu em situação de escravidão no estado da Geórgia, foi entrevistado em Marshall, Texas, aos 86 anos. (p. 49 e 101)

SMITH, MARY: Viveu em situação de escravidão no estado da Carolina do Sul, foi entrevistada em Augusta, Geórgia, aproximadamente aos 79 anos. Mary Smith nasceu em 1858. (p. 104)

SMITH, PRINCE: Viveu em situação de escravidão no estado da Luisiana, foi entrevistado em Wadmalaw Island, Carolina do Sul, supostamente aos 100 anos. (p. 53)

SMITH, SUSAN: Viveu em situação de escravidão no estado da Virgínia, foi entrevistada no Texas, aproximadamente aos 85 anos. (p. 219)

SPARKS, ELISABETH: Viveu em situação de escravidão no estado do Arkansas, foi entrevistada em Matthews, Virgínia, aproximadamente aos 95 anos. (p. 35, 175, 264 e 281)

STEWART, MINNIE JOHNSON: Foi entrevistada em Little Rock, Arkansas, aproximadamente aos 50-60 anos. (p. 209)

STINGFELLOW, YACH: Viveu em situação de escravidão no estado do Mississippi, do Alabama e da Geórgia, foi entrevistado em Waco, Texas, aos 90 anos. Yach Stingfellow nasceu em maio de 1847. (p. 38 e 87)

STRICKLAND, GEORGE: Viveu em situação de escravidão no estado do Texas, foi entrevistado em Opelika, Alabama, aos 91 anos. (p. 61 e 316)

STRONG, BERT: Viveu em situação de escravidão no estado da Geórgia, foi entrevistado em Long's Camp Road, Texas, aos 73 anos. Bert Strong nasceu em 1864. (p. 111 e 291)

STYLES, AMANDA: Foi entrevistada em Atlanta, Geórgia, aproximadamente aos 80 anos. (p. 225)

SUTTON, KATIE: Foi entrevistada em Evansville, Indiana. (p. 194)

TERRILL, J. W.: Viveu em situação de escravidão no estado do Arkansas, foi entrevistado em Madisonville, Texas, aproximadamente aos 100 anos. (p. 275)

TRAVIS, HANNAH: Viveu em situação de escravidão no estado do Mississippi, foi entrevistada em Little Rock, Arkansas, aos 73 anos. Hannah Travis nasceu em 10 de fevereiro de 1864. (p. 183)

TROTTER, MARK C.: Viveu em situação de escravidão no estado da Carolina do Norte, foi entrevistado em Edmondson, Arkansas, aos 71 anos. (p. 197)

VAN HOOK, JOHN: Viveu em situação de escravidão no estado da Geórgia, foi entrevistado em Athens, Geórgia, aos 76 anos. John Van Hook nasceu em 1862. (p. 294)

VINSON, ADDIE: Viveu em situação de escravidão no estado do Texas, foi entrevistada em Athens, Geórgia, aos 86 anos. (p. 85, 108, 151, 177, 195 e 222)

WALKER, IRELLA BATTLE: Viveu em situação de escravidão no estado do Texas, foi entrevistada em Austin, Texas, aos 86 anos. Irella Battle Walker nasceu em 15 de agosto de 1851. (p. 285)

WALTON, JOHN: Viveu em situação de escravidão no estado da Luisiana e do Alabama, foi entrevistado em Austin, Texas, aos 87 anos. John Walton nasceu em 15 de agosto de 1849. (p. 44 e 106)

WALTON, SOL: Viveu em situação de escravidão no estado do Mississippi, foi entrevistado em Marshall, Texas, aos 88 anos. Sol Walton nasceu em 1849. (p. 50 e 256)

WAMBLE, REV.: Viveu em situação de escravidão no estado do Arkansas, foi entrevistado em Gary, Indiana, aproximadamente aos 78 anos. O Rev. Wamble nasceu em 1859. (p. 117)

WASHINGTON, ELIZA: Viveu em situação de escravidão no estado da Luisiana e do Texas, foi entrevistada em Little Rock, Arkansas, aproximadamente aos 77 anos. (p. 98)

WASHINGTON, ELLA: Viveu em situação de escravidão no estado do Texas, foi entrevistada em Galveston, Texas, aos 82 anos. (p. 284)

WASHINGTON, SAM JONES: Viveu em situação de escravidão no estado do Texas, foi entrevistado em Fort Worth, Texas, aos 88 anos. (p. 93)

WELLS, EASTER: Viveu em situação de escravidão no estado da Luisiana foi entrevistada em Colbert, Oklahoma, aos 83 anos. Easter Wells nasceu em 1854. (p. 269)

WHITE, ADELINE: Viveu em situação de escravidão no estado da Geórgia e do Texas, foi entrevistada em Beaumont, Jefferson County, Texas, aos 90 anos. (p. 300)

WHITE, JOHN: Viveu em situação de escravidão no estado do Alabama, foi entrevistado em Sand Springs, Oklahoma, supostamente aos 121 anos. John White teria nascido em 10 de abril de 1816. (p. 116 e 190)

WHITE, MINGO: Viveu em situação de escravidão no estado do Alabama, foi entrevistado em Burleson, Alabama, aproximadamente aos 87 anos. (p. 117, 123, 129 e 270)

WILLIAMS, CALLIE: Viveu em situação de escravidão no estado do Texas, foi entrevistada em Mobile, Alabama, aproximadamente aos 77 anos. (p. 145 e 303)

WILLIAMS, JOHN: Viveu em situação de escravidão no estado da Luisiana, foi entrevistado em Little Rock, Arkansas, aos 75 anos. John Williams nasceu em 1863. (p. 84 e 246)

WILLIAMS, WILLIE: Viveu em situação de escravidão no estado da Geórgia, foi entrevistado em Fort Worth, Texas, aos 78 anos. (p. 133 e 256)

WILLINGHAM, FRANCES: Viveu em situação de escravidão no estado da Geórgia, foi entrevistada em Athens, Geórgia, aos 78 anos. (p. 36, 63 e 316)

WILLIS, [TIO]: Viveu em situação de escravidão no estado da Geórgia, foi entrevistado na Geórgia, aproximadamente aos 101 anos. (p. 219)

WILLIS, ADELINE: Viveu em situação de escravidão no estado do Arkansas, foi entrevistada em Washington-Wilkes, Geórgia, aproximadamente aos 100 anos. (p. 146 e 297)

WILSON, SARAH: Viveu em situação de escravidão no estado da Luisiana e do Texas, foi entrevistada em Fort Gibson, Oklahoma, aos 87 anos. Sarah Wilson nasceu em 1850. (p. 86)

WILSON, WASH: Viveu em situação de escravidão no estado da Luisiana, foi entrevistado em Eddy, Texas, aos 94 anos. (p. 234 e 239)

WINN, WILLIS: Viveu em situação de escravidão no estado da Geórgia, foi entrevistado em Marshall, Texas, supostamente aos 116 anos. Willis Winn teria nascido em 10 de março de 1822. (p. 111, 196 e 289)

WOMBLE, GEORGE: Viveu em situação de escravidão no estado do Alabama, foi entrevistado na Geórgia, aproximadamente aos 93 anos. George Womble nasceu em 1843. (p. 43, 72, 118, 206, 244, 258 e 293)

WOODS, RUBEN: Viveu em situação de escravidão no estado do Arkansas, foi entrevistado em El Paso, Texas, aos 84 anos. (p. 78 e 188)

WORD, SAM: Viveu em situação de escravidão no estado da Geórgia, foi entrevistado em Pine Bluff, Arkansas, aos 79 anos. Sam Word nasceu em 14 de fevereiro de 1859. (p. 304)

WRIGHT, HENRY: Viveu em situação de escravidão no estado do Alabama e do Mississippi, foi entrevistado em Atlanta, Geórgia, aos 99 anos. (p. 29, 74, 121, 186, 213 e 264)

YOUNG, CLARA C.: Foi entrevistada em Monroe County, Mississippi, aproximadamente aos 95 anos. (p. 214)

ÍNDICE DE FOTOS

HEDRA EDIÇÕES

1. *Iracema*, Alencar
2. *Don Juan*, Molière
3. *Contos indianos*, Mallarmé
4. *Auto da barca do Inferno*, Gil Vicente
5. *Poemas completos de Alberto Caeiro*, Pessoa
6. *Triunfos*, Petrarca
7. *A cidade e as serras*, Eça
8. *O retrato de Dorian Gray*, Wilde
9. *A história trágica do Doutor Fausto*, Marlowe
10. *Os sofrimentos do jovem Werther*, Goethe
11. *Dos novos sistemas na arte*, Maliévitch
12. *Mensagem*, Pessoa
13. *Metamorfoses*, Ovídio
14. *Micromegas e outros contos*, Voltaire
15. *O sobrinho de Rameau*, Diderot
16. *Carta sobre a tolerância*, Locke
17. *Discursos ímpios*, Sade
18. *O príncipe*, Maquiavel
19. *Dao De Jing*, Lao Zi
20. *O fim do ciúme e outros contos*, Proust
21. *Pequenos poemas em prosa*, Baudelaire
22. *Fé e saber*, Hegel
23. *Joana d'Arc*, Michelet
24. *Livro dos mandamentos: 248 preceitos positivos*, Maimônides
25. *O indivíduo, a sociedade e o Estado, e outros ensaios*, Emma Goldman
26. *Eu acuso!*, Zola | *O processo do capitão Dreyfus*, Rui Barbosa
27. *Apologia de Galileu*, Campanella
28. *Sobre verdade e mentira*, Nietzsche
29. *O princípio anarquista e outros ensaios*, Kropotkin
30. *Os sovietes traídos pelos bolcheviques*, Rocker
31. *Poemas*, Byron
32. *Sonetos*, Shakespeare
33. *A vida é sonho*, Calderón
34. *Escritos revolucionários*, Malatesta
35. *Sagas*, Strindberg
36. *O mundo ou tratado da luz*, Descartes
37. *O Ateneu*, Raul Pompeia
38. *Fábula de Polifemo e Galateia e outros poemas*, Góngora
39. *A vênus das peles*, Sacher-Masoch
40. *Escritos sobre arte*, Baudelaire
41. *Cântico dos cânticos*, [Salomão]
42. *Americanismo e fordismo*, Gramsci
43. *O princípio do Estado e outros ensaios*, Bakunin
44. *História da província Santa Cruz*, Gandavo
45. *Balada dos enforcados e outros poemas*, Villon
46. *Sátiras, fábulas, aforismos e profecias*, Da Vinci
47. *O cego e outros contos*, D.H. Lawrence

48. *Rashômon e outros contos*, Akutagawa
49. *História da anarquia (vol. 1)*, Max Nettlau
50. *Imitação de Cristo*, Tomás de Kempis
51. *O casamento do Céu e do Inferno*, Blake
52. *Cartas a favor da escravidão*, Alencar
53. *Utopia Brasil*, Darcy Ribeiro
54. *Flossie, a Vênus de quinze anos*, [Swinburne]
55. *Teleny, ou o reverso da medalha*, [Wilde et al.]
56. *A filosofia na era trágica dos gregos*, Nietzsche
57. *No coração das trevas*, Conrad
58. *Viagem sentimental*, Sterne
59. *Arcana Cœlestia* e *Apocalipsis revelata*, Swedenborg
60. *Saga dos Volsungos*, Anônimo do séc. XIII
61. *Um anarquista e outros contos*, Conrad
62. *A monadologia e outros textos*, Leibniz
63. *Cultura estética e liberdade*, Schiller
64. *A pele do lobo e outras peças*, Artur Azevedo
65. *Poesia basca: das origens à Guerra Civil*
66. *Poesia catalã: das origens à Guerra Civil*
67. *Poesia espanhola: das origens à Guerra Civil*
68. *Poesia galega: das origens à Guerra Civil*
69. *O pequeno Zacarias, chamado Cinábrio*, E.T.A. Hoffmann
70. *Tratados da terra e gente do Brasil*, Fernão Cardim
71. *Entre camponeses*, Malatesta
72. *O Rabi de Bacherach*, Heine
73. *Bom Crioulo*, Adolfo Caminha
74. *Um gato indiscreto e outros contos*, Saki
75. *Viagem em volta do meu quarto*, Xavier de Maistre
76. *Hawthorne e seus musgos*, Melville
77. *A metamorfose*, Kafka
78. *Ode ao Vento Oeste e outros poemas*, Shelley
79. *Oração aos moços*, Rui Barbosa
80. *Feitiço de amor e outros contos*, Ludwig Tieck
81. *O corno de si próprio e outros contos*, Sade
82. *Investigação sobre o entendimento humano*, Hume
83. *Sobre os sonhos e outros diálogos*, Borges | Osvaldo Ferrari
84. *Sobre a filosofia e outros diálogos*, Borges | Osvaldo Ferrari
85. *Sobre a amizade e outros diálogos*, Borges | Osvaldo Ferrari
86. *A voz dos botequins e outros poemas*, Verlaine
87. *Gente de Hemsö*, Strindberg
88. *Senhorita Júlia e outras peças*, Strindberg
89. *Correspondência*, Goethe | Schiller
90. *Índice das coisas mais notáveis*, Vieira
91. *Tratado descritivo do Brasil em 1587*, Gabriel Soares de Sousa
92. *Poemas da cabana montanhesa*, Saigyō
93. *Autobiografia de uma pulga*, [Stanislas de Rhodes]
94. *A volta do parafuso*, Henry James
95. *Ode sobre a melancolia e outros poemas*, Keats
96. *Teatro de êxtase*, Pessoa
97. *Carmilla — A vampira de Karnstein*, Sheridan Le Fanu

98. *Pensamento político de Maquiavel*, Fichte
99. *Inferno*, Strindberg
100. *Contos clássicos de vampiro*, Byron, Stoker e outros
101. *O primeiro Hamlet*, Shakespeare
102. *Noites egípcias e outros contos*, Púchkin
103. *A carteira de meu tio*, Macedo
104. *O desertor*, Silva Alvarenga
105. *Jerusalém*, Blake
106. *As bacantes*, Eurípides
107. *Emília Galotti*, Lessing
108. *Viagem aos Estados Unidos*, Tocqueville
109. *Émile e Sophie ou os solitários*, Rousseau
110. *Manifesto comunista*, Marx e Engels
111. *A fábrica de robôs*, Karel Tchápek
112. *Sobre a filosofia e seu método — Parerga e paralipomena (v. II, t. I)*, Schopenhauer
113. *O novo Epicuro: as delícias do sexo*, Edward Sellon
114. *Revolução e liberdade: cartas de 1845 a 1875*, Bakunin
115. *Sobre a liberdade*, Mill
116. *A velha Izerguil e outros contos*, Górki
117. *Pequeno-burgueses*, Górki
118. *Primeiro livro dos Amores*, Ovídio
119. *Educação e sociologia*, Durkheim
120. *Elixir do pajé — poemas de humor, sátira e escatologia*, Bernardo Guimarães
121. *A nostálgica e outros contos*, Papadiamántis
122. *Lisístrata*, Aristófanes
123. *A cruzada das crianças/ Vidas imaginárias*, Marcel Schwob
124. *O livro de Monelle*, Marcel Schwob
125. *A última folha e outros contos*, O. Henry
126. *Romanceiro cigano*, Lorca
127. *Sobre o riso e a loucura*, [Hipócrates]
128. *Hino a Afrodite e outros poemas*, Safo de Lesbos
129. *Anarquia pela educação*, Élisée Reclus
130. *Ernestine ou o nascimento do amor*, Stendhal
131. *Odisseia*, Homero
132. *O estranho caso do Dr. Jekyll e Mr. Hyde*, Stevenson
133. *História da anarquia (vol. 2)*, Max Nettlau
134. *Eu*, Augusto dos Anjos
135. *Farsa de Inês Pereira*, Gil Vicente
136. *Sobre a ética — Parerga e paralipomena (v. II, t. II)*, Schopenhauer
137. *Contos de amor, de loucura e de morte*, Horacio Quiroga
138. *Memórias do subsolo*, Dostoiévski
139. *A arte da guerra*, Maquiavel
140. *O cortiço*, Aluísio Azevedo
141. *Elogio da loucura*, Erasmo de Rotterdam
142. *Oliver Twist*, Dickens
143. *O ladrão honesto e outros contos*, Dostoiévski
144. *O que eu vi, o que nós veremos*, Santos-Dumont

145. *Sobre a utilidade e a desvantagem da histório para a vida*, Nietzsche
146. *Édipo Rei*, Sófocles
147. *Fedro*, Platão
148. *A conjuração de Catilina*, Salústio

«SÉRIE LARGEPOST»

1. *Dao De Jing*, Lao Zi
2. *Escritos sobre literatura*, Sigmund Freud
3. *O destino do erudito*, Fichte
4. *Diários de Adão e Eva*, Mark Twain
5. *Diário de um escritor (1873)*, Dostoiévski

«SÉRIE SEXO»

1. *A vênus das peles*, Sacher-Masoch
2. *O outro lado da moeda*, Oscar Wilde
3. *Poesia Vaginal*, Glauco Mattoso
4. *Perversão: a forma erótica do ódio*, Stoller
5. *A vênus de quinze anos*, [Swinburne]
6. *Explosao: romance da etnologia*, Hubert Fichte

COLEÇÃO «QUE HORAS SÃO?»

1. *Lulismo, carisma pop e cultura anticrítica*, Tales Ab'Sáber
2. *Crédito à morte*, Anselm Jappe
3. *Universidade, cidade e cidadania*, Franklin Leopoldo e Silva
4. *O quarto poder: uma outra história*, Paulo Henrique Amorim
5. *Dilma Rousseff e o ódio político*, Tales Ab'Sáber
6. *Descobrindo o Islã no Brasil*, Karla Lima
7. *Michel Temer e o fascismo comum*, Tales Ab'Sáber
8. *Lugar de negro, lugar de branco?*, Douglas Rodrigues Barros

COLEÇÃO «ARTECRÍTICA»

1. *Dostoiévski e a dialética*, Flávio Ricardo Vassoler
2. *O renascimento do autor*, Caio Gagliardi

«NARRATIVAS DA ESCRAVIDÃO»

1. *Incidentes da vida de uma escrava*, Harriet Jacobs
2. *Nasçidos na escravidão: depoimentos norte-americanos*, WPA
3. *Narrativa de William W. Brown, escravo fugitivo*, William Wells Brown

Adverte-se aos curiosos que se imprimiu este livro em nossas oficinas, em 15 de junho de 2020, em tipologia Libertine, com diversos sofwares livres, entre eles, LuaLaTeX, git & ruby.
(v. fbod532)